HISTOIRE
D'UNE JEUNE
LUTHÉRIENNE.

Prioreau

1. Vol.

B.

Nº
172

HISTOIRE
D'UNE JEUNE
LUTHÉRIENNE.

Par M. MERCIER.

A NEUCHATEL,

De l'Imprimerie de JÉRÉMIE WITEL.

1 7 8 5.

AVIS
DE L'ÉDITEUR.

Ce roman, qui a été publié sous le titre de Jezennemours, appartenant à la collection des œuvres de l'auteur, je l'ai réimprimé avec des corrections & additions. Cette histoire n'est pas entiérement romanesque ; on s'en appercevra facilement.

L'auteur publiera la suite de ses œuvres toujours sous mêmes format & caractere, ce qui distinguera son édition des contrefaçons qui, outre les fautes dont elles abondent, péchent encore par le choix du papier & par la mauvaise exécution.

Le théatre de l'auteur sera annoncé par un avis particulier, qui en marquera la distribution. On imprimera en tête l'Essai sur l'art dramatique, que plusieurs Gens de lettres demandent comme un ouvrage qu'ils ont constamment distingué. Le théatre formera huit vol. On voit donc que l'édition Hollandoise avec figures est subreptice, & l'auteur la désavoue pleinement.

On trouve chez J. Witel, éditeur de cet ouvrage, les articles suivans :

L'Amour, ou Lettres d'Alexis & de Justine, par M. le marquis de Langle, auteur du charmant Voyage en Espagne, imprimé aussi chez le même éditeur. La correspondance de ces deux amans est certainement la production la plus sublime qui ait jamais paru en ce genre. C'est l'ame brûlante, ce sont les transports d'Abailard & d'Héloïse ; c'est la vertueuse, la tendre, la passionnée Julie d'Etange ; c'est l'idolâtre S. Preux, c'est son cœur aimant, égarant sa raison. La morale en est touchante & pure, le style est digne de son sujet. Qu'on ne croie cependant pas que l'auteur ait dessiné, ait tracé son plan d'après l'inimitable Rousseau ; ceci n'est point une fixion. On reconnoîtra aisément que ces lettres ne sont point supposées ; les noms, quelquefois les lieux en sont uniquement la partie romanesque.

Le même auteur se propose de donner d'autres ouvrages après Alexis & Justine, que l'imprimeur aura soin d'annoncer dans le tems.

Dans ce moment il imprime Les Passions, ou Werther, imité de l'allemand, aussi par le marquis de Langle. Cet ouvrage sera achevé avec Alexis & Justine; & le public jugera si ce sujet original & qui a fait tant de bruit en Allemagne, est aussi bien traité par notre auteur que par le sensible, le touchant Güth.

Comme l'éditeur s'est entiérement voué aux ouvrages sur manuscrit d'un certain mérite, ne faisant absolument point de contrefaçons, il offre ses services à tous les Gens de lettres qui auront intention de donner au public les utiles fruits de leurs veilles ; il imprime correctement & sur beau papier, soit pour le compte des Auteurs, viij AVIS DE L'EDITEUR.

foit pour le fien propre, quand les conditions font acceptables. On trouve chez lui les mêmes articles & à des conditions plus avantageufes que chez les imprimeurs & libraires de Neuchatel, Laufanne & Geneve.

Obfervations hiftoriques fur quelques écarts ou jeux de la nature, *par M. Houffet, docteur en l'univerfité de Montpellier, premier médecin des hôpitaux de la ville d'Auxerre, membre de plufieurs académies, &c. &c. dédié à M. le comte de Buffon*, *in*-8°. 1785.

HISTOIRE

HISTOIRE
D'UNE JEUNE
LUTHÉRIENNE.

CHAPITRE I.

La nuit avoit entiérement déployé ses voiles. Plusieurs flambeaux, artistement distribués, éclairoient la superbe maison de Monval; & les feux multipliés de cinq lustres de cryftal, suspendus & mariés ensemble, rendoient son sallon plus lumineux qu'en plein midi. Les glaces & les cryftaux répétoient en tout sens les allées d'une orangerie qui environnoit le sallon, ouvert de tous côtés. L'œil demeuroit partagé entre la symmétrie, l'abondance & la diversité des mêts. De beaux yeux animés par la joye & par la bonne-chere ; les présens de Pomone, les dons de Comus agréablement entremêlés, Flore embellissant tout de ses couleurs ; tels étoient les objets qui arrêtoient la vue enchantée. Comme le sallon étoit spacieux & bien percé, les lustres & les flambeaux n'empêchoient point de goûter la fraîcheur des jardins. Un air délicieux, qui se renouvelloit sans cesse, apportoit l'odeur des myrtes & des orangers, qui se mêloit aux doux parfums des viandes. Cent flacons ensevelis sous la neige, dans des puits d'argent, remplissoient de tems en tems les coupes des plus excellens vins de France & d'Italie. Les lumieres de la nuit, plus douces que les feux du jour, & qui prêtoient un éclat plus tendre au teint de la beauté, le bourdonnement des convives, l'accord des instrumens placés dans une salle voisine, ce tumulte, ce bruit agréable & confus, cette symphonie continue, tout annonçoit au loin que cette maison, ou plutôt ce palais, étoit celui d'un fermier-général.

Plus loin, dans des bosquets solitaires & tranquilles, éclairés des rayons de la lune en son croissant, se promenoit le jeune & sage Jezennemours. Il fuyoit ces fêtes, ces festins splendides, ces plaisirs bruyans & vuides pour son cœur. Transplanté depuis peu chez les François, modernes Sybarites, son esprit étonné de tout, fuyoit tous ces objets nouveaux, non par timidité ou par misanthropie, mais par un mouvement naturel de l'éducation qu'il avoit reçue. Ses mœurs étoient pures, son cœur honnête. Dès sa plus tendre jeunesse, il avoit adoré la vertu ; la solitude étoit sa volupté ; & se dérobant à la foule, il venoit dans ces lieux retirés, repasser dans sa mémoire les maximes des sages auteurs dont son ame s'étoit nourrie. Il pensoit, il vivoit avec eux ; mais tout au milieu de sa philosophie, son cœur que l'amour avoit blessé d'un trait vif & profond, soupiroit en se rappellant des charmes que l'absence ne pouvoit effacer.

O douce image de la plus aimable vertu, amante chere & qui m'es toujours présente, que ne m'envoyes-tu toutes tes pensées, comme je t'envoye les miennes ! Où es-tu ? Où es-tu ? Eh ! si je savois quels lieux te possédent, comme je les préférerois à ceux que j'habite ! comme je volerois auprès de toi, dussé-je te trouver sous le couvert de la plus humble chaumiere! Ici l'abondance & le luxe follicitent mon ame à de vains plaifirs ; mais que ce palais, ce parc, ces étangs me femblent vils, auprès de ce petit verger que je revois encore, qui ne fortira jamais de ma mémoire, & qui, dans les heureux tems de ma vie, fut l'afyle de l'amour le plus pur !

Tandis que fon imagination agréablement flattée, revenoit fur toutes les fcenes riantes de fa jeuneffe, tandis qu'il fe rappelloit les diverfes circonftances où fon cœur avoit éprouvé fucceffivement les plus vives émotions de la joie & de la douleur, Monval, qui cherchoit à fe délaffer dans fon jardin des fatigues de la table, en fe promenant apperçut l'ombre de Jezennemours, qui marchoit lentement & fe deffinoit fur une charmille.

Il s'approcha de lui en filence, fans en être apperçu ; il le frappa fur l'épaule, en l'appellant avec cette familiarité qui annonce un maître en belle humeur. — En bien, notre Philofophe, tu choifis bien ton tems pour t'enfoncer dans tes réflexions ! — Réfléchir, reprit Jezennemours, eft ce qu'on peut faire de mieux, furtout quand on eft feul, comme je croyois l'être. — Mais un autre, à ta place, mettroit mieux à profit les plaisirs de ma maison. Quitter ma table après le premier service ! Cependant tu me plais par ta singularité ; j'aime les originaux. Dis moi un peu, quelles sont donc les belles pensées qui te captivent aussi longtems ? — Cette tranquillité universelle, ce calme, ce bel astre, cette touchante beauté de la nature qui repose ; comment ne sent-on pas tout ce que cela dit à l'ame ! Mille sensations viennent en foule assiéger mon cœur d'un certain ravissement, bien préférable à tous vos plaisirs. — Ma foi, tu me fais rire. Fuir une société brillante, pour venir adorer les ténebres ! — Elles favorisent puissamment l'esprit qui s'éleve par la pensée, qui compare les objets terrestres; c'est alors qu'il pénetre sans peine dans l'ordre étonnant des beautés invisibles. — Tu ne dors pas, je pense ? Comment ! tu aurois aussi le talent de rêver tout éveillé ? — Il est beaucoup d'hommes pour qui la vie n'est qu'un songe ; & dans les rêves que l'on choisit, tous ne sont pas aussi agréables les uns que les autres. — Tu t'estimes ainsi fort heureux ? — J'espere le devenir un jour ; & sans cette espérance qui m'anime & me console, je ne regarderois point mon exiftence préfente comme un bien. — Tu m'as l'air d'avoir rencontré fous une de ces charmilles le fecret des chofes *intellectuelles*; n'eft-ce point là l'expreffion dont tu te fers? Et puifque tu le fais, ce fecret, fais m'en part, de grace. — Je ne vous entends point. — Je ferai plus intelligible, mon pauvre Jezennemours. Il eft tems enfin de nous expliquer enfemble; je t'aime en vérité, & j'ai entrepris ta cure par inclination. Je veux que tu fois *des nôtres*, & que tu faches être homme; car tu es fi loin du vrai point de vue! Simple comme l'enfant qui vient de naître, tu as encore les préjugés de ta nourrice; le lait de la crédulité te fort encore par tous les pores; tu te crois donc poffeffeur de l'efprit immatériel, enfermé dans un corps matériel. — Sans doute, je le crois, & je m'étonne que l'on puiffe penfer autrement. — Les animaux à quatre pattes, les oifeaux, les poiffons, les infectes, ont-ils auffi un efprit particulier enfermé dans leur corps? — Peut-être. — Ton efpérance eft donc fondée fur un *peut-être*? Car fi les animaux ne font pas doués d'une ame, tu rifques pareillement de n'en point avoir une. Il eft certain que tu es un *animal*, qui ne diffère des autres que par des organes plus fouples, plus perfectionnés ; tu fors du néant comme la bête ; tu es conçu, engendré comme elle ; tu prends ta croiffance dans un tems limité ; tu as les mêmes befoins, les mêmes paffions ; tu lui difputes quelquefois ta nourriture ; tu deviendras ce qu'elle devient. — Si vous ne vous eftimez pas plus que le plus vil animal qui habite votre écurie ; appellez-le votre frere ; moi, je me fens plus d'orgueil. — Mais fi tu as quelqu'avantage fur lui, ce font deux mains ornées de cinq doigts, qui peuvent mieux palper que deux pattes groffieres ; & cet efprit que tu exaltes avec une vanité fuperbe, tantôt haut, tantôt bas, dépend le plus fouvent d'une petite fievre qui le rabaiffe au-deffous de cette brute, dont l'inftinct plus borné paroît auffi plus fûr & plus conféquent pour fon bien-être. — Il ne s'agit point ici de bien-être. L'animal, phyfiquement parlant, peut être plus heureux que Socrate & Caton ne l'ont été. Il s'agit ici de la diftance qu'il y a entre fa nature & la nature humaine ; j'ai une haute idée de celle-ci ; je crois l'efprit qui m'anime abfolument détaché de la matiere ; je fens en moi une force qui la fubjugue ; j'apperçois enfin jufqu'à ma foibleffe, & c'eft là un très-grand pas. Je touche, pour ainfi dire, des choses qui sembloient hors de ma portée: je crois que la pensée qui m'appartient, m'appartiendra toujours. Ce n'est point une preuve physique qui me détermine, c'est quelque chose de plus fort, c'est le sentiment intime. — L'espérance est un beau rêve ; mais quand ton ame ne tomberoit pas dans le néant, qui pourroit te porter à imaginer qu'elle conservera sa même activité pleine & entiere ? Différemment modifiée, ne pourra-t-elle pas changer de nature, ainsi que ton corps change de forme ? — Il m'est impossible de penser que la suprême intelligence, dont la mienne n'est qu'une foible émanation, après m'avoir fait entrevoir son essence infinie, veuille me ravir le bonheur inestimable de pouvoir la connoître. Au contraire, il est de sa bonté & de sa grandeur, d'attirer vers elle toute ame qui soupire, & qui tend vers ce modele de perfection. — Encore une supposition. D'où connois-tu ce suprême esprit, dont tu n'as pas la moindre idée ? — De l'idée nécessaire d'un créateur ; idée qui dérive naturellement de tout l'ordre que vous appercevez. — Il falloit un ordre *quelconque*, & nous donnons ce nom pompeux à la forme qui frappe nos regards. Le hasard a décidé des formes. Ne desine-t-il pas dans les élémens des caracteres qui nous furprennent ? — Quoi ! un mouvement réglé, un ouvrage foumis à des loix conftantes, auroit le hafard pour premier moteur ? — Pourquoi non ? Avec des dés tu peux bien, par hafard, rencontrer le nombre que tu cherches ; & dans dix mille millions de traits formés fur le fable, quelques-uns peuvent repréfenter, fans qu'on s'en doute, une forme correcte. — Que cette comparaifon eft foible auprès de l'ouvrage qui étonne les yeux les moins exercés dans les merveilles de la nature ! Ces productions du hafard font toutes petites & mefquines, & c'eft notre imagination qui leur donne une efpece de réalité. Vous reffemblez, Monval, à un homme qui, fur le bord de l'Océan, s'amuferoit à contempler un coquillage, & qui, pour admirer une petite plante figurée, détourneroit fes yeux d'une mer immenfe. Levez les yeux, voyez ces globes qui roulent, ces mondes errans dans la concavité des cieux ; quelle marche, quels rapports ! comment ne pas reconnoître alors le fabricateur & l'architecte de cette admirable machine ! — Cette immenfité du monde que tu bâtis, n'exifte peut être que dans ton cerveau ; & cette belle illufion que tu embraffes, parce qu'elle te plaît, ne vient que de ta vanité fiere d'avoir pu faifir quelques foibles rapports analogues à ta vue courte. Ainfi, l'huître, dans fa coquille, peut appeller le dôme de fa maifon, la voûte éternelle des cieux. — Ce que mon ame fent, elle peut dire l'appercevoir diftinctement. Je regarde le foleil, & je fens auffi-tôt fon admirable auteur. Je le fens, dis-je, au-dedans de moi même, & je conçois que je fuis foible, borné, dépendant; qu'un pouvoir invifible m'environne, me preffe; & ma penfée va fe perdre, fans s'éteindre, dans cet océan de grandeur & de fageffe. Je me fais une idée du fuprême Être, non tel qu'il eft, mais rélative à ma foibleffe. Cette idée eft nette devant ma raifon; elle adopte fans peine ce trait de lumiere qui diffipe toutes les ombres. Tout eft obfcur dans votre fyftême, la clarté naît dans le mien & fe propage avec les actes de la penfée. — On voit fouvent des chofes qui ne font pas. Un rêveur, un malade, un vifionnaire, fe font des idées qui, cependant, ne font pas telles qu'ils les conçoivent. — Oui, parce que leur raifon eft altérée & leur offre des images infidelles. — Et comment peux-tu te flatter d'être dans un état raifonnable ? Demandes à ton médecin, il ne trouvera jamais ton pouls dans un équilibre parfait. Ta fanté péchera toujours par quelqu'endroit. Notre machine est femblable à un luth. Qu'une feule corde foit un peu relâchée, adieu l'harmonie des fons. Tel est l'individu qu'on appelle fou ou fage, felon les différentes tenfions des cordes. Ceux qui t'ont enfeigné ce que tu fais, t'ont apporté par tradition les idées qu'ils ont adoptées comme toi, toujours fous le rapport d'autrui ; ils ont monté ton cerveau dès l'enfance, à produire telle idée ; tu crois l'avoir enfantée, elle t'a été tranfmife. On difpute éternellement fur ce fujet, & quelques-uns reffemblent à Ajax, dont l'imagination échauffée, voyoit deux foleils & une double Thebes. — Que les fens me trompent quelquefois, c'eft ce qui peut arriver; mais je rectifie en même tems leur erreur, & je démêle la vérité, car la pierre de touche de ma réflexion me montre l'impofture.

Or mon efprit, dans une opération uniforme & conftante, a toujours conçu clairement, nettement & invinciblement l'exiftence d'un Etre intelligent & créateur ; j'ai cet avantage, ou plutôt ce bonheur. Mon ame ne peut fe dérober à la préfence univerfelle de la divinité qui remplit, anime & conferve l'univers. Ce fyftême, d'où jaillit de toutes parts la lumiere, eft d'autant plus vrai, qu'il eft plus fimple & à la portée des têtes les plus bornées. L'ouvrier le plus groffier adore un Dieu par la même raifon que Socrate l'adoroit. Toutes les innombrables difficultés qui fe préfentent dans tout autre fyftême, font applanies ; l'athéifme eft une abfurdité cruelle. Vous me croyez dans l'erreur ; fi vous êtes conféquent, vous devez vous y croire auffi, car vous ne pouvez franchir le doute. Vaincu par votre propre raifonnement, vous êtes réduit à nier; & j'ai l'avantage fur vous, qu'en me traçant un plan affuré de croyance, je vis certainement plus tranquille que vous. — Comment cela, s'il te plait ? — L'idée que je me fais de l'Être fuprême, eft à mon ame ce que le foleil eft à l'égard de ma vue : elle l'éclaire, elle la remplit de rayons purs & réjouiffans ; elle fait mon efpérance : efpérance qui m'eft chere & précieufe, & qui a pour bafe la puiffance, la grandeur, la bonté de celui qui a femé les foleils dans l'efpace, comme il a femé la pouffiere dans les champs. Sans elle, je ferois feul dans l'univers ; je me trouverois environné d'un néant affreux. Toujours prêt à me défefpérer, je ne comprendrois rien aux fcenes de la vie ; je juftifierois peut-être, dans le fond de mon ame, l'homme avide & féroce, qui s'eft fait le centre & le defpote de fes femblables ; je pourrois détefter, mais non condamner fes forfaits ; je n'appercevrois que cette force phyfique qui détruit la morale en même tems que l'image confolante de la vertu ; & dans ce chaos de mifere & de crime, la vie me deviendroit infupportable. — Moi, j'ai trouvé le fecret d'être plus heureux que toi, en ne m'occupant point de toutes ces idées étrangeres à l'homme. La marche de l'univers fera toujours la même, fans que ma raifon s'en mêle. Doué d'organes capables de fenfations, je m'occupe à raffembler les plus délicieufes ; je fais du bien autour de moi ; je ne fuis point refponfable des calamités qui affligent l'homme. Borné comme je le fuis, je borne de même mes affections, d'autant plus que je n'aurois que des foupirs iuutiles à donner à tant de malheureux que je ne puis fecourir. Je ne vois point ce monde fous un afpect fi lugubre. Tel jouit, tel fouffre ; mais la mort, qui n'eft qu'un fommeil paifible & éternel, vient bientôt enlever les fouffrances à l'infortuné, & prévenir la fatiété de l'homme heureux. J'aime à me repréfenter tous les êtres dormans enfemble, après une plus ou moins douce agitation, qu'on appelle pauvreté, opulence. Je me réjouis de voir la douleur paffagere & le calme de l'infenfibilité fuccéder à tant d'orages. Quand je lis l'hiftoire & que je gémis fur la fureur des tyrans, je me dis : ces hommes perfécuteurs & perfécutés ne font plus. Ceux qui font affez infortunés pour tourmenter réciproquement leur fugitive exiftence, iront bientôt rejoindre cette pouffiere inanimée. Ainfi l'expérience & la réflexion m'ont affranchi de ces triftes préjugés qui empoifonnent la joie ; cette joie légere & gracieufe, que peut feule fixer une philofophie hardie & intrépide. Je vis avec mes fens, parce qu'ils me font chers, parce qu'ils font plus près de moi que tous ces fentimens romanefques, qui font la métaphyfique de la folie. Je ne vis point de métaphyfique, je fuis la bonne & fimple nature, j'obéis toujours à fon inftinct, & je me regarde comme un grand enfant attaché au fein bienfaifant de la terre, pour en pomper les fucs renaiffans, jufqu'à ce que le moment du fommeil foit arrivé. Par ce moyen, je jouis de tout ce que je defire, & je ne defire rien dont la poffeffion ne foit en mon pouvoir. J'ai très-peu de peine & de chagrin, parce que j'en éloigne jusqu'à l'ombre. Content de profiter du préfent, je n'efpere rien de l'avenir, afin de n'être point trompé. Quand il me viendra quelques maux, je les endurerai avec patience & courage, parce que je me dirai à moi-même : ce font là les feuls moyens d'alléger les douleurs. Voilà fur quoi roule tout le fyftême de ma vie ; elle n'eft point mélancolique comme celle de ces prétendus fages, qui font prefque de l'ennui une vertu méritoire. — Oui, vous allez jufqu'à vous faire un mérite de fuivre le culte de la volupté. On doit vous favoir gré en effet des efforts que vous coûte un tel hommage ; vous voulez être recommandable par les plaifirs que vous vous donnez ; on doit vous refpecter à raifon des fruits délicieux que vous favourez, du bon vin que vous buvez.... — Ne crois pas plaifanter ; il n'appartient pas à tout le monde de favoir être voluptueux ; c'eft une maniere d'être qui ne convient qu'au petit nombre : fi peu d'hommes font dignes de facrifier au plaifir ! — Cette divinité vous infpire, fans doute, les principes fur lefquels vous fondez toute votre conduite ; elle vous donne la bouffole des bonnes mœurs, nourrit en vous cette vertu qui honore l'humanité, met un frein au défordre qu'entraînent les defirs; fans doute elle éleve, elle perfectionne votre ame, elle lui découvre de grandes & d'importantes vérités ! — Que de grands mots vuides de fens ! Écoutes, Jezennemours, j'ai trop long-tems prêté l'oreille à tes déraifonnemens ; un fromage glacé m'appelle. Ton efprit fubtil & faux bâtit un édifice où il fe plaît à habiter feul. Tu t'enfonces dans des rêves fantaftiques qui t'abufent & te dérobent le véritable état de ce monde. C'eft ainfi qu'un aveugle né fe repréfente un jardin, d'après les preftiges de fon imagination. Je te plains, mon ami ; ta figure & tes talens te deftinoient à tous les plaifirs qu'un jeune homme peut goûter ; mais ta façon de penfer te rendra ridicule, je t'en avertis. Dans ce monde, que tu connois auffi peu que tu en es connu, tu reffembles à un habitant de la lune qui auroit fait un grand faut fur notre globe. Voyageur dans les efpaces imaginaires, étranger aux ufages les plus communs, comment peut-on converfer avec un homme qui voit des efprits; qui, dans la converfation, les fait defcendre à chaque mot; qui réfléchit au clair de la lune, tandis que l'on boit le champagne ; qui s'extafie fur les

beautés

beautés d'un autre monde, tandis qu'il oublie où il eſt, & où il pourroit jouir ? Crois-moi, Jezennemours, tu as lu ton Platon, & moi j'ai lu dans le livre du monde ; j'ai l'expérience de la ſociété. Celle-ci en fait plus que toutes les langues & les volumes antiques. La philoſophie eſt bonne pour amuſer quelques inſtans ; mais ſes ſectateurs eux-mêmes n'en font, dit-on, qu'un jeu ; & hors du cabinet, ils redeviennent fort ſenſuels. Au milieu de tous les écarts de ton imagination, j'ai néanmoins reconnu en toi un eſprit aſſez juſte : tu ne tarderas pas à être des nôtres, à abjurer cette fantaiſie méditative, fille de la ſolitude. Je te réponds que dans peu de tems tu te livreras à des plaiſirs plus réels. Le tems ſaura te convaincre, & tu verras qu'il n'y a rien de plus ſolide que la volupté, qu'elle eſt néceſſaire à l'homme.... Mais voici le moment du ſommeil ; les douces fumées de la table brouillent un peu mes idées... Adieu... à demain ; ne manques point de venir me trouver à mon réveil.

Part. I. B

CHAPITRE II.

Un lecteur qui connoît les hommes, ne doutera pas que de pareils difcours ne fuffent capables de faire une impreffion profonde fur l'ame d'un jeune homme. Jezennemours étoit dans cet âge où l'on cherche la vérité de bonne foi, où l'on pefe les différentes objections, où le jugement n'eft pas encore corrompu par l'habitude ou par le vil intérêt, & notre fage repaffoit dans fa tête tout ce qu'il venoit d'entendre; il y répondoit en lui-même, & comme il arrive, mieux qu'il n'avoit fait. Il découvroit la fauffeté de ces principes d'ailleurs pernicieux; mais cette morale épicurienne étoit celle de la maifon qu'il habitoit. Les citoyens les plus diftingués par leurs richeffes & leur crédit, l'avoient adoptée. Il voyoit des hommes rempliffant des poftes élevés, & qui raifonnoient conféquemment fur tout autre objet, ne point douter un inftant de ce qu'ils avançoient, & confirmer leurs raifonnemens par une vie fenfuelle

& voluptueufe. La gaieté brilloit fur leur front, le fourire réfidoit conftamment fur leurs levres; aucun remord ne fembloit troubler la tranquillité de leurs jours. Enfin ce Monval, qui ne reconnoiffoit pas un Dieu, étoit doux, humain, généreux, compatiffant ; c'étoit de plus fon bienfaiteur, & jamais il ne lui avoit fait fentir le poids des bienfaits. Il aimoit le plaifir; mais ce n'étoit qu'autant qu'il le partageoit avec autrui. Sa table étoit d'une délicateffe recherchée ; mais jamais l'intempérance ne venoit s'y affeoir. Il étoit voluptueux fans libertinage ; il répandoit un air de décence jufques fur ce qui l'étoit le moins. Enfin, de quelque côté que Jezennemours tournât les yeux, il voyoit les mêmes idées, la même conduite ; mais aucun ne favoit les déguifer fous des dehors plus aimables que Monval. Notre fage revenoit tout-à-coup à lui-même, en fe difant : non, la vertu l'emporte fur toutes ces fauffes voluptés. Monval eft un convive enivré, qui ne chante plus que la liqueur qui lui ravit fa raifon ; fon ame ne lui appartient plus; elle n'exifte que pour certaines fenfations, dont l'habitude lui fait une loi impérieufe : toute l'activité de fon efprit s'eft concentrée vers des objets terreſtres ; c'eſt un ſourd infenſible aux accords de la lyre qui m'enchante; il feroit extaſié comme moi, s'il pouvoit ouvrir l'oreille à ſes ſons.

Le réſultat des penſées de Jezennemours fut, qu'il rejetteroit la coupe de la volupté qui lui étoit offerte, & qu'il demeureroit inébranlable dans les auſtères principes qui avoient été ceux des plus grands hommes de l'antiquité ; que ne donnant rien aux nouveautés d'un monde frivole & corrompu, il affermiroit d'autant plus ſon ame dans un chemin gliſſant, & que s'il n'étoit point de triomphes illuſtres ſans combats, le combat même lui prêteroit de nouvelles forces.

Il étoit encore neuf aux ſéductions du monde; on peut lui pardonner la réſolution qu'il prit d'être parfaitement ſage au milieu d'une maiſon telle que celle de Monval. Il poſſédoit un préſervatif qui ſembloit devoir lui réuſſir ; il portoit au fond du cœur un amour vrai, ſincere, un de ces amours purs, ingénus, conſtans, que l'on ne rencontre plus que dans les livres.

Notre jeune homme ſe rendit le lendemain aux ordres de ſon bienfaiteur, ou pour mieux dire de fon maître ; car n'ayant rien fur la terre, il tenoit tout de lui. On l'introduifit dans un appartement fecret, où il n'étoit pas encore entré. C'étoit un de ces petits boudoirs voluptueux, où l'homme opulent raffemble tous les objets propres à fixer l'éclair du plaifir qui s'éteint pour les riches malgré tout leur art. Prefque tous ont fané de bonne heure les rofes de la fanté, pour avoir voulu goûter, quelques inftans de plus, une volupté dès-lors artificielle. Voilà ce qui venge le pauvre & rétablit l'égalité des conditions.

Monval, nonchalamment étendu fur un canapé garni de plufieurs carreaux, fe miroit avec complaifance dans une glace qui répétoit les peintures de Boucher dont ce lieu étoit orné. A fes côtés, étoit une jolie fille dans un déshabillé couleur de rofe ; elle avoit toutes les graces des modeles qui l'environnoient ; le déjeûner étoit préparé fur une petite table, lorfque celui qu'on attendoit entra. Il fut furpris de tant d'éclat dans un fi petit efpace. — Te voilà, s'écria Monval ; c'eft fort bien fait, mon ami ! mais nous ne jaferons pas ce matin comme je me l'étois promis ; je fors, & je te laiffe en bonne compagnie. Tiens, prends ma place, fais les honneurs, & fois ici un autre moi-même. Vois les yeux, le fourire de cette belle enfant, & fur-tout, fi tu m'en crois, ne perds point ton tems à philofopher. Tout en riant il partit, en fermant la porte du cabinet.

Pour peu qu'on fe repréfente le caractere de Jezennemours, fon air novice, fa phyfionomie douce, agréable, mais où régnoit une teinte férieufe & timide, on fe figurera une fcene affez plaifante. Il fe trouvoit fort embarraffé dans fon rôle avec cette jeune nymphe, dont les regards vifs & malins lui déclaroient ouvertement la guerre. Deux beaux bras demi-nus, en le faifant affeoir d'une maniere engageante, lui découvroient, par inadvertance, des charmes encore plus féduifans. Jezennemours voudroit fuir ; mais il fent qu'il y aura plus de courage à vaincre. Sa volonté réfifte à la tentation ; mais fa tête s'allume, il bégaye quelques mots, & rougit. Sa main ne préfente rien qu'en tremblant ; & fi cette jeune beauté eût été moins étourdie, peut être Jezennemours touchoit-il au moment d'abjurer entre fes bras le plan de fageffe qu'il s'étoit tracé ; mais en voulant précipiter fa victoire, elle en perdit tout le fruit. Jezennemours reconnut le piege, fa fierté s'en offenfa ; il fentit évanouir les defirs des fens. Revenu de fon enchantement, il vit où il étoit, & ce qu'on vouloit de lui. Indigné, il n'en devint que plus ferme. Il repouffa, par fa contenance fevere, toutes les agaceries de celle qui vouloit le fubjuguer. Plus elle affectoit de lui fourire, moins fes regards y répondoient. Enfin la nymphe, peu accoutumée à de pareils tête-à tête, finit par de grands éclats de rire, perfiffla le bon jeune homme, & lui céda la place.

Monval rentrant, apprit l'aventure : c'étoit lui qui avoit imaginé ce ftratagême, pour dérouter la fageffe de Jezennemours. Il fut piqué de fon triomphe ; car il s'apprêtoit à rire de fa défaite, & ne defiroit rien tant que de le compter au rang de ceux qui compofoient fa fociété. Il s'étonnoit de voir un caractere auffi rigide dans un jeune homme ; il ne le croyoit pas dans l'ordre des chofes. Ce n'eft point un hypocrite, difoit-il, il a l'accent trop vrai ; & pour être imbécille, il raifonne trop bien. Il faut que j'approfondiffe cet être original ; auffi

bien cela me fervira de paffe-tems. Je ferai de plus une expérience fur ce qu'on appelle un philofophe ; s'il réfifte aux derniers pieges que je lui tendrai, alors je croirai à la fageffe.....
Mais nous verrons.

CHAPITRE III.

Monval raifonnoit affez pour comprendre que l'air libertin de celle qu'il avoit choifie, avoit effarouché le fage Jezennemours. Il n'avoit pas été féduit, il avoit été révolté. Réfolu de le livrer à quelque femme qui portât au moins le mafque de la vertu, il alla trouver une de ces beautés qui n'ont point le minois mutin, ni le nez retrouffé ; mais dont les graces pudiques & les nobles traits femblent être moulés d'après l'image que les fculpteurs font de la chafte Diane. C'étoit une jeune perfonne d'environ vingt-deux ans ; à quatorze, elle avoit eu le malheur de plaire à quelqu'un de ces grands, à qui rien ne coûte pour féduire l'innocence. Elle avoit été enlevée, non par l'or, mais par force; & bientôt, éblouie par la magnificence qui l'environnoit, son jeune cœur, sans soutien, sans expérience, s'étoit laissé corrompre : mais si elle avoit cédé à sa jeunesse, à la voix du plaisir, jamais elle ne s'étoit livrée à la dissolution. Abandonnée bientôt de son ravisseur, accoutumée au faste, à une aisance voluptueuse, elle se vit forcée de passer en d'autres bras. Monval l'avoit entretenue, mais secrétement ; car elle ne s'affichoit point : elle couvroit son déshonneur du nom d'un époux qu'elle n'avoit jamais eu ; elle se disoit veuve ; & ce titre heureux, qui réunit la considération & la liberté, servoit à voiler ce qu'elle vouloit cacher à tous. Florimonde (c'étoit son nom), en faisant une dépense proportionnée à la libéralité de son amant, conservoit toujours un dehors modeste. Jamais sa maison ne fut le théatre de ces scenes bachiques, où la licence animée s'abandonne sans frein à tout son feu ; elle ornoit la volupté d'une extrême décence : & la suite apprendra à mieux la connoître.

C'étoit à elle que Jezennemours devoit être remis. Qui connoît le train du monde, ne doit pas s'étonner du sacrifice de Monval. On sait que toutes les paſſions de ces hommes opulens, ne ſont que de véritables fantaiſies, auſſi incertaines que paſſageres ; ils ſont bizarres dans leurs caprices ; & celui qui dominoit le plus Monval en ce moment, étoit de mettre en défaut la continence de Jezennemours, dont la morale avoit plus d'une fois affligé ſon oreille.

Il alla myſtérieuſement trouver Florimonde qui étoit à ſa toilette : Madame, lui dit-il d'un ton joyeux, ah, la bonne découverte que j'ai faite ! Je vous amene à ſouper un jeune homme que je garde chez moi comme une rareté curieuſe, unique en ſon eſpece. C'eſt un ſage, c'eſt un cœur invulnérable, inſenſible à tous les attraits que peuvent offrir le plaiſir & la volupté. J'ai lancé ſur lui les plus jolies filles du monde, armées de leurs yeux noirs & careſſans ; elles n'ont pas effleuré ſon cœur, elles n'ont pas dérangé l'apathie du perſonnage. Touchante Florimonde, il n'appartient plus qu'à vous de tenter cette conquête. Si vous y réuſſiſſez, ſi vous domptez l'orgueil de ce philoſophe, je m'applaudirai de nouveau d'avoir ſoupiré à vos genoux. — Bien obligée, reprit-elle en ſouriant, & du ton de la plaiſanterie, je me méfie trop de ces fages pour afpirer à les attendrir, & cette réfiftance obftinée m'apprend de quelle efpece d'homme vous voulez parler. Non, gardez-le chez vous, c'eft un beau meuble; mais fans doute qu'il a une belle voix.... Je ferois charmée cependant de l'entendre.... Il y a long-tems que je n'ai écouté de cette mufique.... — Madame, vous allez un peu trop loin; non, Jezennemours n'a point une voix efféminée; c'eft un bel & bon jeune homme dans toute l'étendue du terme, qui a beaucoup étudié tout ce qui eft utile à favoir, qui prétend trouver le vrai bonheur en réfiftant à tous les plaifirs : il les nomme des impofteurs. Voilà une plaifante façon de penfer, n'eft-il pas vrai? Mais il en a bien d'autres que je paffe fous filence, parce que je veux vous laiffer tout le plaifir de la furprife. Oh! il m'intéreffe plus que l'animal le plus rare qui arriveroit du fond des terres auftrales. Quant à fa conquête, elle eft difficile, je vous en avertis. Ce n'eft pas une ame à fubjuguer d'un coup-d'œil; il y aura beaucoup de gloire à foumettre ce héros de continence, ce nouveau Scipion, qui n'eft pas même foutenu par l'orgueil qui pouvoit guider le héros ancien.

Monval ajouta je ne fais combien de paroles, pour prévenir Florimonde de toutes les précautions qu'il falloit employer pour faire réussir une telle entreprise. Elle n'avoit pas besoin de tous ces conseils ; les femmes en savent plus fur ce chapitre que tous les hommes les plus expérimentés n'en peuvent dire & imaginer. Après s'être égayés par nombre de propos, ils fe quitterent.

CHAPITRE IV.

UNE telle proposition avoit déplu souverainement à Florimonde ; mais le premier devoir de son état étoit de savoir feindre & dissimuler. Elle gémissoit souvent des complaisances que lui imposoient sa situation & sa fortune. C'étoit à regret qu'elle prenoit le langage du vice, car elle le détestoit au fond du cœur ; mais entraînée dès sa jeunesse dans un état qu'elle n'avoit pas choisi, elle n'avoit pas la force de s'arracher à sa profession, parce que la mollesse & l'oisiveté avoient, pour ainsi dire, assiégé toutes les iſſues de ſon ame, & qu'elle avoit perdu cette réſolution courageuſe qui eſt l'apanage & la premiere récompenſe de la vertu. Elle ſe diſoit : un jeune homme ſage & vertueux dans la maiſon de Monval ! voilà un phénomene bien étonnant ! Eh ! qui peut lier deux caracteres de nature ſi oppoſée ? L'infame ! quel rôle il veut me faire jouer ! Mais diſſimulons, & payons par un mépris plus profond, le mépris dont il veut m'accabler.

Monval, de retour chez lui, vint ſur la fin du jour trouver Jezennemours dans ſon cabinet ; il le trouva qui arrivoit. Curieux avec cette familiarité, ou plutôt cette licence polie qu'attrappent ſi bien les favoris de la fortune, il prit une des feuilles volantes qui étoient ſur la table ; il apperçut en gros caracteres : *Moyens de ſimplifier l'impôt pour le ſoulagement du peuple.* Jezennemours s'imaginoit bonnement qu'il étoit de ſon devoir de s'occuper de pareilles recherches dans la maiſon d'un fermier-général. Tout ce qu'il avoit entendu à table lui faiſoit croire qu'on deſiroit ſincérement ſur cet objet un plan ſimple & nettement conçu, & il avoit travaillé avec toute la bonne foi & la candeur de l'inexpérience ; il s'applaudiſſoit déjà en ſecret de pluſieurs idées qui lui ſembloient heureuſes & ſans replique. Monval, ſouriant de ſa ſimplicité, lui dit : gageons que tu deſtines à la preſſe ce morceau convaincant ; on lit cela par déſœuvrement ou par curioſité, comme l'hiſtoire de la Chine ; mais meſſieurs leurs auteurs reſſemblent à des gens qui, ſur le bord d'un fleuve, parleroient de détourner ſon cours, & qui n'auroient pas le moindre inſtrument pour commencer leur opération. Il eſt beau, commode, aiſé, d'être ſpéculativement un bon citoyen : avec le tems tu te feras une réputation patriotique ; on parlera de toi & de tes idées réformatrices ; mais je t'en avertis, ſois ſûr que rien n'aura changé.

— Peut-être, répondit Jezennemours ; mais avant qu'un projet ſoit exécuté, il faut que la penſée l'ait conçu. A force de répéter des idées ſaines, peut-être qu'on les adoptera, ne fût-ce que par inconſtance. Tout citoyen a le droit d'expoſer ſa maniere de voir, lorſqu'il s'agit de l'intérêt public. Les lumieres qui inondent un empire, ſont ſorties primitivement du cabinet de quelques particuliers iſolés & obſcurs. Je donne ce que je puis donner ; je n'ai que ma

penſée en propre, je l'exerce pour le bien géné‑
néral. Que chacun de ſon côté en faſſe autant.
— Tu as raiſon, répondit Monval, écris, amu‑
ſes-toi ; vois l'ordre, l'économie & la félicité
publique ſur le noir de tes papiers : cela conſole
toujours, cela fait plaiſir le ſoir quand on ſe
couche ; on eſt une eſpece de ſouverain avant
que de s'endormir, & la nuit on peut monter
tout à ſon aiſe ſur un trône .... Mais, comme
nous ſommes éveillés, parlons, je te prie,
d'autre choſe.

J'ai reconnu en toi, mon cher Jezennemours,
& avec plaiſir, une façon libre de penſer que
j'aime : ſi je l'ai ſi ſouvent combattue, c'étoit
pour mieux t'éprouver. Ta derniere ſcene avec
cette jeune fille m'a convaincu avec quelle fer‑
meté tu ſuivois tes principes : je ne puis les adop‑
ter ; mais je pourrai du moins les admirer de
loin. Je veux te faire connoître une femme,
dont le caractere a beaucoup de rapport avec
le tien ; elle a l'eſprit ſolide, orné, beaucoup
de penchant pour la philoſophie ; ſa converſa‑
tion eſt pleine d'intérêt : c'eſt une femme, en‑
fin, digne des reſpects de toute la terre, & qui,
pour la peindre en un mot, a beaucoup de peine

à me fouffrir chez elle ; mais j'enveloppe en fa préfence les trois quarts de mes penfées licencieufes. Elle tolere mes vifites, d'autant plus qu'elle eft profondément verfée dans l'ufage du monde, & que je ne la vois qu'à titre d'amie. Son front eft chafte comme fon ame ; elle ôte à l'opulence qui l'environne, les couleurs du fafte & de la molleffe. C'eft une fimplicité noble, qui s'accorde parfaitement avec toutes fes actions ; fa maifon & elle c'eft tout un. Je n'ai point rencontré de femme dont le cœur exprimât de plus généreux, de plus beaux fentimens. Enfin, je ne puis mieux la comparer qu'à toi, & c'eft ce qui me porte à te gratifier de fa connoiffance. Sous mes aufpices, tu lui rendras plufieurs vifites, & tu me remercieras bientôt de t'avoir mené chez elle. Sa bouche ne s'ouvre que pour exprimer ou embellir un fentiment. Je ne veux point retarder le plaifir que je te defline ; & dès ce foir, comme j'y fuis invité, je te préfenterai, & nous y fouperons enfemble.

CHAP.

CHAPITRE V.

LE docile Jezennemours, qui ne prévoyoit & ne foupçonnoit jamais un piege, écouta ce difcours avec une forte d'indifférence, & fuivit Monval dans la maifon où il le conduifit. Il étoit entré avec lui dans cinquante maifons où il n'avoit rien entendu que ce qui étoit relatif à fa façon de penfer. Tout le refte lui étoit échappé. Il arrive, il eft bien reçu ; il voit une femme d'une taille noble & majeftueufe, dont le regard étoit impofant, & dont l'abord, toutefois, n'avoit rien d'orgueilleux. A travers fa modeftie, on démêloit un air riant ; & des graces particulieres tempéroient ce que fon abord pouvoit avoir de férieux & de réfléchi. Elle s'exprimoit avec tant de précifion, de juf-teffe & d'efprit, qu'on ne pouvoit s'empêcher de l'écouter, & qu'on trembloit de l'interrompre. Jezennemours brûloit de parler, de confondre fon expreffion avec la fienne ; car leurs ames étoient déjà d'accord, & fe rencontroient dans leurs idées avec une facilité qui même ne les étonnoit plus.

On servit le souper; il étoit simple & sans apprêts, & portoit l'empreinte du goût économique & délicat de celle qui l'avoit ordonné. Florimonde parut un peu plus enjouée, & orna la sagesse de quelques saillies fines & ingénieuses; mais si elle sourioit, c'étoit avec tant de décence, que les roses de son teint ressembloient au pur incarnat de la pudeur. Chaque convive étoit choisi; & ce qui servit mieux à convaincre Jezennemours de son honnêteté, c'est que Monval, réprimant son ton licencieux, veilloit sur ses paroles & composoit ses discours sur ceux de la modeste divinité qui présidoit à ce repas.

Jezennemours eut toutes les peines du monde à se retirer: lui qui, dans toutes les sociétés de Monval, étoit ordinairement silencieux & méditatif, avoit donné rapidement tout l'essor à son ame; elle s'étoit répandue avec complaisance; elle avoit étalé ses trésors & ses richesses, avec le desir naïf de plaire. Florimonde, généreuse & sensible, l'avoit récompensé, en l'écoutant avec cette attention qui, de la part d'une belle femme, donne plus de vivacité au beau feu qu'elle infpire.

Monval avoit peu parlé, comme s'il fe fût jugé indigne de mêler fes frivolités à ce ton grave & férieux. En revenant, il attendit que Jezennemours lui parlât de Florimonde ; & fes réponfes, alors, peignirent le profond refpect dont il fembloit pénétré pour elle. Je ne t'ai point trompé, je penfe, dit-il : c'eft une femme adorable. Elle eft toujours telle que tu l'as vue : j'ai un plaifir fingulier à l'entendre ; mais je ne fuis point fait pour afpirer à fon cœur, elle me connoît pour un libertin ; elle eft trop parfaite auffi pour moi, & je me borne à l'avantage de fa converfation.

Jezennemours ne cherchoit que l'inftant d'être feul ; tout témoin lui devenoit importun. Quand il fut rendu à lui même : Enfin, dit-il, voilà la premiere femme que j'ai pu voir fans rougir pour elle, depuis que je fuis dans cette capitale. C'eft la feule que je puiffe compter après ma chere Sufanne ; elle a même quelque chofe de fon efprit, de fes graces, de fa douceur ; mais elle n'a point fon cœur tendre. Non, aucune femme ne fauroit posséder un cœur semblable. Que sa maison, où brille l'honnêteté, est différente de celle que j'habite ! Que ne puis-je toujours vivre dans une société aussi bien choisie ! Là, on n'entend point ces propos orgueilleux qui insultent à l'humanité; on n'y discute point ces systêmes vains & désespérans, qui, cruellement artificieux, révoltent la raison & froissent le cœur : un léger badinage y est permis, il aide à la réflexion, il la pare de fleurs, & l'esprit s'y trouve plus à son aise.

Quelques jours après, Monval lui proposa de venir souper dans la même maison. Il ne se fit point prier. Enhardi par l'accueil qu'on lui fit, excité par la présence & le sourire de l'aimable Florimonde, il s'échauffa dans la conversation; car son ame étoit toujours calme & tranquille, ou livrée à une certaine chaleur. Monval le poussoit malignement, & l'engageoit dans la dispute ; il y mit un feu encore plus éloquent, plus impétueux que la premiere fois. Il débita, dans cette seconde visite, les principes dont il étoit pénétré, avec cette vérité que donne une conviction intime. Florimonde, affable & complaisante, favorifoit fon effor, & donnoit un regard d'approbation à chaque trait qui la flattoit. Admis dès ce moment & même careffé, Jezennemours paffa peu de jours fans y retourner; & la liberté dont il y jouiffoit développoit infenfiblement cette gaieté naturelle, que fes infortunes avoient fi long-tems étouffée.

CHAPITRE VI.

Un matin qu'il employoit, felon fa coutume, à lire & à écrire, car il mêlangeoit volontiers ces deux agréables occupations, Monval vint frapper à fon cabinet, & de maniere à fe faire ouvrir. Il s'affit en entrant; & fans préparation préliminaire, il dit à Jezennemours: mon cher, c'eft à préfent qu'il faut me répondre avec franchife. Si tu mens pour la premiere fois de ta vie, je m'en appercevrai; mais avant, je te conjure & même je te preffe d'obéir à ton inclination, & de ne point alléguer la reconnoiffance que tu crois me devoir. Je t'en débarraffe, quoique je facha très-bien que ce ne foit pas un fardeau pour ton cœur. Je parle ainſi, afin que tu agiſſes en toute liberté, & qu'aucun lien ne te captive. Florimonde me dit hier en ſecret qu'elle avoit beſoin d'un homme de confiance, dont les mœurs & la probité fuſſent exemptes de tout reproche; un homme ſûr, fidele, un ami enfin, qui à la chaleur de l'amitié, joignît la délicateſſe du ſentiment. Elle n'a point parlé de la reconnoiſſance, parce qu'elle la jugeoit trop inférieure au ſervice. Florimonde eſt riche, a beaucoup de crédit, eſt généralement eſtimée: ſes affaires, peu embrouillées, demandent moins de connoiſſances qu'un zele prompt & ſuivi. Ma foi, je t'ai propoſé; & à ton nom, elle a paru frappée: elle eſt demeurée un moment rêveuſe; & avec un ſourire de joie bien caractériſé, elle m'a prié de lui ménager ton conſentement. Je ne te cede point à elle, entends-tu; je veux que ma maiſon ſoit toujours la tienne: nous ſommes unis pour la vie; mais comme Florimonde eſt une femme reſpectable à tous égards, tu ſerviras ton ami & les ſiens, en lui engageant tes ſoins: ils ne feront pas de longue durée, ni même difficiles ; un peu d'ordre & de bonne volonté, voilà tout ce qu'il faut. D'ailleurs il n'eſt pas mauvais que tu voies par toi-même la conduite d'une maiſon : cela t'apprendra mille choſes qu'il faut ſavoir & que tu ne ſoupçonnes pas. Cet emploi ne t'occupera guere qu'une heure par jour, & te fournira l'occaſion de faire de petits voyages agréables, en te répandant dans diverſes conditions, toi qui aimes tant à voir : il te ſervira à étudier les hommes que tu veux connoître. Allons, habilles-toi, elle t'attend; ne differes pas de lui procurer une agréable ſurpriſe.

Jezennemours, troublé d'une propoſition qui favoriſoit ſecrétement les deſirs de ſon cœur, ne put que bégayer quelques mots. Il fit des objections qu'il ne fut pas fâché de voir réſoudre. — Vous ſavez, diſoit-il, que je ne ſuis guidé dans les affaires que par ce bon ſens naturel qui appartient à tout le monde : la place que j'occupe chez vous a toujours été un bénéfice ſans charge : votre extrême générofité m'a laiſſé ſuivre mon goût; mais comment pourrai-je me tirer du chaos des affaires, moi qui n'y entends rien ? — Bon ! les affaires, reprenoit Monval; on a des gens fous foi à qui l'on fait faire la befogne : tout homme, à la tête d'un bureau (& je le fais par expérience) eſt juſtement celui qui a le moins befoin d'être verſé dans les connoiſſances de fon état. Tu auras le coup d'œil, tu commanderas, & tout ira bien : s'il furvient une affaire épineufe, il eſt aſſez d'avocats fur le pavé de Paris. Vas, tu auras plus de fêtes à ordonner que de procureurs à vifiter. Quand un intendant fait compofer en tems & lieu une petite paſtorale, il eſt difpenfé de tout le reſte.

Ce fut avec ce ton léger & badin, qu'il entraîna Jezennemours, qui refiſtoit trop foiblement pour ne fe point rendre. Un autre motif le décidoit : Jezennemours defiroit depuis long-tems de ne devoir fa fubfiſtance qu'à fon travail : il vouloit s'ouvrir une carriere où elle pût devenir l'ouvrage de fes mains. Il avoit reçu les bienfaits de Monval, toujours avec la fecrete intention de lui être utile ; mais Monval ne lui impofoit que des divertiſſemens de toute efpece. Il fentit que, livré à un travail fuivi, il feroit plus recommandable à fes propres yeux.

Avant midi, il se rendit chez Florimonde ; elle l'attendoit, elle le reçut dans un déshabillé blanc, & lui dit d'un air modeste, mais qui avoit déjà le ton de la confiance : un ami commun m'a fait votre éloge, Jézennemours ; mais vous dites encore plus par vous-même. Je crois connoître votre ame ; j'ai cru y démêler les sentimens que je chéris & que j'estime. Mon dessein n'est pas de rester dans une ville aussi tumultueuse que la capitale : elle ne convient qu'à ceux qui veulent s'étourdir sans cesse & ne jamais vivre avec eux-mêmes. J'ai toujours aimé la retraite, non obscure, non solitaire, mais animée par une société peu nombreuse & choisie. J'ai à quarante lieues d'ici un bien de campagne qui fournit abondamment aux commodités & aux douceurs de la vie ; c'est-là que je veux me livrer aux charmes d'une vie champêtre ; ma santé s'en trouvera mieux, & le calme d'une belle campagne passera peut-être jusques dans mon ame. Il me faut un ami (& je ne lui donnerai jamais d'autre titre) qui ait l'œil sur les détails de la maison, qui daigne présider à cette économie qui met le riche en état de faire du bien à ceux qui l'environnent. Si je trouve en cet ami un caractere fenfible, une ame qui réponde à la mienne, & à qui je puiffe confier mes plus intimes penfées.... Mais que dis-je ? fi je puis ;... je l'ai trouvé, je l'ai trouvé, s'écria-t-elle en rougiffant avec nobleffe, en regardant Jezennemours avec ces graces victorieufes que les femmes poffedent, & qu'elles favent encore perfectionner. Jezennemours s'inclina pour toute réponfe ; & après avoir un peu caché fa joie & fon trouble, il dit d'une voix un peu tremblante : Ah ! madame, qui refuferoit l'emploi que vous m'offrez ? Je placerai tout mon zele à le mériter, ce choix flatteur. Il ne put en dire davantage ; il bégaya quelques mots fans fuite & fans liaifon. Florimonde, plus radieufe qu'auparavant, ne parut point s'appercevoir de fon trouble : elle parla beaucoup de projets, d'établiffemens utiles aux pauvres cultivateurs, comme d'un chemin pour leur faciliter les charrois ; & Jezennemours étoit ravi de l'occafion qui s'offroit naturellement de faire du bien aux gens de la campagne. Elle fit la defcription de fon château, de fon parc, de fes fermes, de tout l'attirail champêtre. Eh, quel plaifir enivroit l'ame de notre jeune philofophe. Il fe voyoit déjà deffous l'ombre de ces arbres mollement agités, égaré dans ces agréables prairies, fe promenant au bord de ces cafcades, un livre en main, philofophant, politiquant à fon aife, & en état de mêler un peu de pratique aux charmes de la théorie.

CHAPITRE VII.

L'OPULENT Monval s'applaudiffoit de voir une partie de fes projets accomplis. Cette maifon de campagne, quoique riante & fuperbe, étoit une de fes chétives demeures. Il l'avoit prefque abandonnée depuis qu'il étoit devenu feigneur haut-jufticier, & que fes forêts étoient contiguës à celles du monarque. Il avoit tous les paffe-tems royaux, la chaffe du cerf & du fanglier. Sa fortune ne trouvoit que dans Paris un élément digne de fes immenfes richeffes; il ne le quittoit plus, parce que fes innombrables caprices ne pouvoient fe fatisfaire journellement, que dans un féjour où la multitude des indigens travaille de tant de manieres pour les plaifirs du riche.

S'il avoit confenti à quitter Jezennemours, c'étoit pour le retrouver enfuite plus aimable, plus formé, comme devant être alors initié dans fes goûts & dans fes principes. Il l'avoit confié à Florimonde, pour l'inftruire ; il lui avoit affigné cette campagne, comme devant flatter plus particuliérement fon agrefte philofophie : il vouloit enfin en faire fon difciple ; car le libertinage du cœur & de l'efprit (qui le croiroit ?) a fes ambitieux & fes profeffeurs.

Le jour du départ eft arrêté ; l'équipage eft prêt ; fix courfiers vigoureux, qu'on eut foin de relayer, tranfportent dans la même voiture, à côté l'un de l'autre, la belle Florimonde & le philofophe, qui, le long du chemin, s'extafioit, à la vue des côteaux, & en faifoit admirer la beauté à fa compagne, citant par fois Virgile & Thompfon, & faifant auffi quelquefois une hymne de fa façon.

On arrive. Cette maifon, qui étoit peu de chofe pour un homme auffi riche que Monval, parut un château aux yeux de Jezennemours. Il fe perdoit déjà dans toutes fes dépendances ;

il en prit possession dès le jour même, en battant les cours, les fermes voisines, & une grande partie des terres. Il ne rêva la nuit que des plaisirs de l'agriculture ; il ne vit que des troupeaux bondissans ; il but en songe le lait des troupeaux ; il mangea les fruits des arbres voisins, & il s'éveilla au milieu d'une fête de vendangeurs.

Que ne peut l'amour ! Jezennemours se montra tout-à-coup assez entendu dans des affaires, dont il n'avoit jamais fait une étude particuliere. A l'aide de la maison rustique qu'il commentoit dès le grand matin, & guidé par un bon sens juste & solide, il ordonna tout à sa guise ; & tout alla bien, parce qu'il employa beaucoup de douceur envers les domestiques, qu'il eut le secret de se les attacher, qu'il leur donna l'exemple du travail, & que son ardeur étoit fondée sur un goût vif & naturel, qui se communique ordinairement. On eût fait pour lui l'impossible ; mais il n'exigeoit que des travaux modérés, & il savoit même les tourner en amusement. Cette maison, qui étoit triste & solitaire, devint riante & animée. Je ne sais quel mouvement y portoit un murmure agréable. L'abondance & la joie, qui ne devroient jamais être séparées, semblerent se réunir, pour embellir les situations du lieu. Les plaisirs que l'on goûte à la campagne sont vifs, parce qu'on les crée soi-même, parce qu'ils sont journaliers, & qu'on ne les reçoit pas d'autrui; ils n'ont rien d'apprêté; & tenant beaucoup à la simplicité de la nature, ils sont plus doux & plus touchans.

Il est bon de dire que Florimonde passoit pour être propriétaire de cette petite terre; qu'elle lui étoit promise, & qu'elle y avoit déjà séjourné : ce qui rendoit tous les fermiers pleins de soumission envers Jezennemours. Spécialement chargée de subjuguer le jeune homme, elle avoit senti pour lui une inclination secrete, qui jusqu'alors lui avoit été inconnue. Elle tournoit au profit d'un feu caché tout le stratagême que Monval lui faisoit jouer. Elle s'étoit brûlée au flambeau de l'amour, en croyant ne faire qu'un badinage; elle sentit qu'elle alloit aimer sérieusement, & qu'elle étoit déjà vaincue par celui qu'elle devoit dompter.

Rendue à elle-même, & seule avec celui

qu'elle ne pouvoit plus éviter, il ne lui fut pas possible de se déguiser tout l'empire qu'il avoit pris sur elle ; mais plus ce feu approchoit d'un amour véritable, plus il étoit réservé. Une modestie innée étoit son partage. Elle fut constamment fidelle à ses loix, malgré les erreurs de sa vie, erreurs de son jeune âge & des circonstances tyranniques plutôt que d'un penchant décidé. Elle auroit eu des mœurs pures, sans la séduction qui l'avoit précipitée dans le vice : elle en connoissoit toute la laideur ; & contemplant de loin l'image de la vertu, elle soupiroit & regrettoit de ne pouvoir recommencer sa carriere. Rougissant des désordres d'autrui, plutôt que des siens propres, détestant au fond du cœur sa vie passée, elle se jugeoit alors indigne d'être jamais aimée. Dès qu'elle vit Jezennemours, elle auroit voulu avoir sa robe d'innocence, pour lui offrir un cœur pur & qui n'eût été qu'à lui : elle s'efforçoit du moins de faire mentir le vers extrême & désespérant de Boileau :

En rentrant dans cette isle escarpée & sans bords,

d'où on l'avoit arrachée, tandis que l'honneur

étoit fon idole. Mais pourquoi un effort extrême ne mériteroit-il pas cette victoire ? Pourquoi le vrai repentir ne conduiroit-il pas de nouveau au temple de l'innocence ? Eft-il donc fermé à jamais pour une feule faute ? Jezennemours, de fon côté, condamnant fes defirs fecrets, les jugeoit un outrage fait à une auffi chafte beauté; il regardoit fa paffion comme un crime commencé, un véritable attentat à la pudeur, & une infidélité coupable.

CHAPITRE VIII.

IL faut favoir que Jezennemours avoit déjà aimé & aimoit encore ; mais celle qu'il aimoit étoit abfente ; il avoit perdu les traces de fon amante, il vivoit dans la cruelle & douloureufe incertitude fi jamais il la reverroit. Peut-être n'aimoit-il qu'une ombre ; & malgré tout le feu d'un premier amour, malgré le fouvenir d'un objet fi cher, fouvenir plus pénétrant quelquefois que fa préfence, ce n'eft guere à
vingt

vingt-deux ans qu'on se nourrit de larmes répandues sur la tombe d'une maîtresse. L'absence n'anéantit pas l'amour; mais elle l'endort quelquefois, pour rendre néanmoins son réveil plus vif. D'ailleurs les fréquens entretiens que Jezennemours avoit avec Florimonde, & que l'on nommera si l'on veut des tête-à-tête, ne servoient pas, je pense, à étouffer cette flamme que chacun de son côté vouloit éteindre. Mais l'on sait à quoi aboutit l'effort de ces sortes de combats. Ils se voyoient à toutes les heures, & toujours avec un nouveau plaisir. Leur cœur étoit rempli de choses qu'ils n'osoient se dire. Florimonde, un chapeau de paille sur la tête, suivoit l'économiste Jezennemours dans les travaux de l'agriculture, & quelquefois sa belle main essayoit de soulever le fléau qui détachoit les grains des gerbes dorées; tantôt elle pressoit d'un doigt délicat la mamelle qui faisoit jaillir le lait, & c'étoit de celui-là que Jezennemours buvoit avec le plus de volupté.

Un soir qu'après la chaleur du jour il conduisoit Florimonde dans un petit bois qui servoit de promenade, ils s'enfoncerent, en philofophant, fous des berceaux de verdure. Là plufieurs lits de gazon fervoient de fiege, & l'on n'en étoit pas plus mal affis. Florimonde, fe repofant avec cette langueur nonchalante qui fied aux graces, écoutoit, répondoit peu, laiffoit errer fa vue tantôt fur la verdure, tantôt à travers les branchages, fembloit ne rien voir, & de fon fein mollement foulevé s'échappoient de ces foupirs qu'un témoin ne peut interpréter quand la caufe en eft inconnue. Les ombres grandiffoient ; & le foleil qu'on ne voyoit déjà plus jetoit fes rayons de pourpre à travers les bofquets. — On attendroit volontiers ici le jour, dit Florimonde : cette place n'eft-elle pas préférable à ces fallons où l'on s'emprifonne avec l'air brûlant que le foleil y a porté ? Jezennemours, plein du feu qui l'animoit & qui partageoit l'enchantement du lieu & celui du moment, prit une de fes mains & la portant comme involontairement à fa bouche : — Ce lieu a bien des charmes, Florimonde ; mais fans vous il les perdroit tous. Le ton touchant qu'il donna à ces fimples mots, ôta prefque à Florimonde l'ufage de la voix ; & ce fut avec peine qu'elle cacha combien il lui en coûtoit de fe lever. Dans l'âge de l'innocence, elle auroit obéi aux mouvemens qui l'emportoient, mais fon cœur qui craignoit de perdre, par une défaite trop aifée, celui qu'elle chériffoit, lui commenda une froideur dont elle étoit bien éloignée ; fon cœur fe ferma par amour même à cette ivreffe qui venoit de le faifir ; elle fe combatit, & d'une voix émue, mais foible : arrêtez, dit-elle à Jezennemours : & elle repouffa le baifer de feu qu'il imprimoit fur fes mains. Elle marcha d'un pas plus précipité ; & reprenant un calme apparent, elle retourna par le chemin le plus court s'enfermer chez elle, & ne reparut point le refte de la foirée.

CHAPITRE IX.

NOTRE jeune fage, qui commençoit à ceffer de l'être, revint à lui & rougit de l'audace qu'il avoit eue ; il fe jugeoit coupable. Quoi ! difoit-il, moi féduire la vertu timide qui fe confie à la mienne ! outrager une femme refpectable qui me traite en ami ! & j'oferai enfuite me préfenter à fes regards, étaler ces généreux fentimens que je viens de démentir ! Elle me regardera comme un fourbe, comme un hypocrite, qui fe joue de la vertu, qui en met l'appareil dans fes difcours & la méprife dans fon cœur. Il fe déteftoit dans ces momens, il s'imaginoit avoir lu dans les yeux de Florimonde le courroux & une jufte indignation. La honte lui auroit fait abandonner fur-le-champ cette maifon, s'il n'avoit pas formé le deffein de réparer fon audace par un refpect extrême. Sans mon attentat, difoit-il, j'aurois pu par degrés parvenir à toucher fon cœur ; mais je l'ai éclairée fur mes perfides deffeins, elle a droit de voir ma témérité avec mépris, & une dédaigneufe pitié eft tout le fentiment que je mérite aujourd'hui. Le lendemain il n'ofa reparoître devant elle ; mais Florimonde qui le jugeoit, paroiffant oublier ce qui s'étoit paffé, le traita avec tant de ménagement, que Jezennemours eftima qu'on lui accordoit fa grace, à condition qu'il s'impoferoit une retenue inviolable. Cependant fon amour contraint s'exprimoit dans les moindres chofes avec une adreffe inimitable : adreffe fi touchante qu'elle paroiſſoit plutôt l'ouvrage de l'inſtinct que celui de la réflexion. Sa vigilance étoit active & continuelle, ſes ſoins remplis de délicateſſe ; à peine ſe faiſoient-ils remarquer, loin de ſe faire valoir ; il ne prévoyoit aucune récompenſe, il n'en attendoit aucune : il aimoit ; & ſatisfait de nourrir un penchant auſſi doux, il en faiſoit le charme de ſa vie. Enfin, il étoit ſi reſpectueux, ſi reſpectueux, que Florimonde ſe crut obligée d'apprivoiſer ſa vertu auſtere par des careſſes qui ſembloient émaner de la reconnoiſſance, mais qui tenoient à l'amour. Sa flamme étoit parvenue à ce degré de violence qu'on ne peut guere diſſimuler. Ses diſcours, ſes regards, ſes ſoupirs à demi étouffés, éclairerent enfin Jezennemours. Il fut très-ſurpris, parce qu'un jeune homme qui aime véritablement l'eſt toujours de l'amour qu'on lui témoigne. Modeſte & timide, il ne concevoit pas comment il avoit pu gagner un cœur qu'il avoit jugé ſi fier & ſi rigide, & qui ſembloit fermé à toute foibleſſe. Cette découverte, tout en raviſſant ſon ame étonnoit ſa raiſon. Oh, le bon jeune homme !

CHAPITRE X.

JEZENNEMOURS n'avoit pas encore triomphé; non qu'il fût livré à une inexpérience enfantine, mais parce qu'il avoit fait une divinité de sa Florimonde, & qu'il continuoit à lui offrir un encens pur, comme seul digne de ses charmes. Florimonde, charmée & confuse, invoquoit secrétement sa défaite; car il n'étoit plus en son pouvoir de résister à l'adoration respectueuse de notre philosophe. Elle commença par railler avec une légéreté ingénieuse cet amour platonique que Jezennemours exaltoit pour se tromper lui-même & donner le change à ses desirs; mais il est étonnant combien une idée folle, qui entre dans le cerveau d'un jeune enthousiaste, dérange les projets d'une tendre amante & les loix même de l'amour. Ce qu'il y a de plus puissant dans la nature, obéit encore aux prestiges de l'imagination, elle semble distribuer les peines & les plaisirs par un ordre contraire à celui qui eft établi. L'erreur, dans notre premier âge, n'eft jamais médiocre ; elle eft extrême & place toujours le fantôme à la place de la réalité. Florimonde voyant à quelle tête elle avoit à faire, crut enfin devoir ufer d'un de ces ftratagêmes ingénieux qu'elle connoiffoit fi bien; car toutes les femmes ont au moins la théorie de cet art : elle le mettoit en ufage pour la premiere fois. On ne fauroit dire fi elle étoit fatisfaite ou fâchée d'avoir recours à l'artifice pour amener Jezennemours dans les chaînes tiffues par la main des plaifirs.

L'air du printems animoit & réjouiffoit la nature ; la terre étoit en fleurs & le ciel fans nuage ; c'étoit la faifon où les cœurs les plus indifférens foupirent, où je ne fais quelle molle vapeur que promene l'aile des zéphirs, difpofe les cœurs à la tendreffe & fait fympathifer tous les êtres. Jezennemours étoit devenu plus mélancolique, plus rêveur, & Florimonde plus enjouée, plus raviffante. Elle voyoit approcher le moment de fa victoire, elle pouvoit déjà la lire dans les regards de fon amant. Un foir que, fatiguée de mille jeux folâtres, elle avoit témoigné quelque laffitude, elle s'efquiva foudain, après avoir fait de ces folies aimables, où le fond du caractere & de l'esprit paroît à découvert & semble dire, *me voilà tel que je suis*. Jezennemours, qui avoit dansé d'assez bonne grace pour un philosophe, ne la voyoit plus & la cherchoit avec beaucoup d'ardeur, lorsque furetant dans tous les lieux, il entra dans un petit sallon écarté. Il la trouva paroissant endormie. La chaleur de l'air avoit fait tomber le voile qui couvroit toujours son sein ; il parut à ses yeux avec tous les charmes d'un âge formé ; car ce genre de beauté a plus que tout autre son point de maturité. Ce sein qui respiroit mollement, annonçoit une fierté à moitié vaincue. Son attitude avoit cette négligence voluptueuse qui promet l'abandon des plaisirs ; ses bras à demi penchés sembloient ne devoir se relever que pour serrer un amant. Ses beaux yeux, couverts de leurs paupieres longues, invitoient les regards les plus discrets à le rassasier de la vue de tant d'appas. Quel moment pour un sage ! Il se penche comme pour adorer l'objet qui l'enchante. Ce n'est pas seulement son regard qui s'enivre, tous ses sens sont délicieusement émus. Il ravit un baifer fur des levres demi-clofes, & fa main cueille les lys de ce fein qui palpite, s'éleve & femble voler au-devant des careffes qu'on lui prodigue. Un profond foupir & quelques mots inarticulés, apprirent à Jezennemours dans quel fonge fon amante étoit anéantie.... Oh, trop cher Jezennemours !.... aimons-nous... je me donne à toi... En ce moment, Jezennemours la preffe entre fes bras avec tranfport, & répete : *aimons-nous*. Florimonde fe réveille, fes yeux humides rencontrent ceux de fon amant...... Quand elle auroit voulu être cruelle, ce regard fupliant de l'amour auroit défarmé toute fa rigueur ; elle ne put qu'être fenfible, elle lui tendit les bras, elle s'empara de l'objet de fa tendreffe ; le fonge fortuné s'acheva. Jezennemours eft le plus aimable des hommes aux yeux de Florimonde ; & Florimonde devient la plus aimable des femmes aux yeux de Jezennemours. Il fut auffi tendre, auffi tranfporté qu'elle, fi quelque chofe égale la paffion d'une femme vraiment éprife. Tous deux partagerent la même ivreffe, & reconnurent combien la fageffe prête de charmes à l'amour.

Que d'autres pinceaux aient l'orgueil présomptueux de vouloir peindre les scenes de l'amoureuse volupté ; l'homme qui saura sentir jugera les langues trop imparfaites pour atteindre à ce tableau ! souvent il a été commencé, il ne sera jamais fini ; & quels traits en effet peuvent rendre les accens de l'amour, lorsque la bouche se tait, & que le cœur, enflammé se créant un autre langage, répond & s'exprime sans l'usage de la parole ?

Florimonde, livrée à son sage & heureux amant, lui fit éprouver le regret de tant de jours écoulés & perdus dans les froids débats d'une timide retenue ; elle le dédommagea de sa contrainte & des larmes qu'il avoit versées dans le silence, elle-même ne vit plus dans l'aurore de ce bonheur, qu'une perspective de jours semblables, tous abandonnés au charme d'une confiance mutuelle ; charme non moins doux que les plaisirs de l'amour. Si les transports de deux cœurs parfaitement unis peuvent ennoblir certaines foiblesses, jamais tendresse ne fut plus légitime. Cependant il faut l'avouer, l'amour de Florimonde étoit plus abandonné, plus entier, plus absolu, mais si elle furpaſſoit ſon amant en amour, elle voulut toujours, pour faire la balance égale, qu'il la ſurpaſſât en plaiſirs.

CHAPITRE XI.

FLORIMONDE avoit promis à Monval de l'informer de la victoire, à l'inſtant que ſa conquête feroit aſſurée ; & Monval devoit ſe faire un divertiſſement de venir narguer le ſage Jezennemours, ſoupirant dans une retraite champêtre, aux pieds d'une de ſes maîtreſſes délaiſſées. Mais depuis qu'elle avoit connu l'amour, jalouſe de conſerver ſon amant, ſon aimable philoſophe, elle étoit bien loin de ſe prêter à cet odieux complot. Combien Monval, qu'elle n'avoit jamais chéri, lui paroiſſoit alors abject & mépriſable ſur-tout depuis qu'elle avoit connu l'ame de Jezennemours ! Elle ne ſongeoit qu'en friſſonnant, aux hommes corrompus qui, dans la capitale, avoient formé ſa ſociété ; c'étoient de vils mortels avec leur or, avec leur puiſſance, avec leur crédit ; & Jezennemours, sans titres & sans rang, étoit bien au-dessus de ces favoris de l'aveugle fortune : son langage, son caractere, sa candeur, sa noble bienfaisance, tout achevoit de le placer à ses yeux dans un rang élevé, & de le faire juger d'une espece supérieure à tous les hommes qu'elle avoit jusqu'ici rencontrés : ils étoient faux avec politesse, avares avec libéralité, & grossiers dans leurs plaisirs. Jezennemours ne lançoit pas un regard qui ne fût une expression délicate ; il ne disoit pas un mot qui ne révélât une vertu. Elle ne vouloit plus que le voir, que l'entendre, que reposer à ses côtés, puiser à cette source pure dans les trésors de son ame, & creuser, pour ainsi dire, la possession d'un cœur où elle découvroit chaque jour des sentimens plus touchans & plus généreux. Comme elle abjuroit tacitement dans ses bras la vie qu'elle avoit menée ! comme elle avoit été loin de connoître l'amour ! A peine avoit elle senti les mourantes étincelles d'une fugitive volupté : ici, elle est pleine, entiere ; c'est un nouvel univers que lui cachoit une main ennemie ; & Jezennemours a déchiré le fatal rideau qui voiloit ce riant olympe. El le y vit, elle y respire ; satisfaite, tranquille & fortunée. Comme elle faisoit serment d'épouser ses principes, ses goûts ! Mais elle n'avoit pas besoin de faire des sermens ; elle étoit déjà métamorphosée, & presqu'à son insu, en l'homme qu'elle adoroit.

Mais quelqu'amour qu'ait une femme, elle se refuse à ces confidences qui embrassent l'histoire de sa vie, & ordinairement elle fait bien ; car quelle femme n'a pas été la victime des circonstances bizarres qui promenent dès l'enfance ce sexe adorable & passif ? Peut-il répondre de tous les pieges qui lui ont été dressés dès l'âge simple de l'inexpérience, & rendre compte de tous les pas que la superbe audace des hommes lui a fait faire ? Il est donc des vérités tristes, inutiles, affligeantes pour l'amant qui les entendroit ; & celles-là, il faut les cacher avec soin : jamais le prix de l'aveu n'efface le soupçon qui vient flétrir l'imagination du nouveau possesseur. Il se promenoit dans un palais orné de roses, & vous en effacez les couleurs radieuses : il est toujours plus heureux par ce qu'il croit, que par ce qu'il pourroit savoir : le passé est passé ; le présent seul appartient à l'amour.

Plus Florimonde aimoit plus elle craignoit que le bandeau ne tombât des yeux de celui qu'elle avoit enchanté. Elle auroit voulu le ravir au jour; & nouvelle Armide, le tranfporter dans quelque lieu défert, où nul mortel ne pût le voir & lui révéler ce qu'elle avoit tant d'intérêt à cacher. Elle pâliffoit quelques fois de frayeur, lorfqu'elle entendoit le bruit d'un équipage, dans la crainte que Monval n'arrivât, & ne vînt dénouer triftement le nœud où elle attachoit fa félicité. Tout ce que l'adreffe & l'amour peuvent imaginer pour tromper Monval, elle le mit en ufage : elle écrivit que Jezennemours étoit plus philofophe que jamais, qu'il s'adonnoit tout entier à l'agriculture, qu'il *bravoit les paffions terreftres*, qu'il ne vivoit qu'avec *Platon* & les *Ephémérides du citoyen;* que les jours où il n'alloit pas vifiter les fermes voifines, il s'enfermoit pour lire & écrire. Elle affaifonnoit ces détails d'une gaieté qui lui pefoit, & gémiffoit du rôle faux que la méchanceté des hommes lui avoit impofé dès fa jeuneffe; rôle infupportable pour elle, & qu'elle comptoit bien abjurer à la premiere occafion.

C'étoit ainsi qu'elle reculoit le terrible moment où Monval devoit arriver avec l'infolence d'un protecteur & la caufticité d'un railleur opulent. Cependant elle s'éclairoit avec Jezennemours, elle élevoit fon ame ; car une femme ne penfe fortement qu'avec un amant favorifé, & c'eft dans fes leçons qu'elle voyoit encore plus diftinctement combien étoit profond l'abyme où elle étoit defcendue.

L'amour, qui, comme le travail, a l'heureux avantage de faire paffer les mois comme des minutes & d'interdire à l'ennui, toujours fi redoutable à la campagne, les moindres approches ; l'amour leur faifoit oublier que l'automne alloit fuccéder à la faifon où l'on moiffonne ; Monval ne devoit pas tarder à venir les furprendre ; il fe feroit furieufement impatienté de tant de délais ; il auroit rompu en vifiere avec Florimonde, ou bien il feroit accouru l'accabler de propos ironiques, fi le fort qui favorife les amans ne l'eût promené chez l'étranger pendant plus de fix mois : tems précieux qu'ils mirent à profit, & dont Florimonde ne prévoyoit la fin qu'avec une amertume fecrete, qui ne laiffoit pas que de corrompre les inſtans de ſon bonheur.

Jezennemours avoit ſuivi une volupté ſéduiſante, il avoit oublié la voix de la ſageſſe, & s'étoit laiſſé entraîner dans un chemin de fleurs. Son âge, la ſenſibilité naturelle de ſon cœur, la campagne, l'habitude de ſe voir, les regards d'une femme noble & touchante, tout l'avoit rendu infidele ; mais une jouiſſance prolongée lui révéla ce qu'étoit ſon amour ; il vit que s'étoit ſa Suzanne, ſa premiere amante, qui s'étoit pour ainſi dire métamorphoſée en Florimonde ; & le ſouvenir de cette belle Suzanne ſe ralluma avec d'autant plus de feu dans ſon ame, que c'étoit elle qu'il demandoit, qu'il cherchoit, en poſſédant le nouvel objet de ſes deſirs. Dans les bras de Florimonde, il ſongeoit à celle qu'il ne voyoit plus & qui le dominoit impérieuſement ; il auroit dédaigné les plaiſirs qu'il goûtoit, s'il n'en avoit honoré l'image de celle qui étoit abſente : il aimoit Florimonde, mais comme ayant quelque reſſemblance éloignée avec celle qu'il adoroit. Ces caprices de l'imagination ſont indomptables ; ils accompagnent toujours ces paſſions ſecondaires qui nous aſſiegent dans la
jeuneſſe.

jeuneſſe. On aime pluſieurs femmes, mais peut-être que l'on n'en idolâtre jamais qu'une. Florimonde enivrée de ſon bonheur, & répandant ſur tous les objets la vivacité de ſes feux, ne s'appercevoit point du ſecret de Jezennemours, qu'il déguiſoit avec le même ſoin qu'elle lui déroboit le ſien.

CHAPITRE XII.

UNE nuit qu'il dormoit à côté d'elle, Florimonde éveillée & muette contemploit ſon amant, comme on dit que jadis Diane contemploit ſon Endimion. Elle eût été jalouſe des rayons de la lune, ſi elle eût vécu aux ſiecles de la fable ; elle obſerva que des empreintes de peine & de douleur obſcurciſſoient tout-à-coup ce front juſqu'alors paiſible ; il paroiſſoit agité d'un ſommeil inquiet : ſes eſprits égarés, traçant dans ſon cerveau des ombres fantaſtiques, laiſſoient paſſer juſques ſur ſon viſage le travail de ſon imagination ; elle le tranſportoit en ſonge ſur les bords eſcarpés d'un fleuve rapide ; il appercevoit à l'autre bord une jeune divinité ; il reconnoît fa Suzanne : foudain il s'élance du rivage, tombe dans les flots, & veut paffer jufqu'à l'objet qui attire tout fon être. Suzanne lui jette un regard étincelant de ces larmes douloureufes qui font le reproche de l'amour offenfé ; elle lui montre d'une main ce jardin fimple & fans art, où ils s'étoient promis une foi qui devoit être mutuelle : il revoit jufqu'au gazon où il s'étoit affis près d'elle. Jezennemours tend les bras vers ces bofquets que fon cœur lui retrace; mais bientôt les bofquets, le gazon, le jardin, tout fuit, tout s'efface.... Il ne voit plus qu'un chemin fillonné de traces lumineufes, qui, s'élevant de hauteur en hauteur, & ferpentant fur une montagne élevée, va fe perdre dans les cieux. Sa Suzanne s'enfonce dans cette route étroite & brillante ; elle tourne encore la tête vers lui & femble l'appeller ; les derniers fons de fa voix lointaine femblent lui crier : *ami, voici le chemin de la vertu, la route du bonheur : c'eft là-haut que je t'attends ; fuis-moi.* Elle difparoît à fes yeux, tandis que les vagues du fleuve, contre lefquelles il lutte vainement, l'entraînent d'un côté oppofé & bouillonnent d'écume autour de lui, comme pour l'engloutir. Il fe réveille, la pâleur fur le front & le défefpoir dans l'ame ; il pouffe un long cri, & dit en pleurant : Suzanne ! ah, Suzanne !.... Je l'ai revue, elle fuit loin de moi.... La douleur la plus vive lui coupe la parole ; ce font des fanglots étouffés, qui expirent dans fa bouche. Florimonde effrayée, preffe fon amant contre fon fein, voudroit le retenir entre fes bras; mais il s'arrache à fes côtés, il fe refufe à toutes fes careffes ; il s'échappe, il va loin d'elle cacher le trouble de fon ame : trouble impérieux, & dont il lui feroit impoffible de déguifer toute la violence. Seul, & comme anéanti en lui-même, tous les traits de fa Suzanne fe retracent vivement à fes efprits; il lui femble entendre encore fa voix, cette voix dont les accens, jadis fi tendres, ne devoient plus que lui reprocher & fon inconftance & fon ingratitude. Dans ce moment, il auroit détefté Florimonde, fi, avec fa douceur ordinaire & inaltérable, elle n'étoit venue interrompre fa mélancolie. L'ame de Jezennemours étoit droite & fincere ; il avoit foupiré pour elle, il avoit follicité fes faveurs ; c'étoit affez pour qu'il fe regardât comme fon féducteur, & pour qu'il s'impofât le devoir de refpecter celle qui s'étoit livrée à fa tendreffe. Il avoit des remords d'avoir trahi involontairement une femme à qui il avoit pu dire, je vous aime ; tandis qu'un autre amour extrême, invincible, quoique malheureux, régnoit toujours dans le fond de fon ame.

CHAPITRE XIII.

FLORIMONDE, quoiqu'étrangement émue & allarmée à l'excès, déguifoit jufqu'à l'apparence du courroux, & n'oppofoit qu'un trouble touchant, une tendreffe abfolue & délicate, à l'air fombre de Jezennemours. Elle avoit l'expérience du cœur de l'homme ; elle aimoit pour la premiere fois de fa vie : elle vouloit donc s'attacher ce cœur fi digne de fon eftime, ce cœur qu'elle voyoit avec une douleur fecrete pencher vers une autre. Elle confentoit à tout fouffrir pour obtenir de lui un feul regard ; elle attendoit du tems & de ce pouvoir infenfible que fait naître un attachement affidu, la victoire que fembloient lui refufer fes charmes : mais Jezennemours, avec cette droiture & cette vérité qui formoient l'effence de fon caractere, eut regardé comme un crime de l'abufer plus long-tems, en lui dérobant ce qui fe paffoit au fond de fon cœur. O Florimonde, Florimonde ! dit-il en foupirant, & fe cachant le vifage dans fon fein, la probité m'impofe un aveu que je ne puis taire ; en l'étouffant, je deviendrois cent fois plus coupable ; oui, je ferois à jamais indigne de ces bontés précieufes que votre tendreffe me prodigue. Je vous ai trompée, Florimonde, ou plutôt je me fuis trompé moi-même : je croyois fentir pour vous ce fentiment de l'amour qui naît à notre infu dans nos cœurs ; mais ce fentiment eft exclufif, il ne peut nous animer qu'une fois. Je n'ai fuivi que la volupté, & je vois fon menfonge. Les feux qui ont embrafé mes fens, commencent à s'éteindre ; je me trouve avec effroi parjure à mes fermens : mais fi je fuis coupable envers vous, je ne le fuis pas moins envers une autre....

Malheureux que je fuis ! mon crime eft égal des deux côtés ; j'ai violé des fermens antérieurs, fermens purs & faints, offerts à l'amour même, j'ai renoncé aux principes vertueux que je m'étois fait une loi de fuivre conftamment. Le remords tardif s'éveille & me frappe ; il me confond à vos yeux ; je fens combien c'eft m'acquitter foiblement de ce que je vous dois, que de vous offrir l'amitié la plus vive à la place de l'amour ; c'eft payer avec de l'ingratitude une dette immenfe : mais qui pourroit l'acquitter, qui pourroit égaler une affection auffi généreufe que la vôtre ? Lifez aujourd'hui dans ce cœur qui vous refpectera jufqu'au dernier foupir ; lifez-y le repentir de ne pouvoir être tout entier à vous comme il devoit l'être. Il fe tut ; & Florimonde accablée ne pouvoit lui répondre.

Elle auroit pu, comme plufieurs de fes pareilles, faire l'héroïne de théatre, charger fon amant de reproches & d'injures, armer un orgueil menteur, une fierté empruntée, jeter de longs éclats, produire des accens lamentables ; mais, comme je l'ai déjà dit, elle étoit vraie avec elle-même ; elle connoiffoit le cœur humain, celui de Jezennemours & le fien propre. Loin d'employer ces traits violens & qui rarement réuffiffent à ramener un infidele, elle ne fit parler que l'innocent langage d'une douleur profonde & concentrée.... — On ne peut commander à foi-même, répondit-elle, après avoir arrêté fes larmes : je le fens trop ; cet effort eft au-deffus de l'humanité ; je vous aime, cher Jezennemours, & vous aimerai toujours... Soyez difpenfé de m'aimer, puifque cet amour vous pefe. Vos paroles, qui me déchirent l'ame, toutes cruelles qu'elles font, ne me paroiffent ni injuftes : ni outrageantes... Ah ! dès long-tems je me fuis jugée indigne de vous, par la fupériorité de votre ame fur la mienne ; mais fi vous pouviez ne voir que ma tendreffe, peut-être qu'à l'examen je l'emporterois fur toute autre. Vous m'offrez de l'amitié ; c'eft un bien foible dédommagement, Jezennemours ! mais je l'accepte avec tranfport, avec joie, avec reconnoiffance, & je me fens capable de tout vous facrifier, excepté ce dernier fentiment, dont vous voulez m'affurer. J'en fuis, & j'en ferai dans tous les tems trop exceffivement jaloufe, pour pouvoir y renoncer. Allez, cher Jezennemours, allez, mon amour ne vous tourmentera plus, je le renfermerai en moi-même; je paroîtrai paifible, dût l'effort me coûter la vie: mais non, j'aurai du moins la fatisfaction de me conformer à vos defirs.

Ce fut par ce doux & ingénieux ftratagême (fi c'en eft un, car il appartenoit plus à la nature qu'à l'art) qu'elle retint dans fes chaînes celui qu'elle chériffoit, & qui fans cela alloit peut être lui échapper : elle n'avoit jamais eu l'ame affez corrompue pour imaginer que la franchife foit une erreur, & la vertu une fottife. Elle avoit conçu la noble ambition d'égaler Jezennemours en fincérité, & de montrer que les facrifices les plus cruels ne font pas impoffibles à une femme qui fait aimer. Elle vouloit rapprocher fon ame de celle de fon amant, & fit tous fes efforts pour combler l'intervalle qui les féparoit.

Ils ne furent pas infructueux; la nobleffe de certaines actions nous agrandit à nos propres yeux, & l'on jette alors fur foi-même un regard fatisfait; on a droit à l'eftime des autres, quand on eft parvenu à s'eftimer foi-même. Jezennemours ne put lui refufer un attachement qui tenoit autant du refpect que de l'amitié. Que n'auroit-il pas donné pour n'avoir jamais été que fon ami, & n'avoir point à fe reprocher les chagrins dont il étoit la caufe ! Il ne fongeoit qu'aux moyens de les adoucir ; & toutes les attentions que peut enfanter une douce & fincere eftime, furent offertes à Florimonde.

Elle n'étoit pas cependant tout-à-fait malheureufe ; elle voyoit Jezennemours, lui parloit, jouiffoit de fes propres victoires, & l'on ne peut que regreter beaucoup qu'un pareil cœur n'ait pas appartenu tout entier à la vertu. Elle fe croyoit d'autant plus obligée de cacher le fecret de fon état, que le refte de fon bonheur y étoit attaché : elle redoutoit une rivale, fans prétendre efpérer de pouvoir jamais la balancer, car elle fe jugeoit trop au-deffous d'elle. Elle fut curieufe (& l'on ne doit pas s'en étonner) de favoir enfin les particularités d'un amour fi vif & fi durable; comment il avoit pris naiffance ; comment il s'étoit nourri dans une fi longue abfence. Depuis long-tems elle preffoit cet entretien qu'elle craignoit & qu'elle defiroit. Elle trembloit de connoître fa rivale,

& ne pouvoit fe refufer à l'intérêt de la connoître. Jezennemours, avec fa franchife ordinaire, ne fachant point diffimuler les mouvemens de fon ame, commença ce récit trop fidele de l'hiftoire de fa vie, qu'il fema de ces réflexions que lui infpiroit un fentiment vif & préfent ; & j'efpere qu'on les lui pardonnera, à l'exemple de l'indulgente Florimonde.

CHAPITRE XIV.

Assis à côté de l'objet qu'il auroit voulu ou tout aimer, ou tout haïr, Jezennemours fe recueillit un inftant, comme le pieux Énée, avant que de parler ; héfitant d'abord un peu de bleffer, par une narration trop fincere, celle qui l'écoutoit. Florimonde, les yeux baiffés, attendoit en filence, & même avec effroi, cette hiftoire qui devoit fixer les incertitudes de fon cœur, & faire renaître ou éteindre à jamais cette lueur d'efpoir à laquelle il lui étoit impoffible de renoncer totalement.

Ce fut donc ainsi que Jezennemours prit la parole. Il commence ; écoutons.

Chere Florimonde, vous m'avez offert un bonheur digne d'envie, & que tout autre que moi goûteroit avec transport ; mais ce bonheur m'échappe, parce qu'il est incompatible avec l'image que je porte gravée au fond de mon cœur. Lorsque vous m'aurez entendu, lorsque vous aurez appris ce que j'étois avant de vous connoître, au lieu de me juger ingrat ou insensible, peut-être ne saurez-vous que me plaindre.

Le premier lustre de ma vie, évanoui pour jamais de ma mémoire, se confond avec ce néant incompréhensible d'où nous sortons lorsque nous abordons à l'existence. Je ne crois même avoir parcouru cette étonnante portion de ma durée, que parce que des exemples fréquens, & que j'ai sous les yeux, me confirment que j'ai passé par le même état où j'apperçois tant d'êtres informes & débiles. Je me souviens seulement d'avoir été un foible enfant abandonné à des mains rustiques, payées pour me nourrir. Les tendres soins d'une mere n'ont jamais veillé autour de mon berceau. Les cris que le befoin m'arrachoit, ont frappé des oreilles qui, avant de s'ouvrir, calculoient fur le prix convenu, non pour me faire vivre, mais pour ne me pas laiffer mourir. Une chevre, dit-on, plus fenfible & plus foigneufe que la femme à que je dois le jour, venoit, à des heures réglées, porter à mes levres fes mamelles gonflées de lait, tandis que ma mere mouroit peut-être loin de moi de la furabondance de cette liqueur nourriciere qu'elle me refufoit. Je ne fais pas encore à qui je dois ma trifte exiftence; & fi les auteurs de mes jours voyent le foleil, ils font pour moi comme s'ils n'étoient pas. Ah, s'ils m'ont abandonné, que leur ai-je fait, du moins pour renier leur fils, & pour le punir de lui avoir donné la vie ! Je voyois le tendre agneau bondiffant fur les fleurs, courir en folâtrant fous fa mere, tandis que je pleurois vainement après la mienne. Je paffai donc ces premieres années, où l'ame encore neuve refte comme plongée dans une admiration ftupide, & paroît étonnée de fa nouvelle demeure, ainfi que de tout ce qui l'environne. L'enfant étudie & compofe avec tout ce qu'il voit ; il écoute tout ce qui fe dit, avant que de rien prononcer ; & souvent par malheur, dès qu'il vient à parler, au lieu de le laisser dire, on le force à ne répéter que les sottises de ceux qui se jouent de son ignorance & de sa bonne-foi.

Je fus perverti comme les autres, & livré au mensonge qui assiege l'enfance. On employa le fouet de la terreur pour me façonner à la vie ; & si, dans un âge plus mûr, guidé par les écrits des hommes éclairés, je n'eusse secoué ces hideux fantômes dont on environna mon imagination ; si je n'eusse employé toutes les forces de ma raison à décomposer cet édifice d'illusions funestes, je n'aurois jamais vu la nature dans sa naïve beauté, je n'aurois jamais connu la vérité qui console & fortifie ; je serois mort plus vil, plus borné, plus foible que l'insecte qui rampe sous les pieds, & qui du moins a son instinct à lui, dont personne ne prétend l'écarter. Que dis-je ! toujours tourmenté, j'eusse peut-être été méchant ; car la dureté contre l'enfance, dénature le cœur de l'homme, & le précipite dans l'insensibilité & dans le crime. De mauvais traitemens m'annoncerent que j'étois sensible & que j'étois au monde ; je ne l'apperçus que fous le rapport d'un lieu aride & défagréable, où dominoient la force & l'injuftice. Mes fens n'étoient pas encore familiarifés avec les objets ; l'être en nous qui juge & qui penfe, effayoit à peine à les comparer, & j'étois déjà traité comme un grand criminel : chaque action étoit prefque un forfait ; la voix terrible de mes juges inexorables, rentemtiffant fans ceffe au fond de mon ame craintive, en détruifoit à chaque inftant le reffort. Comment ne s'eft-il pas brifé ? Comment ai-je pu contrebalancer ces châtimens journaliers que des hommes cruels prenoient plaifir à m'infliger, pour jouir fans doute de mes larmes enflammées, & de la fureur impuiffante où me jetoit le fentiment de cette injuftice ?

C'étoit peu : ceux qui tourmentoient ainfi mes premiers jours, à force de me répéter que j'étois né méchant, m'apprirent prefque à le devenir. A fept ans, ils m'avoient déjà donné une fi trifte idée de ma pauvre petite exiftence, que je crus de bonne foi être un monftre incapable de faire jamais le bien. J'ai gardé long-tems ce pernicieux préjugé, ayant peur de moi-même, me déteftant, pour ainſi dire, parce que perſonne ne vouloit m'aimer; j'étois fombre & farouche, parce qu'on avoit irrité mon extrême fenfibilité, & que mon ame qui tendoit au plaifir, & fur-tout à la confiance, avoit toujours été rebutée par des voix menaçantes, qui ne fe bornoient pas toujours à menacer. Ce n'eft qu'en réfléchiffant dans la fuite que j'étois l'ouvrage d'un Dieu bon, que je fus l'aimer fous ce rapport, & décider que j'étois né moi-même avec un germe de bonté; ce n'eft que par la haute & noble idée de cette illuftre origine, heureufement fentie, que j'ai fu élever mon ame au-deffus de ces portraits impofteurs, qui calomnioient à la fois & le Dieu de l'univers, & le cœur dont il m'a fait préfent. Ces tableaux noirs, inventés par les ennemis de l'efpece humaine, tourmentent & effrayent fur-tout ces imaginations paffives, qui n'ofent plus repouffer cet affemblage d'êtres infernaux, qui n'ont d'exiftence que dans l'ame du fourbe qui a pris foin de les créer.

CHAPITRE XV.

UN des premiers perfécuteurs de ma raiſon naiſſante, fut un curé de village, qui s'étant emparé de moi, s'enrouoit tous les jours à m'expliquer ce qu'il diſoit incompréhenſible. Il me ſemble encore le voir tournant ſes deux gros yeux de taureau, m'épouvanter, au lieu de m'inſtruire, & me battre pour me former à la charité. Il m'obligeoit à répéter un catéchiſme dont je n'entendois pas un ſeul mot : il me menaçoit de l'enfer dès que ma mémoire étoit chancelante ; & en me parlant de ce gouffre de feu, où il me faiſoit deſcendre tout vivant, il faiſoit de ſi affreuſes grimaces, que je croyois déjà voir le pere des crimes venir pour m'emporter entre ſes bras horribles. J'avois ſi peur de lui, je le croyois tellement de la connoiſſance de ce grand diable, dont il me menaçoit toujours, que je n'ai jamais oſé lui porter une des moindres objections que mon eſprit ſe faiſoit à lui-même ; je me reprochois
cette

cette penſée comme une inſpiration ſoudaine & diabolique, & je tremblois même qu'il ne la devinât lorſqu'elle ſe formoit dans mon intérieur. Ma leçon récitée, je demeurois en ſa préſence muet & inanimé comme une ſtatue, ſondant en vain mon ame, & l'interrogeant, ſans qu'elle pût me rien répondre de ſatisfaiſant : elle ſembloit d'accord avec le cruel curé, pour me dire que toutes ces images effrayantes étoient réelles. Lui, ſatisfait de me voir tremblant, n'en demandoit pas davantage, & s'applaudiſſoit (en admirant une mémoire aſſez heureuſe, qu'il ſurchargeoit à ſon gré) de l'excellente éducation qu'il me donnoit.

Je lui ai l'obligation de m'avoir appris à lire ; mais ce fut dans le *Pédagogue chrétien*. J'ai bien profité de cet avantage dans la ſuite ; mais en même tems ce livre meubla ma pauvre tête de tous les revenans nocturnes qu'on diſoit environner le cimetiere ; je les appercevois la nuit en cercle au pied de mon lit ; & plus je les priois de s'éloigner, à l'aide de grands ſignes de croix, plus ils s'obſtinoient à reſter autour de moi, bravant les vœux que j'envoyois à mon patron & à tous les saints du paradis. Dans ce tems fatal je puis dire n'avoir jamais vu venir le coucher du soleil sans un triste serrement de cœur, & un tremblement universel. Mon lit me sembloit un tombeau qui devoit tout-à-coup s'ouvrir pour me laisser tomber dans les flammes de l'enfer : on m'avoit tant de fois offert l'image de ce gouffre enflammé, que je préférois les dures corrections du jour aux transes affreuses de la nuit.

CHAPITRE XVI.

J'AVOIS dix ans, & je savois par cœur le catéchisme, les évangiles de l'année, & le rudiment : j'aurois dit les mots à rebours, tant on avoit fait faire des tours de force aux fibres élastiques de mon cerveau. Un jour (& je ne l'oublierai jamais) le terrible pasteur adoucissant pour la premiere fois & son regard & le ton de sa voix, me dit : Jezennemours, tu sais que tu es un orphelin abandonné (je n'en savois pas un mot), dont j'ai bien voulu prendre foin, fans autre intérêt que celui de ton falut; tu es dans la bonne voie, tu n'as plus qu'à y marcher. Jufqu'ici je t'ai caché qu'il n'y avoit dans le monde qu'une feule perfonne de laquelle tu puffes efpérer déformais quelques fecours : cette perfonne eft ton parrain : il vit encore, heureufement pour toi; tu ne l'as jamais vu, mais bientôt tu le verras. C'eft lui qui a eu foin de toi dès l'inftant de ta naiffance; il te redemande; demain nous partirons, & dans deux jours tu feras chez lui. Tu fais de quelle bonté & de quelle douceur j'ai ufé envers toi : fonges bien à le lui dire; car je t'en avertis, tu me regretteras plus d'une fois. Ton parrain n'eft pas bon & tendre comme moi : il régente trois cents écoliers raffemblés fous fa férule : aucun ne bronche, & le moindre murmure eft puni comme une fédition. Il fait trembler les plus audacieux; & ce n'eft pas affez du châtiment, il faut le fubir d'un air foumis & volontaire. Tu vois que ton parrain eft un homme recommandable, illuftre; un homme important, connu à cent lieues à la ronde; & puifqu'il faut te dire fon nom, il eft jéfuite; & de plus, préfet au célebre college de Strasbourg. Il prononça ces mots avec le ton d'admiration, l'air du refpect, & il ajouta, en mettant la main fur fa poitrine : c'eft un faint homme, mon enfant, un homme de Dieu, qui convertit les huguenots, & qui, zèlé pour le fervice divin, immoleroit ces infames hérétiques, s'il n'efpéroit encore pour eux en la grace du Seigneur. Tiens-toi prêt à partir fi-tôt que le pâtre aura joué de fon cornet, & mets-toi fur-le-champ en prieres, afin que le ciel conferve les jours de ton augufte parrain, qui eft le foutien de la foi & une vraie colonne de l'églife.

Je ne favois ce que c'étoit qu'un préfet, un jéfuite, une colonne de l'églife. J'avois bien entendu parler d'une ville de Strasbourg ; mais je ne m'en formois aucune idée : mon curé ne m'avoit pas même dit que le pays où je demeurois s'appelloit l'Alface ; il avoit, felon lui, des chofes plus importantes à m'enfeigner. Il ne m'avoit appris que le nom du village où je vivois, & le nom du village prochain, où il m'envoyoit par fois porter des lettres, qu'on me payoit gracieufement d'un goûter, où l'on me prodiguoit la crême, que j'aime encore à la folie. C'étoient là mes plus beaux jours ; mais ils arrivoient à peine une fois le mois, & pendant l'été encore : le reste de la terre m'étoit absolument inconnu ; car ce scientifique curé n'étoit pas homme à s'amuser à des bagatelles géographiques ; il aimoit mieux me faire lire & m'expliquer l'épître aux Corinthiens.

La nuit, veille de mon départ, au lieu des revenans accoutumés, je vis à leur place la physionomie du jésuite parrain ; c'est-à-dire, que ma crainte imagina & dessina sa figure. Et sous quels traits se représenter un homme moins doux que l'effrayant curé, préfet zélé dans un college, la férule en main toujours levée, & non moins prêt à égorger les hérétiques ? Je lui donnai une mine sur ce que j'avois vu de plus laid dans le monde ; ce visage hideux, que j'avois formé avant de m'endormir, vint me parler en songe, & le tonnerre de ses paroles répondant à sa figure, je m'éveillai trempé d'une sueur froide.

CHAPITRE XVII.

MAIS le cornet ruſtique fonne mon départ. Je m'habille, combattu par la joie de quitter le presbytere, & par la crainte de rencontrer pis encore; je monte en croupe derriere le gros paſteur, qui me recommandoit, chemin faiſant, de faire ſon éloge au jéſuite parrain. Je me laiſſois entraîner dans un morne ſilence, & légérement diſtrait de ma douleur par la vue des campagnes, qui ne laiſſoient pas que de me parler, quoique je ſongeaſſe au préfet terrible au-devant duquel je courois. Peu à peu cette derniere image s'effaça, & toute mon attention s'étendit ſur ces plaines riantes, qui chaſſerent au loin mes noires rêveries. Les beaux jours du printems couronnoient la terre de cette tendre verdure qui frappe plus agréablement la vue que la cime orgueilleuſe des arbres qui ont reçu tout leur feuillage. A chaque pas la nature ſembloit dire à mon cœur ce qu'on avoit refufé de lui dire ; je converfois avec elle ; je lui offrois mon hommage pur comme fes charmes. Je me difois : Eh ! pourquoi m'a t on fermé ces longues avenues où fe diverfifie le fpectacle de la campagne ? C'étoit là ce qu'il falloit expofer à mes regards avides ; voilà ce qu'il falloit me montrer : j'en apprends plus dans ce coup-d'œil, que dans les pages de ces livres muets, où chaque mot fatigue ma conception : elle embraffe ici avec raviffement une beauté qui inftruit ; elle n'a vu ailleurs que des objets inanimés.

J'étois encore fi jeune, qu'au bout de fix heures je crus refpirer un air nouveau ; & tout ce qui ne m'étoit pas familier, me fembloit appartenir à un peuple étranger & à des coutumes extraordinaires.

La nouveauté des objets réveilla puiffamment mes efprits, & ce fut dès ce moment que je commençai à réfléchir. Un cavalier qui prenoit la même route que nous, converfa avec mon curé fur un ton qui me parut bien peu refpectueux. Je fus frappé de la hardieffe du langage que prenoit cet inconnu ; car il parloit à mon defpote avec une certaine familiarité que je n'avois jamais vue à aucun paroiffien, même des plus hupés. Il agiffoit de même, & je ne concevois pas comment ce cavalier ne trembloit pas à la feule préfence du curé, qui ailleurs faifoit tout trembler. J'étois étonné, furpris, confondu ; je ne reconnoiffois plus même le fon de voix de mon inftituteur. Loin de fon clocher, il avoit perdu cette voix de tonnerre, qui terraffoit, foudroyoit : c'étoit une douceur pateline, une patience à l'épreuve ; il prenoit des injures comme des plaifanteries, & ne fe fâchoit point, quoiqu'il me parût en avoir fujet. Quoi, me difois-je, on lui parle ainfi ! Il y a donc des hommes au-deffus de lui ; & ce n'eft pas le premier homme du monde, quoiqu'il prêche fort élevé au-deffus de toutes les têtes. J'obfervai avec une joie maligne, que le voyageur le tournoit un peu en ridicule, fans qu'il ofât repliquer directement ; je me difois encore en moi-même : Mais c'eft un poltron, qui ne fe venge que fur ceux qui font foibles ; fi j'étois grand & fort comme lui, j'aurois bientôt réprimé fes paroles inciviles. Le gros curé s'efforçoit de rire ; mais je m'appercevois que c'étoit qu'il craignoit d'entrer férieufement en difpûte. Plufieurs petites fcenes pareilles, arrivées dans quelques auberges, où des fervantes mêmes, fans refpect pour fa calotte & fa foutanne, fe donnoient la licence de rire de mon pédagogue, le rendirent moins impofant, moins terrible à mon imagination ; mais cette leçon me venoit trop tard. Délivré d'un tyran, je fongeois à celui de la ville & du college où j'allois, & j'attendois en tremblant fon afpect. Y avoit il des gens qui ofaffent fe moquer de celui-ci comme on faifoit du curé ? L'idée qu'il égorgeroit des huguenots, fans l'attente où il étoit de leur converfion, me difoit que fûrement on ne fe jouoit point à lui.

Ces fimples habitations femées dans la campagne, & dont mon inexpérience n'étoit pas encore à portée de fentir l'utilité & la valeur réelle, perdirent toute leur beauté à la vue de ces remparts, de ces tours élevées, de ces édifices ferrés les uns contre les autres, & de cette pépiniere d'hommes agiffans, qui toujours en mouvement, circuloient chacun de fon côté dans des attitudes variées, & fous des habillemens différens. Le tumulte d'une ville,

& fa population, parloient à mes regards enchantés, & les enivroient de la plus grande joie, j'admirois fur-tout ces foldats qui formoient la garnifon. Habit blanc, paremens rouges, guêtres blanches, un fufil bien poli fur l'épaule, un chapeau retappé & orné d'une cocarde, des cheveux poudrés, des boutons reluifans, tout cela me fembloit appartenir à l'heureufe liberté ; & quand ces foldats, rangés fur la même ligne, tournoient en un clin-d'œil à droite & à gauche, alors je n'étois plus maître de moi-même ; je trépignois des pieds, & mon cœur fautoit d'allégreffe. Si je rencontrois un officier galonné, alors j'étois prêt à m'humilier devant lui ; je regardois paffer ce perfonnage avec refpect ; je contemplois avec admiration cette canne qui, en fe levant, faifoit mouvoir tout un régiment ; & je defirois beaucoup de porter une canne femblable, de me promener dans les rues avec de l'or fur mes habits, & une belle épée au côté. Quand je comparois ces officiers à ces capucins qui me faifoient toujours peur chez mon curé, qui fe faifoient un jeu d'embarraffer mon vifage dans l'épaiffeur de leur barbe, je trouvois entr'eux une différence qui me faisoit faire mille réflexions.

Je n'imaginai rien de plus beau au monde, que la ville de Strasbourg où j'étois entré, & la garnison qui s'y trouvoit. D'autres villes plus grandes me l'ont fait paroître bien petite ; & l'étude, dans la suite, m'a montré ces fameuses cités comme des points imperceptibles sur le grain de sable qu'on nomme la terre. Où étoit alors mon village ? Que devint-il, hélas ! sur la premiere carte géographique que j'appris à connoître ? Je cherchai avec une curiosité avide cet endroit où j'avois commencé à marcher, & je ne le trouvai seulement pas ; il fallut recourir à des cartes plus détaillées, & j'apperçus en rougissant, l'humble figure que faisoit dans l'univers la petite marque qui désignoit le lieu de ma naissance. Quelle étoit donc mon insigne erreur, lorsque je m'imaginois que mon curé étoit le plus important personnage de la terre !

Je m'arrêtois devant chaque boutique, malgré la voix grondante qui hâtoit mes pas tardifs, en tançant mes desirs curieux : les objets d'un luxe brillant me paroissoient autant de tréfors ; je me réjouiffois de les contempler ; les voir me fembloit les poffeder ; je me difois : Si c'eft ici que je dois vivre, je ferai bien, car je récréerai tous les jours mes yeux du fpectacle des foldats & de celui des boutiques ; j'entendrai ce fortuné tambour qui plaît tant à mon oreille. Et qui empêcheroit que je ne devinffe un jour auffi libre que ces officiers dorés, qui courent la ville toujours rians & occupés de leurs plaifirs ?

CHAPITRE XVIII.

Ainsi je faifois mon plan de vie & j'étendois mes réflexions joyeufes, lorfque mon curé me fit tout-à-coup paffer par une porte garnie de faints en pierre, lefquels étoient tout noirs, & m'offrit fubitement aux regards du jéfuite parrain & préfet. Il me fit incliner prefque jufqu'à terre en fa préfence ; & s'étant incliné lui-même plus profondément encore, il ne fe releva qu'à demi ; & d'un air humble, refpectueux & foumis, que je ne lui avois jamais vu, il dit : Très-digne & très-révérend pere, voici l'enfant que vous m'avez confié il y a dix ans ; depuis ce tems, je n'ai cessé de veiller sur lui ; j'ai répondu à vous & à l'ordre de le faire penser comme il faut : je vous le rends après avoir perfectionné les facultés de son ame. Il sait autant d'allemand que de françois ; il possede son rudiment, & sur-tout son catéchisme ; car ce livre doit passer avant tout : vous pouvez le questionner, la timidité ne l'empêchera point de répondre ; il est ferré à glace, il vous expliquera les mysteres de la grace sur le bout de son doigt ; & pour récompenser ses heureuses dispositions, je lui ai appris derniérement les principaux traits de la vie de l'auguste fondateur de la société, du grand saint Ignace : il est convaincu que tous les autres saint ne sont devant celui-là que ce qu'est la fougere devant le plus haut chêne. Ainsi, il sait tout ce qu'il faut savoir, très-auguste & très-révérend pere : vous pouvez l'interroger, comme je vous l'ai dit, & vous convaincre par vous-même des soins assidus que j'ai pris pour répondre à la confiance dont votre bonté a bien voulu m'honorer; moi, indigne de cette grace, & le plus humble de vos serviteurs.

Je tremblois que le jéfuite parrain ne le prît au mot; car j'étois fi faifi, que ma mémoire n'auroit pu fe rappeller tous les mots qu'on y avoit entaffés pêle-mêle. Mais heureufement on n'en vint pas au fait : le très-révérend pere, devant qui je n'ofois encore lever les yeux, quelque envie que j'en euffe, fe contenta de me prendre par le menton, me donna de petits foufflets fur mes joues qui rougiffoient & me regarda quelque tems avec une certaine complaifance. Il ne répondoit prefque rien aux longues proteftations du curé, qui s'épuifoit en complimens de toute efpece : au milieu d'une phrafe, il le prit brufquement par la main, & le conduifit au lieu qui fûrement lui étoit le plus agréable dans tout le college, c'étoit le réfectoire. Il faifoit à chaque pas des révérences profondes que j'imitois. Il paroiffoit confus de tout l'honneur que lui faifoit le préfet jéfuite parrain, d'ailleurs fort diftrait à toutes fes paroles. En les fuivant, je me hafardai à contempler de la tête aux pieds ce qu'on nommoit un jéfuite : nous traverfions de longues cours, mes yeux s'arrêterent particuliérement fur fon vifage, comme pour y lire ce qu'étoit fon ame. On pardonnera à ma jeuneffe cette ignorance candide de vouloir juger d'un jéfuite fur fa phyfionomie ; il falloit avoir mon âge pour cela.

Je préfageai favorablement de mon nouveau maître, lorfqu'au lieu d'un front dur, d'une bouche de travers & de deux gros yeux enflammés, je le vis jeter de côté & d'autre des regards careffans, demi-baiffés, où l'affection fe caractérifoit ; lorfque je le vis fourire affez fréquemment, parler d'un ton doux, faluer tous ceux qu'il rencontroit. Ses confreres, habillés tout comme lui, avoient des geftes prefqu'uniformes : en paffant, ils s'arrêterent & me carefferent auffi de l'œil & de la main. Encouragé par ce premier accueil, je me livrai à mon appétit qu'on eut foin de fatisfaire. Quel fpectacle ! de longues tables éternellement dreffées & couvertes en ce moment d'un grand nombre de plats, pour qui n'avoit vu que la foupe aux choux & le morceau de lard ! On me fit goûter de tout ; & du bout du réfectoire quelques vieillards m'envoyerent généreufement une portion de leur deffert. Je crus fermement que ce feroit tous les jours la même fête ; je m'enhardis étant fi bien régalé, j'ofai faire quelques queftions ; & le révérend pere préfet, qui m'avoit mis à fes côtés, daigna y répondre avec une grace & un enjouement qui, pour la premiere fois de ma vie, me fit rire de bon cœur en préfence de mon curé. Il étoit devenu fi ftupide, dans le cercle de cette communauté, qu'il me fembloit anéanti. Il mangeoit feulement avec avidité, felon fa maniere accoutumée : il répondoit par monofyllabes ; tandis que moi, l'oubliant comme on l'oublioit, je donnois carriere à ma langue, fous l'approbation tacite du jéfuite parrain, qui me fourit plus d'une fois & qui me gliffoit avec bonté tous les morceaux que je convoitois de l'œil. Il me devinoit fans que je lui parlaffe, & je me trouvois déjà bien avec lui. On parla du bonheur qui régnoit dans cette fainte maifon, de la paix, du repos qui préparoit doucement les élus aux délices du paradis ; on prononça le nom de ceux qui n'y vivoient pas, d'un air plaintif & dédaigneux, comme de malheureux dans ce monde & réprouvés dans l'autre ;

tre; & moi, enchanté du repas, du fourire &
de l'esprit du révérend pere, charmé de ma
nouvelle demeure qui sembloit spacieuse, &
sur-tout du départ du curé qui remontoit à
cheval, je me plaisois à répéter à tout venant
que je voulois être jésuite, & vivre à Strasbourg.

CHAPITRE XIX.

MON parrain (que j'appellerai désormais
le pere de la Hogue) me laissa huit jours tranquille & livré à moi-même. Que ce court espace de tems me parut délicieux ! Je sortois,
je me promenois, je parcourois toute la ville,
& commençois à me faire une idée du bonheur, en croyant mener toujours une vie aussi
libre. Je ne m'imposai d'autre tâche que la lecture que j'aimois déjà beaucoup ; & une *vie
des saints*, qui tomba par hasard sous ma
main, me parut un chef-d'œuvre d'intérêt,
de style & d'éloquence. Ces martyrs, qui ai-
moient mieux mourir que de renoncer à leurs

sentimens, étoient les plus grands des hommes à mes yeux; & quand je lisois la description des tortures qu'on leur faisoit souffrir, en partageant leur supplice, je partageois leur courage & leur intrépidité; je me disois : à leur place je ferois tout comme eux, & j'aurois beaucoup de plaisir à cracher ma langue au nez d'un tyran, comme fit tel saint, dont j'ai oublié le nom.

J'étois heureux en ne faisant que ce que je voulois; mais les jours suivans m'apprirent combien ces heures de contentement devoient être passageres. Mon parrain m'appella dans sa chambre; me fit passer dans un cabinet, où une grande figure, de la hauteur d'un homme par la parfaite ressemblance de la taille & de la chair, me glaça d'un certain effroi. On eût dit que le sang couloit réellement de ses plaies figurées : je portai involontairement les yeux sur les blessures, vestiges de la cruauté des bourreaux, car c'étoit un martyr. Il me fit mettre à genoux devant ce saint, & lui demander pardon de mes fautes passées. Son visage que j'avois vu doux & facile, prit tout à-coup un air sévere & absolu, qu'il ne quitta plus avec moi.

Il eſt tems, me dit-il, de former votre ame pour la lice qu'elle doit parcourir ; le chemin glorieux du ſalut vous eſt ouvert ; & ſi vous êtes entiérement devoué à mes ordres, je ſaurai vous y conduire. Croyez-moi, mon fils, ce n'eſt que d'aujourd'hui que vous êtes dans une maiſon où l'on s'inſtruit à fond des vérités neuves & néceſſaires que vous devez graver dans le fond de votre cœur. Je puis vous laiſſer tomber dans le chemin de la réprobation ; je puis faire de vous un ſaint de notre ordre ; parlez, voulez-vous le devenir ?... Je répondis naïvement que je n'aſpirois pas à un ſi haut degré de perfection, & que je m'eſtimerois heureux ſi je pouvois me préſerver d'aller en enfer... Que dites-vous, s'écria-t-il ? eſt-ce aſſez de craindre l'enfer ? Vous vous trompez beaucoup, mon cher enfant ; mais beaucoup ! Point de milieu, ſongez y, il faut être un ſaint couronné de gloire, ou un damné enfoncé dans l'abyme. Vous vous contenteriez de ne pas aller en enfer ! Quel blaſphême ! Si je vous aimois moins, je vous abandonnerois à ces ſentimens impies, & dès ce moment vous paſſeriez ſous l'empire du démon : ſauvez-vous de lui, tombez aux pieds de ce faint qui doit être votre modele ; criez lui de vous ôter ces idées infernales. C'eft l'ennemi du falut qui a infinué dans votre ame une auffi abominable penfée, pour vous perdre à jamais. Vous voulez feulement n'être pas damné, je vous entends ; mais favez-vous que voilà les deffeins du prince des ténebres ? Cet efprit rebelle commence par vous attiédir, afin de vous entraîner avec lui dans les tourmens de la rage ; voilà comme il en a trompé tant d'autres. Il faut être enfant de notre ordre ou fils du diable, choififfez ; fi vous ne voulez être un faint, je vous abandonne ; je vous confondrai avec les huguenots, dont cette ville eft remplie ; elle s'abymeroit bientôt, fans nos prieres efficaces... Voyez fi vous voulez marcher à la damnation éternelle... Epouvanté du feu de fes regards, & de la chaleur de fes paroles, je lui criai bien vîte que je confentois à être faint ; j'aimai mieux prendre ce parti plutôt que d'attifer fon courroux. Ce nom de faint, il eft vrai, me paroiffoit trop illuftre & trop grand pour appartenir jamais à ma foibleffe : leur couronne de gloire me fembloit trop difficile à acheter autrement que par le chemin du martyre; car j'aurois mieux aimé tout de suite être lapidé, être étendu fur un chevalet, fur le gril, ou fur des charbons ardens, que d'être enfermé tout le jour, méditant des livres ennuyeux, affervi à des pratiques triftes & journalieres. Une mort prompte, qui vous envoyoit promptement au ciel, me fembloit préférable à toutes ces auftérités fuivies & redoublées, dont on m'avoit déjà fait faire l'effai : je manquai donc de lui dire que je choifirois plutôt d'être un faint martyr qu'un faint folitaire ; mais la peur de prononcer encore quelques blafphêmes, éteignit ma parole, & me rendit muet à fes pieds.

Mon parrain me fit répéter tout ce qu'il voulut ; il me dicta mes fermens & trouva ma langue fort docile. Je ne fongeois qu'à fortir de cette gêne, & j'aurois promis de paffer par les flammes pour avoir la facilité de me lever un inftant plus tôt. Il ajouta d'un ton d'infpiré : Jeune pécheur, ou étiez-vous fans moi ? Que vous êtes heureux d'être tombé entre mes mains! Sans cela, mon fils, le gouffre inévitable s'ouvroit fous vos pas. Tel eût été votre fort ;

des millions d'hommes ne naissent, ne vivent & ne meurent que pour tomber dans ces feux dévorans. Séparé du troupeau fatal, qui s'achemine au large chemin de perdition, vous allez entrer dans le sentier étroit de la béatitude ; & ces réprouvés qui portent un teint fleuri, qui passent leurs jours dans les festins & dans les plaisirs, seront bien surpris, lorsqu'au bout de leur carriere, ils se trouveront saisis par une légion de ministres cornus, qui la fourche à la main les précipiteront dans les demeures où les cris de la douleur & les grincemens de dents succéderont aux vaudevilles qu'ils frédonnoient à table. Cette ville, par exemple, est l'abrégé de l'univers. Les trois quarts de ses habitans sont réformés ou luthériens, c'est-à-dire damnés ; car ils ont beau être honnêtes gens, bons peres, bons amis, bons citoyens ; fausse probité, inutiles vertus : tant qu'ils ne croiront pas ce que le curé de votre village a commencé à vous apprendre, ils seront mis au rang des victimes de la colere céleste ; & parmi ceux même qui croient (c'est ici qu'il faut trembler, mon fils), il ne se trouvera encore qu'un petit nombre d'élus : fi la parole que nous diftribuons, ne les guide, ne les foutient, ne les délivre des tentations difficiles à furmonter, ne les conduit dans le labyrinthe des devoirs pénibles, ils fe verront comme les autres jetés dans l'abyme. Je ne vous parle donc point feulement ici des juifs, des turcs, des idolâtres, des huguenots nés fous l'empire ancien du démon, & à qui l'enfer appartient en propre, je vous parle de ces catholiques romains qui s'endorment avec fécurité, fe raffurant fur leur croyance ; ils n'échapperont pas à la terrible condamnation, pour peu qu'ils aient négligé nos avis ; & fi vous en doutiez, ce doute feul feroit votre condamnation. Or, mon fils, pour vous dérober à ce châtiment que vous avez mérité comme homme, bien avant votre naiffance, il faut vous abandonner entièrement à moi, me laiffer voir à nu le fond de votre confcience, dévouer votre volonté aux ordres du ciel qui vous parle par ma voix. Je vous avertis d'avance que fi vous étiez hypocrite par crainte ou par diffimulation, que fi vous me trompiez dans un feul point, vous feriez coupable comme fi vous rejetiez toute la loi. Ainfi fongez à être humble & docile d'efprit & de cœur, & préparez-vous dès aujourd'hui à me faire un aveu général, afin que jugeant des plaies de votre ame, je puiffe y appliquer le remede néceffaire & commencer ainfi le grand & important ouvrage de votre affociation à notre ordre.

CHAPITRE XX.

Aprés ce difcours, mon parrain me laiffa feul & dans un trouble extraordinaire. Mon curé m'avoit bien fait peur de l'enfer; mais jamais il n'étoit entré dans des détails auffi effrayans; de forte qu'ayant perdu de vue fes deux gros yeux louches, je me croyois fauvé. Celui-ci, avec fon ton éloquent, fon gefte, fon regard, & la chaleur dont il étoit pénétré, m'agita d'une façon incompréhenfible. Il n'y a rien de plus certain que cet enfer, me difois-je; tout le monde s'accorde fur ce point, & les plus favans des hommes frémiffent eux-mêmes d'y tomber. Ah, je vois cet enfer; je le vois.

Ma tête s'échauffoit, & je découvrois, com‑
me dans le lointain, une fumée rouge qui fem‑
bloit s'en exhaler. Mais ce n'étoit ici qu'un
eſſai de ſon zele pour ma ſanctification. Quand
il me fit jeûner, quand il m'enferma dans la
chambre de la méditation, dont les murs re‑
préſentoient des flammes, au milieu deſquelles
on diſtinguoit des hommes en ſouffrance ; quand
il fit réſonner à mes oreilles des voix plaintives
& ſépulcrales, je manquai de devenir fou ;
& ſi mon pauvre cerveau a pu réſiſter à tous ces
aſſauts, ce ne fut pas ſa faute ; je m'étonne
aujourd'hui d'avoir pu conſerver mon bons ſens,
car c'eſt là vraiment un miracle.

Quatre années s'écoulerent dans ces exerci‑
ces de piété, & je m'étois montré le plus hum‑
ble & le plus ſoumis de ſes diſciples. J'avois
juſqu'alors répété tout ce qu'on avoit voulu,
ſans ſonger à y oppoſer une volonté rebelle.
Tant que l'on n'avoit demandé de moi que des
efforts de mémoire ou de ſoumiſſion, je m'é‑
tois prêté volontairement à tout ; mais lorſ‑
que ma raiſon naiſſante fit luire ſes premiers
rayons, & qu'on en exigea le ſacrifice entier ;
quand, oſant préſenter mes premieres & timi‑

des objections, on y répondit avec le mépris insultant & les carreaux de la fureur ; alors je sentis l'esclavage profond qu'on vouloit imposer à mon être ; je frémis tel qu'un lion qui s'éleve entouré de filets qu'il ne peut rompre ; je devins le plus triste & le plus infortuné des hommes. J'avois beau combattre ces pensées, elles me maîtrisoient & venoient, malgré moi, me livrer une guerre interminable. Que ces combats de la raison & d'une confiance mal affermie ont répandu de terreur, de trouble & d'amertume sur mes jours ! Je priois, je pleurois, j'invoquois la grace ; je faisois les plus grands efforts pour me persuader que je conservois encore la soumission. Vains efforts ! elle s'échappoit par les moyens même que je prenois pour la captiver. J'accusois bien à mon directeur ces fautes qu'engendre la fragilité humaine, & qui renaissent tant qu'on tient à la vie ; mais je n'osois révéler le trouble qui m'agitoit ; il étoit si emporté sur le dogme, que si j'eusse été coupable du crime, j'aurois plutôt avoué un assassinat qu'un doute. Lui-même répétoit sans cesse qu'un idolâtre étoit plus près de la réconciliation, qu'un anti-jésuite ; & je comprimois foigneufement au fond de mon ame toute idée que je fentois bien ne devoir jamais s'accorder avec la fienne.

Ce fut dans ce tems qu'on me fit fur le fommet de la tête cette marque circulaire qui, en faifant tomber un petit coin de cheveux annonce à l'univers, qu'on va renoncer, fagement aux travaux corporels, pour ne plus fe livrer qu'aux travaux apoftoliques. Ces vœux, par lefquels on renonce pour l'avenir à votre fexe, ne me coûterent pas beaucoup, aimable Florimonde; car je ne favois pas encore voir, mon cœur n'avoit pas encore appris à fentir, mon imagination ne s'étoit portée que fur les tableaux d'une nature innocente, & l'étincelle du defir n'avoit point donné à mes fens le fignal trompeur de la volupté.

Enfin l'acte que l'on m'annonçoit depuis long-tems comme le plus important de ma vie, l'acte qu'une année de retraite & de préparation avoit à peine ébauché, l'acte qui m'a coûté le plus dans le monde, étoit fur le point de s'accomplir. J'avois toujours fu reculer, n'ofant me familiarifer avec ce myftere formidable & incompréhenfible ; j'étois de bonne foi, je me jugeois indigne de la préfence réelle d'un Dieu ; & ma raifon qui grandiffoit ; jetoit en même tems des nuages qui obfcurciffoient la foi active dont j'avois befoin. Non ; jamais on ne s'eft tant tourmenté pour fe rendre l'efprit docile, pour humilier l'orgueil de fa raifon ; il n'eft pas poffible de réciter plus des prieres, de baifer plus fouvent le pavé des temples, de le mouiller de plus de larmes, d'appeller, & avec plus de véhémence, cette foi vive que j'ambitionnois. Ce jour, qu'on m'avoit annoncé comme un jour de paix & de quiétude, ce jour où je devois goûter un avant-goût de la béatitude célefte, fut un jour tumultueux, où mon ame entiere fut bouleverfée. Préparé que j'étois, confeffé, abfous, jugé fans tache à la face du ciel & devant les hommes, j'avouai le foir en pleurant à mon parrain, qu'il me feroit impoffible d'aller plus loin, & qu'une créature auffi baffe que moi, n'étoit point faite pour communiquer avec la divinité, parce qu'elle devoit néceffairement réduire en poudre tout ce qui étoit indigne de l'approcher.

Il vit que c'étoit une terreur violente qui s'étoit emparée de mon ame, & qu'en voulant perfectionner son ouvrage, il l'avoit peut-être poussé trop loin. Une crainte profonde entroit certainement dans ce refus ; mais il s'y joignoit la réflexion de mon néant, qui ne pouvoit aspirer à l'Auteur de toute perfection, sans une témérité extrême. Il ne voulut pas tout-à fait me désoler ; il entra dans mes peines, & se montra plus sensible que je ne l'eusse cru ; il me dit d'achever avec confiance, que c'étoient là les dernieres inspirations de l'ennemi de mon salut, que c'étoit ainsi qu'il se plaisoit à troubler les meilleurs catholiques ; mais que sa malice deviendroit impuissante, parce que le seul moyen de lui imposer silence tout-à-fait, étoit de redoubler de zele & de ferveur. Ah ! mon pere, lui dis je alors, en versant un déluge de larmes brûlantes, jamais je ne pourrai achever ce que vous m'imposez ; je ne me sens pas cette foi ardente, condition nécessaire pour éviter un horrible sacrilege : voulez-vous que je boive mon jugement & ma condamnation ? Vous êtes bien heureux, vous, rien ne vous trouble !... Eh, que je voudrois vous ressembler !

Mon parrain parut étonné ; mais il se remit & m'assura que j'avois la foi requise ; qu'il le savoit mieux que moi ; que c'étoit à lui à juger du degré suffisant pour se présenter, avec confiance ; qu'il ne falloit pas se désespérer, qu'il répondoit de mon ame & de mon salut, & que je ferois à coup sûr une bonne communion ; ce dont il me répondoit par les lumieres théologiques qu'il possédoit. Il m'ordonna de me tranquilliser, & d'achever sans reculer ce que j'avois entrepris. Je vis même qu'il rompit exprès cet entretien, car mon émotion étoit au plus haut degré ; & mes larmes, qui ne tarissoient plus, commençoient à l'embarrasser.

Le lendemain, je me trouvai au pied des autels ; mes joues étoient enflammées, tout mon corps étoit dans une espece d'anéantissement. Je le voyois s'approcher, ce Dieu terrible & voilé, armé de tous les tonnerres ; ce Dieu que les anges & les chérubins environnent en se couvrant de leurs ailes ; ce Dieu qui tenoit le bonheur dans une main, & les supplices éternels dans l'autre !... La paténe dorée, que le diacre, selon l'usage, me mit sous le menton, me parut un soleil resplendissant, qui annonçoit l'arrivée du Dieu invifibe ; mon imagination troublée entendoit dans la voûte de l'églife, le fon des mêmes trompettes qui devoient fe faire entendre une feconde fois, lorfque ce même Dieu, éclatant de lumiere, viendroit, affis fur les nuages, juger la foule des humains.

J'humiliai ma raifon orgueilleufe. J'adorai le Dieu qui eft voilé dans cet incompréhenfible myftere. Je fus ce que vouloit mon parrain; fimple, foumis, & difpofé à ne plus écouter les fecrettes infpirations de l'ennemi de mon falut, & je pus me livrer conféquement au calme de cette foi, qui repofe l'ame & tranquillife l'efprit.

CHAPITRE XXI.

Ce jour paſſé, on diminua de beaucoup mon eſclavage ; on me livra à des études différentes : les auteurs profanes ſuccéderent aux livres myſtiques, & mon parrain me parla moins de dogmes, interprétant mon ſilence comme une ſoumiſſion abſolue.

Malgré le tems que je partageois entre le ſervice des autels & mes études, il me reſtoit encore quelques heures de loiſir, de ces heures précieuſes, & dont on ne connoît la valeur que dans les chaînes de la ſervitude. Je les employois ordinairement à me promener un livre en main, & preſque toujours ſeul. J'avois fini ma rhétorique, & j'aimois beaucoup Virgile, parce que je l'entendois plus facilement qu'Horace & que Tacite. En proie à une douce mélancolie, dans laquelle je craignois ſouvent d'être interrompu, s'il arrivoit à quelques-uns de mes camarades de m'acoſter, alors je me ſentois gêné, & le poids

poids de leurs vains difcours me devenoit infupportable. Lorfque j'étois feul, au contraire, tous les objets que je contemplois entroient avec moi dans une converfation muette & délicieufe, plus agréable mille fois qu'un babillage importun & frivole. Comme la nature étoit poétique à mes yeux, en lifant l'*Eneïde* & les *Métamorphofes d'Ovide*! Rien qui ne me parût beau, neuf, raviffant: digne d'admiration. Je m'enfonçois des heures entieres dans le dédale immenfe de mes réflexions. Elles ne tariffoient pas à l'afpect de ce ciel, de ces campagnes verdoyantes, de ces êtres animés, de cette nouveauté d'objets qui parlent éloquemment à l'ame qui cherche à les comprendre. Ces auteurs latins, que je commençois à entendre malgré mon profeffeur, me charmoient & me faifoient trouver des délices dans la folitude la plus profonde.

Une logique naturelle, qui me prêtoit fon flambeau fans aucune infpiration étrangere, me donnoit les lueurs qui me faifoient raifonner à ma maniere. Quoi ! difois-je en moi-même, cette foule de citoyens, de peres de famille, laborieufement occupés du foin d'établir & de soutenir ces honorables maisons, fondement de la société ; ces modestes & chastes épouses, ces tendres meres qui marchent vers le temple, précédées d'un essain de jeunes filles que leur sein a nourries, toutes héritieres de leur beauté & de leurs vertus ; ces ames franches, nobles, droites & pures, seront donc dévouées à la réprobation à cause de leur croyance ! Mon parrain l'affirme... & tout le monde s'accorde là-dessus. Je m'inquiétois beaucoup sur leur sort, je tremblois pour eux ; car les tableaux terribles descendent bien plus profondément dans l'ame que tous autres, & ne s'y effacent même qu'à l'aide des années & des réflexions les plus mûres.

Je les voyois entrer au temple dans un ordre édifiant ; eh ! que vont-ils y faire, me disois-je, puisque Dieu y rejette leurs vœux & leurs prieres, puisqu'ils ne peuvent désarmer ses futures vengeances ! Je m'approchois en prêtant une oreille attentive aux chants mélodieux de leurs cantiques ; leurs voix, dans un accord unanime, alloient frapper la voûte & montoient jusqu'aux cieux. Ah ! contimuois-je, ils ont beau chanter, leurs hymnes sont des paroles perdues. Ils ne font, dit-on, qu'aggraver le poids de la proscription lancée contre eux. Mais que ne changent-ils de temple ! à quatre pas est le temple des élus. Que n'y entrent-ils ! qu'est-ce que cela leur coûteroit ? D'où vient cette opiniâtreté, qui les engage à se damner volontairement ? J'entends leur voix : elle célebre la grandeur & les bontés de Dieu ; ils ne se doutent pas que, rejetant le tribut de leurs vœux, ce Dieu ne fait descendre sur eux que des regards couroucés. Je ne sais ; mais je desirerois bien que, perçant sur l'heure le nuage qui le cache à l'univers, il fît éclater la vérité aux yeux de ces ames trompées, & qu'il leur annonçât lui-même les loix qu'ils doivent suivre. D'un seul mot, si facile pour lui à prononcer, il arracheroit des milliers d'infortunés aux flammes éternelles. Les peres convertis sur-le-champ, n'auroient pas besoin de recommander à leurs fils de suivre leur exemple ; cette voix céleste retentissant du haut des airs, agiroit plus sur eux que tous les sermons de mon parrain. Tout en raisonnant, je confidérois attentivement plufieurs de ces luthériens, pour voir fi je ne remarquerois pas dans les traits de leurs vifages quelque figne de damnation ; mais prefque tous ces gros Strasbourgeois, frais & radieux, avoient un air de fanté, de contentement & de joie ; je les entendois rire gaiement entr'eux, & j'avois peine à concevoir comment des hommes qui rifquoient, d'une heure à l'autre, de fe voir en proie à des tourmens fans fin, pouvoient, fans aucun noir preffentiment, chanter, boire & rire de tout leur cœur.

CHAPITRE XXII.

En pourfuivant les réflexions où je tombois chaque fois que je creufois les mêmes idées, je rencontrois fouvent de ces jeunes luthériennes à la taille fvelte & légere, que leur démarche auroit fait prendre pour ces déeffes fi célébres chez les poëtes, qui daignoient revêtir des formes mortelles, & qu'on reconnoiffoit à la foupleffe divine de leurs mouvemens ; ces beaux cheveux, ornement de la nature, treffés avec grace, formoient, en tombant jufqu'à leur ceinture, deux tiffus qui avoient l'éclat de l'or, & que l'œil attentif ne pouvoit quitter. Je remarquai une d'entr'elles avec une émotion qui m'étoit inconnue, fes traits m'apporterent le tableau raviffant de la perfection, que je m'étois formé. Dans fes beaux yeux à demi baiffés, j'apperçus l'ame que la mienne brûloit de rencontrer. Je la fuivis comme entraîné par un afcendant fupérieur. Loin d'elle, je croyois la voir encore, & chaque fois que je fortois, je me trouvois, par une marche involontaire, au détour de la rue où je l'avois vue pour la premiere fois ; je parcourois les lieux qu'avoient embellis fes pas ; je paffois & repaffois, en attendant qu'elle vint à paroître. Dès que je l'appercevois, troublé, confondu, je n'étois plus à moi, & je me fauvois en rougiffant, fans avoir ofé quelquefois hafarder un feul regard.

Je fus quelque tems à me déguifer le feu qui s'étoit allumé dans mon cœur, ou plutôt je ne favois pas le reconnoître. Je crus d'abord n'admirer que le chef-d'œuvre de la création, & lui rendre ce tribut d'hommage que l'œil de l'homme doit en toute faifon à la beauté : cependant en fa préfence, quand je friffonnois de crainte, je treffaillois de joie ; & lorfque fes yeux tomboient fur les miens, je recevois un nouvel être. Je connoiffois fa demeure, & par des fpéculations que l'amour feul infpire & révele, j'avois déjà déviné fon état, fon caractere & celui de fes parens.

Elle ne m'avoit peut-être pas encore remarqué, & j'étois prefque certain qu'elle avoit un pere dur. On lifoit aifément fur fon vifage, que fon ame étoit un peu fouffrante ; & fi-tôt qu'elle commença à s'appercevoir de mes démarches, elle ne parut pas ufer de feinte ni de déguifement. Ses moindres geftes portoient l'empreinte d'une candeur qu'aucun art ne pouvoit altérer : fon front n'avoit pas cette fierté repouffante qui dédaigne les vœux d'un cœur fenfible. Je la vis d'abord étonnée de mes pourfuites, & craignant de fe livrer à fa curiofité ; mais peu à peu elle parut accepter le tribut de mes regards. Je portois la livrée de ceux qui prononcent anathême contre les fiens ;

ma tonfure, mon rabat, mon habit noir ne devoient pas prévenir en ma faveur ; mais fans doute qu'elle vit que je n'y étois pas fortement attaché, & que je les dépoferois volontiers aux pieds de l'amour.

J'avois dix-fept ans alors : elle en avoit dix-huit. A cet âge, quand deux cœurs fe rencontrent, & qu'ils ont ce qu'il faut pour fe charmer, la défiance ne vient guere mêler fes poifons à la fympathie qui les fait voler l'un vers l'autre. L'églife, il eft vrai, me défendoit d'envifager une luthérienne ; mais un feul de fes regards frappoit mieux que les foudres du vatican. J'étois cependant cruellement agité, parce que je n'avois encore rompu qu'à moitié le joug qui me captivoit, & que je me débattois dans le refte de ma chaîne. Mon parrain fentant bien qu'il n'étoit plus à propos d'agir avec cette févérité dont il avoit ufé ci-devant, adouciffoit fes préceptes & fes remontrances, foupiroit des défordres de ma penfée, & me promettoit la victoire fi je perfiftois à l'écouter, & à lui confier fur-tout mes fentimens les plus fecrets. Je ne lui avois rien avoué, que les combats intérieurs, qu'il appelloit toujours l'ouvrage du démon & son dernier effort ; mais dont je devois sortir triomphant, avec l'aide de ses conseils.

Mon ame étoit devenue un vrai chaos d'idées opposées, qui se contrarioient chaque jour de plus en plus. Après de trop courtes vacances, mon parrain me renfonça dans le labyrinthe théologique, & me força d'entrer dans toute la sombre profondeur de cette science. Obligé d'étudier des leçons bien peu analogues au sentiment délicieux qui remplissoit mon ame, je ne pouvois suivre aucun argument ; je les brouillois dans ma tête. L'amour triomphoit de la métaphysique la plus élevée, & prenoit un éclat plus brillant des ténebres arides où l'on vouloit faire descendre mon esprit.

CHAPITRE XXIII.

Irrésolu, défespéré, arrêté, captivé dès le premier effor de mon amour ; forcé d'attacher mon attention fur des matieres feches, tandis que mon imagination s'envoloit vers un feul objet, je ne favois quel parti prendre. La jeune beauté dont je rencontrois les yeux avec ivreffe, à laquelle je voulois parler, à qui je brûlois de plaire, que j'aurois voulu pouvoir emporter dans mes bras au bout du monde, dans une retraite inacceffible, elle n'étoit féparée de moi que de deux rues, & je ne pouvois la voir ! & des murs jaloux s'oppofoient à mon bonheur ! & mon état, mon habit, ma captivité, tout m'éloignoit d'elle ; tandis que je fentois le feu qui circuloit dans mes veines, malgré tous les obftacles qui nous féparoient. C'étoit peu ; tous les matins, du haut d'une chaire théologique, j'entendois les anathêmes qui profcrivoient fa feéte & fa perfonne ; & des argumens en forme, prouvoient qu'elle vivoit dans une loi déteſtable, & que l'enfer l'attendoit. L'adorant, je craignois pour elle, & je frémiſſois de ſa future deſtinée, ſur laquelle aucun caſuiſte ne faiſoit grace. Je cherchois vainement quelques paſſages favorables à mon amante : le dogme étoit inflexible & ne ſe prêtoit pas aux ſouhaits de ma tendreſſe.

Les yeux tournés vers le ciel, tantôt j'oſois l'accuſer d'injuſtice ; tantôt déteſtant mes blaſphêmes, je tombois le front contre terre & lui demandois la converſion de mon amante. Je propoſois mes doutes ſur le ſalut des hérétiques à mon parrain, ſans lui nommer toutefois l'objet dont je cachois le nom, comme un tréſor dépoſé au fond de mon cœur. Ses réponſes étoient extrêmes, déciſives, ſans replique ; car elles étoient liées en forme ; & ayant accordé une fois une propoſition, je ne pouvois lui refuſer la ſeconde : de-là il me menoit juſques où il vouloit ; & que répondre, quand on diſpute en regle ?

Pour me guérir de mes doutes, il me fit faire une retraite auſtere ; mais l'abſence & la ſolitude acheverent de me rendre plus éperdument amoureux. Le nom de Suzanne se mêloit aux mots du bréviaire, & se trouvoit écrit dans tous les livres. Je la voyois ; & après avoir lutté pour éloigner cette chere & cruelle image, je me livrois entiérement au charme dangereux de la contempler. Ma retraite même me devint agréable, parce que je n'étois point distrait, & que je pouvois m'abandonner tout entier au ravissement de penser à elle. Je lui parlois, je l'interrogeois, elle sembloit me répondre ; &, ce qui n'est pas moins étonnant, c'est que je sus deviner le fond de son ame, & que ses réponses dans la suite s'accorderent parfaitement avec celles que lui dictoit alors mon imagination. Il est donc un art de lire au fond des cœurs, & l'amour a un instinct supérieur à toutes les connoissances humaines.

Dès que le tems de cette épreuve, fut achevé, je revolai avec une avidité inexprimable autour des lieux qui la receloient. Un sort heureux, & qui sembloit vouloir me favoriser, l'offroit assez fréquemment à mes recherches assidues, & rarement je m'en retournois sans avoir joui du plaisir de la confidérer. Non, rien n'égale la volupté que je goûtois à être apperçu d'elle ; quand son regard s'arrêtoit sur moi quelques inftans, j'étois plongé dans un charme nouveau, & j'emportois dans mon sein une source de délices, dont je m'enivrois, pour ainsi dire, goutte à goutte, dès que j'étois seul dans ma froide cellule. Que dis-je, elle avoit perdu sa trifte solitude, Suzanne avec son doux regard y habitoit. L'ennui n'étoit plus empreint sur les murs. Ils me sembloient, quoique tapiffés de thefes, colorés de la flamme de mon amour.

J'avois interprété quelques-uns de ses regards, & n'afpirois plus qu'au bonheur de lui parler; j'en avois souvent tenté l'occafion, mais fans ofer effectuer mon téméraire deffein. La voix me manquoit, & mes jambes tout-à-coup fléchiffoient fous moi. Je tremblois d'outrager sa vertu, & son front en portoit l'adorable empreinte. Singulier détour de ma paffion! j'imaginai ne devoir lui parler que pour connoître quels fentimens l'empêchoient de fléchir les genoux devant l'autel des catholiques, & pourquoi elle étoit oppofée à une religion fi ancienne & si répandue. Elle est née pour être heureuse, me disois-je, je veux qu'elle le soit, & vivre assuré de son bonheur dans l'autre monde, comme dans celui-ci.

CHAPITRE XXIV.

Excité par un si noble intérêt & qui n'admettoit rien de terrestre, par un intérêt qu'on pouvoit avouer hautement, je ne balançai plus de lui adresser la parole. Je la rencontrai sur le soir, elle venoit de reconduire une bonne amie, & rentroit par la petite porte d'un jardin qui occupoit le derriere de la maison. L'endroit étoit solitaire ; & la nuit qui commençoit, me favorisoit encore ; elle alloit fermer la porte & me jetoit le regard qu'elle avoit coutume de m'envoyer, regard rapide, mais qui n'exprimoit pas le dédain, lorsque tout-à-coup je me précipitai sur cette porte ; & l'arrêtant d'une main ferme & tremblante : Adorable beauté, lui dis-je avec transport, & les larmes dans les yeux, ne craignez rien, je fuis prêt à donner ma vie pour votre bonheur ; il m'eſt cent fois plus cher que le mien : eſt-il poſſible de vous voir fans defirer de vous parler ? Un mot, un feul mot de votre bouche, & je ferai le plus fortuné des hommes, & vous ne vous repentirez jamais de l'avoir prononcé.... Dites, voulez-vous m'entendre ?... J'ai mille choſes à vous dire, toutes auſſi importantes pour vous que pour ma tranquillité. A peine avois je achevé ces paroles, que fous le prétexte de quelque bruit qu'elle entendit, elle m'échappa avec courage, mais dans une agitation qui m'annonçoit que fon cœur n'étoit guere plus paiſible que le mien.

Je n'avois eu, ni la force, ni même la penſée de la retenir ; j'avois dépenſé toute ma fermeté par ce peu de mots ; je la vis à travers les fentes de la porte traverſer le jardin avec rapidité : mais parvenue à la cour, elle marchoit à pas lents avant que de rentrer à la maiſon. Elle détourna la tête, comme ſi elle eût craint ou fouhaité de m'appercevoir encore ; elle porta un mouchoir à fes yeux, & faifant un geſte que ne pus interpréter, elle s'enfonça dans un escalier, où je la perdis de vue. Je demeurai quelque tems immobile entre le plaisir & la tristesse, collé à cette porte, & ayant peine à reprendre mes sens. Enfin, revenu à moi, je m'apperçus que dans son trouble elle avoit laissé la clef à la serrure. Je considérai cette clef avec un desir secret de profiter du bonheur qu'elle m'offroit. Le premier mouvement de ma pensée fut de me cacher dans quelque endroit du jardin & de l'y attendre ; mais un sentiment plus fort & plus raisonnable me commanda de fermer au contraire la porte comme elle devoit l'être, & de me retirer. J'eus même la précaution attentive de jeter la clef par-dessus le mur, afin qu'elle parût être tombée de sa poche, & de lui épargner ainsi le moindre regret de s'être arrêtée un instant à m'écouter ; ou plutôt je fis tout cela par instinct ; car je n'étois guere en état de réfléchir.

Je regagnai à pas lents mon college. Je ne me couchai pas ce jour-là. Toute la nuit je me promenai de long en large, attendant l'aurore avec impatience, j'aurois voulu hâter le cours du soleil & le précipiter rapidement vers fon coucher ; je le regardois & il me fembloit immobile, ne vouloir pas defcendre du haut des airs. C'étoit dans les jours d'été, où fa carriere eft longue : tout, jufqu'à la faifon, contrarioit les premiers & les plus vifs de mes defirs.

Je fortis une heure plus tôt qu'il ne le falloit, & je ne défemparai point de l'allée couverte où fe trouvoit cette bienheureufe petite porte. J'attendois Suzanne, & toute étoffe dans le lointain me paroiffoit la couleur de la fienne ; mais quand la figure approchoit, ce n'étoit plus Suzanne : alors c'étoit prefque un monftre à mes yeux ; car mon attente trop vive, trop impétueufe, enlaidiffoit toutes les femmes qui paffoient.

CHAPITRE XXV.

Suzanne avoit remarqué en moi (a ce qu'elle m'a dit depuis) un caractere honnête. La porte refermée m'attira toute sa confiance. A peine eut-elle reconduit, comme la veille, l'amie qui venoit la visiter tous les soirs, que je me hâtai d'approcher. Je la devançai vers cette même petite porte, & me jetai au-devant d'elle en la conjurant de m'écouter. Après un silence où elle étoit combattue : si vous pensez bien, j'y consens, reprit-elle. J'ai remarqué depuis long-tems que vous me vouliez quelque chose, j'hésite encore à vous entendre, peut-être ne devrois-je pas répondre à vos poursuites ; mais je veux enfin savoir si je dois plus long-tems souffrir vos démarches : entrez donc, & songez que si je fais une faute en vous écoutant, ce sera la derniere, & que je saurai bientôt la réparer.

Je ne savois plus que lui répondre, tant j'étois ému, ravi, transporté. C'étoit pour la premiere fois que je m'entendois adresser ces accens que j'avois tant defiré d'entendre. Cette voix touchante remua le fond de mon ame au point que des larmes, que je fentois exprimées de mon cœur, coulerent fur mon vifage. Elle prononçoit le françois comme je prononçois l'allemand, & cet accent étranger avoit quelque chofe qui ajoutoit encore au charme naïf de fes paroles.

Nous étions fous l'ombre d'un berceau; la porte étoit pouffée; un banc s'offroit à nous, je la preffai de s'y affeoir; & dans mon premier mouvement, je me jetai à fes pieds, malgré fes efforts, tenant étroitement une de fes mains ferrée contre mon fein; elle fembloit alors faire une partie de moi-même & déjà m'appartenir. Trop aimable Suzanne, lui dis-je, fans favoir fi j'étois à fes genoux devant elle ou debout, ce ciel qui brille fur nos têtes connoît la pureté de mes vœux! Il fait que je ne foupire qu'après le bonheur de vous plaire; je vous adore, & c'eft fans aucune autre efpérance. Si j'ofe embraffer vos genoux, ce n'eft pas pour moi que je viens vous prier, c'eft pour vous-même. Je vous parle au nom d'un Dieu qui, quoique bon, est inexorable dans ſes arrêts. O chere Suzanne ! il vous aime, parce que vous êtes vertueuſe ; mais il vous condamneroit malgré lui ſi vous viviez plus long-tems dans la loi de vos peres. Celle que je profeſſe eſt la ſeule qu'il approuve, tout l'univers le dit. Ecoutez-moi ; pourquoi vous refuſez-vous à ma religion ? Il faut que vous penſiez comme moi, chere Suzanne ! Je vous chéris plus que moi-même , jugez de quel tourment je me ſens dechiré, & quelle terreur m'agite ! Ah, cédez aux larmes de l'infortuné qui tremble pour vous ! il n'eſt plus de paradis pour lui, ſi vous devez aller en enfer ; je ne ferois que douter que je ne me raſſurerois pas ſur le danger lorſqu'il s'agit d'un auſſi grand intérêt, l'intérêt de votre deſtinée éternelle ! laiſſez-moi vous inſtruire ; dites, je crois, & vous croirez ; venez viſiter mon temple au lieu du vôtre. Toutes les vertus ſont votre partage, il ne vous manque que d'être catholique.... Ah ! monſieur, me dit-elle avec beaucoup de vivacité, ne parlons point du tout de cela. Je n'ai jamais haï perſonne ; mais je ſens combien je ferois indignée contre celui qui voudroit me soutenir que cette tendre mere, dont la perte récente me fait encore gémir, n'est pas dans le sein du Pere miféricordieux qui l'a créée ; sa vie montre un exemple que je tremble de ne pas assez imiter. Si j'ai le bonheur de vivre comme elle, qu'ai-je besoin d'une autre religion que la sienne ? Elle m'a enseigné la pratique des bonnes œuvres qu'elle exerçoit. Je ne dois suivre que la loi de mes peres. Elle ne commande que le bien. Eh ! pourquoi la changer contre une autre qui ne peut me rien dire de plus ? Je vois avec vénération toutes vos cérémonies. Il suffit qu'elles soient à l'honneur de Dieu pour m'édifier ; mais elles n'ont pas le droit de soumettre ma pensée. J'ai entendu retentir plus d'une fois à mon oreille cette condamnation que vos prêtres ont jetée sur ma religion: elle ne m'en devient que plus chere, & me feroit prendre la vôtre en horreur, si je ne croyois ses sectateurs plus dignes de pitié que de haine. On diroit, à l'air dont ils veulent nous convertir, qu'ils sont les dépositaires de nos ames. Non, monsieur, n'ayez aucune inquiétude sur mon sort ; vivez en suivant avec droiture votre croyance. Quant à la mienne, c'eſt mon affaire; Dieu nous voit tous d'un même œil, & ne met aucune différence entre ſes enfans qui adorent le Pere commun. Il ne bénit point féparément un ſeul peuple, mais l'univers entier. Il eſt bon, & ce n'eſt qu'en cherchant à l'imiter qu'on peut lui plaire; tous ceux qui élevent des mains pures vers ſon trône ont droit à ſes miſéricordes. Ma mere, en levant pour la derniere fois vers le ciel ſes yeux appeſantis, me ſerra fortement la main, & m'inſpira dans ces triſtes momens une ſi ferme confiance, qu'elle ne ſortira jamais de mon cœur. Ce n'eſt qu'au ſéjour où Dieu l'a placée, que j'aſpire à me trouver un jour.

J'avouerai qu'après l'avoir entendue, je ne ſavois trop que répondre, quoiqu'ayant ſoutenu pluſieurs theſes avec honneur; mais j'étois dérouté, ne trouvant plus des argumens en forme. Je voulois continuer un entretien ſi cher & que je craignois tant de voir rompre. N'oſant pourſuivre ſur le même ton, je lui dis que je n'étois pas encore aſſez avancé dans la théologie pour la convaincre; mais que j'avois appris tout ce que je ſavois d'un jéſuite qui étoit profond dans ces matieres, & bien plus au fait de ces dogmes là que moi. Il me faudroit, en ce moment, son inflexibilité, ajoutai-je, pour combattre vos sentimens..... Peut-être seroit il lui-même moins sévere, s'il vous voyoit... Je ne veux disputer avec personne, reprit elle : tous les discours tenus sur de pareilles matieres ne peuvent suspendre une seule goutte de rosée ; ils ne sont tous que des raisonnemens d'hommes qui disputent avec d'autres hommes ; & pendant ce tems le soleil éclaire l'Indien comme le Strasbourgeois. Une autre lumiere donnée au cœur de l'homme, & non moins répandue, éclaire aussi d'un pôle à l'autre ; la charité est la premiere vertu qu'indique cette clarté divine & surnaturelle. Aimons donc la paix, & n'entrons point dans ces discussions éternelles & vaines. Je suis chrétienne, parce que la morale de Jésus est pure, douce & sublime ; & quand j'éleve mon ame vers le créateur, je sens une joie intime qui la remplit & la satisfait.

A cette expression si naïve, je ne pus m'empêcher de baiser une de ses mains ; mais en me modérant, pour n'exprimer qu'une respectueuse tendresse. Suzanne, m'écriai-je, que vous êtes heureuſe ! que je voudrois être auſſi tranquille que vous ! Mais mon ſort eſt bien différent du vôtre ! Je ſuis prêt à revêtir une robe de mort, à prononcer des vœux qui m'excluront d'auprès de vous, à contraindre, à étouffer tous les ſentimens de mon cœur. J'ai dix-ſept ans, & je vais renoncer au monde ! On le veut, on me le peint comme un ſéjour à éviter ; vous y êtes cependant, & je le ſacrifierois ſans regret, ſi je ne vous avois point vue ; mais depuis ce moment, il ne m'eſt plus poſſible de pourſuivre ma fatale carriere : je ne ſais ſi je dois avancer, ou ſi je dois reculer ; je ſuis comme un homme anéanti.... mon ame eſt toute entiere dans la vôtre. Oui, c'eſt près de vous que je connois le charme de l'exiſtence, & il faut vous quitter, vivre loin de vos regards, tandis qu'eux ſeuls m'apportent le bonheur ! Non, il ne ſera jamais pour moi ! je ſuis deſtiné à vivre de mes ſoupirs.... O Suzanne ! que je ſuis malheureux !

Je pleurois, & ma tête abattue, par degrés, s'inclina ſur ſes genoux ; je les ſentis trembler. Un ſoupir partit de ſon cœur ; elle voulut me dérober une larme & s'échapper ; mais elle eut trop de pitié pour me fuir : je la retins ; mes bras enlacerent son corps adorable, & en la pressant, je sentis que j'embrassois la félicité même; mon transport étoit chaste, & n'en fut que plus vif & plus délicieux. Ce n'étoit point une mortelle que je touchois, c'étoit une substance angélique.... Et moi aussi, dit-elle, d'une voix attendrie! & moi aussi, je suis malheureuse! & votre douleur m'arrache un aveu qui me pese, mais que je voudrois vainement étouffer: ma confiance doit payer la vôtre; je n'ai plus de mere, & je suis plutôt l'esclave que la fille d'un pere plus rigoureux, plus inflexible que le prêtre dont vous me parlez. J'ai fait tous mes efforts pour toucher son cœur; il reste inaccessible à l'amour que je lui porte; il rebute ma tendresse & croit y voir un piege. J'ai cherché à trouver grace devant lui, il n'a pu dépouiller son caractere. Jamais il ne m'a parlé qu'avec le ton d'un maître courroucé, excessivement jaloux de ses droits qu'il croit sans cesse offensés. Ma mere étoit ma seule amie; elle souffroit comme moi de ses rigueurs; elle étoit ma consolation; elle n'est plus, & je reste seule au milieu du monde; & pour comble de maux, mon pere n'estimant que ceux qui lui ressemblent, me force à accepter un époux de son humeur, c'est-à-dire d'un caractere violent, emporté; un homme enfin que je ne pourrai jamais aimer!... Il me faudra cependant obéir; & tandis que vous vous defolerez dans l'ombre d'un cloître, ma vie fera plus trifte que la vôtre ; je mourrai de regret & de douleur à côté de celui qui m'eft deftiné.... L'autorité paternelle commande, je ne pourrai la braver, je n'en ai point la force. Voilà mon fort, & tout affreux qu'il eft, je dois le fubir. Dieu, voyant ma foumiffion, me donnera le courage : c'est à vous d'éviter ma préfence ; & puifque vous m'aimez, c'est à moi de baiffer les yeux à votre rencontre, & d'oublier que je vous ai vu.... Je vous l'avouerai toutefois & fans rougir : fi des liens oppofés & même contraires ne nous enchaînoient loin l'un de l'autre ; fi votre habit ne vous ôtoit la liberté de me voir, & à moi celle de vous entendre ; fi la maifon où vous demeurez & les principes que vous y puifez ne nous captivoient pas entiérement.... Mais c'en eft fait ; que fert de nous tourmenter ? Adieu, ne nous voyons plus.

Le voulez-vous, m'écriai-je dans un tranfport véhément de douleur, de colere & de tendresse ? me bannissez vous ainsi pour jamais de votre préfence ?... dites, cruelle ?....— Oui, ajouta-t-elle d'une voix affoiblie & tremblante, oui, pour votre repos & pour le mien. Je jetai un cri comme quelqu'un dont l'ame se déchire : elle me ferra la main comme pour me confoler, & s'échappa. Mes prieres ne purent la retenir ; en vain mon cœur voloit après elle : elle précipita ses pas vers la maifon, & fa marche reffembloit à une fuite. Le refpect, la crainte, le faififfement n'empêcherent de la fuivre ; mon œil la fuivit triftement ; & quand je ne la vis plus, cette fcene, qui m'avoit touché si vivement, me parut un véritable fonge : j'étois dans l'état d'un homme qui fe réveille & qui porte fur tous les objets qui l'environnent un œil défabufé, diftrait & confus.

CHAPITRE XXVI.

Je rentrai, le cœur opprimé d'un poids douloureux, fentant autour de moi un vuide inconnu. Dans un avenir obfcur, je faififfois néanmoins quelque lueur d'efpérance & de bonheur; je l'adorois plus que jamais, & je goûtois le plaifir fi doux de ne m'être point trompé fur fon caractere; une extraordinaire fympathie me l'avoit révélé. Sa voix fembloit me parler encore, & j'étois environné de fon charme invifible. C'eft la fageffe elle-même, me difois-je, qui vient de me tracer mon devoir; elle m'a trop fait fentir l'obftacle infurmontable qui eft entre nous : tout nous fépare, & comment oferois-je afpirer à elle? Le moindre entretien, s'il étoit une fois connu de la ville, en feroit l'hiftoire & le fcandale; elle m'a ordonné de ne plus la voir. Ordre cruel ! il faut que tu fois néceffaire.... Elle le veut, elle l'exige ... Lui défobéir, c'eft manquer à l'amour.

En creufant mes réflexions, elles me conduifirent, d'après mon caractere & mon amour, à une mélancolie fombre : je me mis en tête que l'infortune qui m'avoit toujours pourfuivi, vouloit m'arracher encore à Suzanne, & qu'elle ne feroit jamais rien pour moi. Je la vis cédant à fon pere & déjà dans les bras d'un époux brutal. Je paffai plufieurs jours renfermé triftement, & dans un chagrin que je prenois foin d'augmenter. Je m'ôtai jufqu'au plaifir de confidérer un petit jardin qui bornoit ma vue, parce que ce n'étoit pas celui où j'avois converfé avec Suzanne. Je ne me repofois qu'avec mon imagination égarée qui me reportoit au lieu où j'avois preffé fes mains chéries. Quelquefois je voulois faire diverfion en m'enfonçant dans les ouvrages volumineux de cette théologie épineufe, pour laquelle on aiguillonnoit l'orgueil de mon amour-propre, c'étoit comme un défefpoir qui me jetoit dans cette mer barbare de fyllogifmes, au lieu de me précipiter dans un abyme ; & je m'y regardois comme également noyé.

Je fortis le huitieme jour, promenant ma profonde trifteffe dans les endroits les plus folitaires, ne fachant fi j'obéirois à Suzanne, ou fi j'irois contre fes ordres ; tantôt les refpectant, tantôt voulant les braver tout à fait. Je prétendois lui marquer mon respect & mon amour en me conformant à ses dernieres volontés, & bientôt je l'accusois elle-même d'avoir pu prononcer un pareil arrêt. C'est dans cette incertitude que mon cœur flottoit ; le peu d'expérience des passions m'aveugloit sur lui & sur moi même. Je passai un mois entier, perdant un tems précieux, extravagant par tendresse, & irrésolu sur ce que je devois faire.

Un jour que je m'égarois dans mes pensées, & que je tenois une marche vagabonde, vint à moi un juif qui me présenta plusieurs brochures soigneusement cachées sous son large & sale manteau ; je fus piqué de curiosité, & je lui en achetai quatre. Le papier étoit mauvais, l'impression affreuse ; c'étoient des contrefactions. Cependant le peu de mots que j'avois palpés à travers les feuilles non coupées, me rendirent ces brochures plus piquantes que les gros livres que je feuilletois ordinairement. Le nom de Voltaire, que j'avois entendu souvent prononcer, toujours escorté, d'épithetes diaboliques, m'excita à juger quel écrivain ce pouvoit être, & quels étoient enfin les principes affreux & épouvantables, dont, selon mon parrain, il parsemoit ses livres. Son nom étoit justement écrit en grosses lettres au frontispice d'une brochure qui avoit pour titre, *la Henriade*. J'avois entendu parler de Henri IV, comme d'un roi de France qui avoit été assassiné par un nommé Ravaillac. Voilà à peu près tout ce que je savois de lui. J'allai m'asseoir à l'écart sous un arbre ; je tirai un petit couteau de ma poche, & je me mis à couper la brochure à mesure que je lisois.

CHAPITRE XXVII.

Qui m'eût vu lire m'auroit comparé à un homme qui, après avoir été longtems tourmenté de la soif, se désaltere enfin au bord d'une onde pure. Quel langage nouveau, quand on quite Molina, Escobar, Sanchez & autres théologiens ! quel style, quelle netteté d'expression ! J'arrivai bien vîte au massacre de la S. Barthélemi, & les cheveux me dresserent à la tête. J'aurois préféré de grand cœur d'être Coligni, sanglant, assassiné, foulé aux pieds, plutôt que Charles IX, auteur de cet horrible maffacre. Je crus d'abord que le poëte avoit inventé ces détails pour exciter un plus vif intérêt ; mais lorfque la réflexion vint me perfuader que l'on n'inventoit pas de pareilles atrocités, je fus un peu étonné de ce que le génie éloquent du poëte n'avoit pas lancé tous les carreaux d'une indignation plus profonde contre un attentat auffi exécrable en tout fens, & je me promis alors d'ajouter quelques vers à ce chant, tant j'étois ému & foulevé d'horreur. On peut en juger, puifque je voulois dans ce moment être poëte après Voltaire.

La feconde brochure que j'ouvris, étoit la tragédie de *Mahomet*, ou le *Fanatifme*; la troifieme, les *Mondes de Fontenelle*, & la quatrieme la *Loi naturelle*, encore de M. de Voltaire. Le juif m'avoit affuré que tous ces livres étoient bons, & qu'ils fe vendoient par-tout *comme des petits pâtés*.

J'avois trop peu de tems pour parcourir ces livres; je les mis en poche ; le foir je les enfermai avec foin dans ma caffette, les cachant deffous mon linge ; & la nuit rallumant ma lampe éteinte avec une précaution extraordinaire, je me jetai avec avidité dans cette lecture. Cette élocution facile, aifée, animée, me menoit d'une feuille à une autre, fans que j'euffe lieu de m'en appercevoir. Les heures fonnoient dans le filence des ténebres, & je n'entendois rien; ma lampe manquoit d'huile & ne verfoit plus qu'une lumiere pâle, & je lifois toujours. Je ne me donnois pas le tems de relever la meche, j'aurois interrompu ma jouiffance. Comme toutes ces idées nouvelles entroient dans mon cerveau! Comme mon intelligence les adoptoit! Quoique j'euffe percé la nuit fort avant, ma tête n'étoit pas fatiguée; au contraire, elle fembloit illuminée de nouveaux rayons. Quelquefois je fermois les yeux, & raffemblant mes efprits dans le filence & le calme, je m'écriois involontairement : voilà des hommes qui parlent raifon ! On les fuit, on les entend, on eft facilement de leur avis ; il femble qu'ils me révelent tout ce que j'ai confufément penfé, éprouvé, & ce que je ne pouvois exprimer.

Le livre de Fontenelle me développa dans un inftant, & de la maniere la plus lumineufe, le fyftême du monde. De gros volumes avoient retréci l'univers en me l'offrant comme un point unique. Celui-ci, en dilatant mon imagination,
me

me fit entrevoir un Dieu plus magnifique & plus grand. Je respirois avec plus d'aisance, charmé de voir les bornes de l'univers reculées, & plus satisfait de mon intelligence qui embrassoit sans peine cette grandeur infinie. Ces planetes peuplées d'être intelligens, me plurent beaucoup ; en me voyant un plus grand nombre de freres, le Pere commun me parut encore plus digne d'adoration & de respect. Cette diversité me révéla la science éclatante du grand Architecte, & je ne voyois plus un globe isolé, centre étroit & immobile : je roulois dans l'espace avec toutes les demeures flottantes qu'habitoient mes semblables, & je me formois l'idée de pouvoir les visiter un jour.

Enfin, ce livre fit sur moi une impression profonde qui détermina ma façon de penser. J'y retrouvois ces idées d'ordre, de grandeur, d'immensité, que la vue du firmament m'avoit inspirées. Je me levois avec allégresse pour saluer les étoiles ; je leur disois dans ces heures silencieuses où leur éclat est plus brillant, où l'esprit vole plus librement sur les ailes de la méditation : & vous aussi, vous êtes des soleils qui entraînez des planetes. Alors je sentois mon cœur brûlant de joie, d'appercevoir la vie où je n'avois vu jufqu'alors que des maffes pefantes & inanimées. Je me trouvois dans un cercle plus radieux, & je me réjouiffois d'entrevoir cette augufte affemblée des mondes, fpectacle vafte & fi agréable à mon ame agrandie !

Le poëme de la *Loi naturelle* m'a paru auffi un ouvrage vraiment digne d'un fage. Oh, que la terre auroit bu moins de fang, fi ces admirables principes euffent été dans tous les tems ceux des maîtres des empires! Une morale compatiffante & pure devint la bafe de mes nouveaux fentimens; je chaffai avec mépris ces idées baffes & rampantes qui menent à la perfécution, à l'intolérance, à la fureur. Je ceffai d'adopter ces fyftêmes cruels, fi contraires à la charité que l'homme doit avoir pour l'homme. Je ne voyois plus que comme des rêves, cet amas bifarre d'opinions infenfées, qui avoient mis le fer à la main de tant d'hommes; & j'allois répétant ces vers admirables, en fongeant aux difputes futiles & fanguinaires qui agitent la vie paffagere de tant de mortels fanatiques;

Je crois voir des forçats dans un cachot funefte,
Pouvant fe fecourir, l'un fur l'autre acharnés,
Se battre avec les fers dont ils font enchaînés.

CHAPITRE XXVIII.

Ayant adopté des idées convenables à la dignité d'un être penfant, je reportai à *Voltaire* un tribut d'eftime & d'admiration, comme en dédommagement de toutes les groffes injures qu'on lui avoit adreffées avec tant de prodigalité, & même avec l'accent de la fureur. Je fis fon éloge volontaire au fond de mon cœur, & tel qu'il n'a jamais été fait depuis. J'achetai fon portrait du même juif; & tous les foirs avant de me coucher, je lui difois : bon foir, homme aimable ; toute ma vie je te chérirai ; fi tu paffes jamais à Strasbourg, j'irai au-devant de toi ; & fi le fort conduit mes pas dans les pays que tu habites, j'irai rendre mon hommage à ta perfonne ; fi je ne puis te voir, je faluerai du moins ta porte !

Il me prit une forte envie de revoir ma Suzanne, de me confulter avec elle, de lui faire part des progrès de ma raifon ; mon cœur ne pouvoit plus tenir contre fon abfence ; j'avois des idées nouvelles à lui communiquer, & à cet âge c'est un besoin que de les répandre dans le sein de la confiance. Je courus à sa rencontre, & ne la trouvai pas ; je l'attendis le lendemain, & l'attendis vainement ; j'étois comme une sentinelle en faction auprès de la petite porte qui s'étoit ouverte une seule fois, & qui maintenant fermée, déroboit à mes yeux le temple du bonheur. Que d'inquiétudes dans ces heures d'attente ! Que de transes douloureuses ! Que de noirs soupçons aigrissoient mes esprits ? Je me rappellai alors que ses adieux avoient eu quelque chose de lugubre ; qu'elle avoit fait un geste de désespoir en me quittant. Du moins je me la représentois ainsi. Que lui seroit il arrivé ? Son pere barbare auroit-il consommé l'attentat de son autorité ? N'auroit-elle pas eu la force de balancer plus long-tems son pouvoir ?

La nuit tomboit pendant que j'étois agité de toutes ces réflexions ; l'obscurité augmentoit par degrés, & déjà je marchois dans l'ombre qui augmentoit l'horreur de mes réflexions. Consumé d'une vaine attente & ne sachant que devenir, je bats la terre de mon pied ; un mouvement involontaire me transporte ; j'avois passé mille fois devant cette porte : immobile, accablé de douleur, je m'approche, je m'appuie contre elle comme pour me soulager, je la presse du poids de mon corps... Tout à coup la serrure, détachée du plâtre humide, quitte sa place ; je porte une main tremblante, plus d'obstacles, l'entrée du jardin m'est ouverte ; il ne tient qu'à moi d'y hasarder mes pas. J'avance ; ô joie ! ô ravissement ! je retrouve le banc où Suzanne s'étoit assise ! Tous mes feux assoupis se réveillent dans mon cœur. Plus d'irrésolutions, plus de combats. Séduit par la pureté de mes intentions, je m'enfonce avec courage sous une allée couverte ; je craignois qu'il ne fût arrivé quelque chose à mon adorable amante, & l'amour me rendit téméraire.

Je traverse le jardin, je m'approche avec réserve de la maison ; j'en fais le tour ; je prête une oreille attentive, je cherche à démêler le son de sa voix. Tout est calme, tout repose, tout dort dans un profond silence. Mais c'étoit un air enflammé que celui que je respirois. L'inquiétude, l'impatience, la douleur se mêloient à mes transports amoureux. Je change mille fois de place, j'examine cette maison sous toutes ses faces, j'interroge toutes les iffues, cette maifon fembloit parfaitement clofe, inhabitée; mes cheveux fe hériffent de frayeur, je crains qu'on ne m'ait enlevé Suzanne, je crains (où l'amour va-t-il chercher fes terreurs!) qu'elle ne foit defcendue au tombeau. Tous les preftiges d'une imagination troublée s'emparent de moi. Je n'ai plus d'autre image que la tyrannie d'un pere; je vais jufqu'à croire que fon bras s'eft appefanti fur fa victime. Le tems s'écoule; la lune qui s'éleve lentement en fon plein, m'oblige à reculer dans l'ombre des charmilles. La lune n'étoit plus belle à mes yeux. Elle éclairoit trop mes pas: peu s'en fallut que je ne la chargeaffe d'imprécations; mais me voyant environné de fa clarté, alors je fonge à mon extrême imprudence; je fens que j'ai violé l'afyle d'un citoyen, que je me fuis rendu coupable, qu'il eft trop tard pour rentrer, qu'il ne m'eft plus permis de traverfer une feule rue fans être arrêté & conduit au corps-de-garde. Moins épouvanté de l'avenir qu'accablé du préfent, c'étoit moins ce que j'aurois à répondre le lendemain aux foupçons que mon abfence auroit fait naître, qui me chagrinoit, que de me voir fi près de Suzanne

& de ne pouvoir lui parler. Encore, me difois-je, fi je pouvois l'appercevoir à fa fenêtre, & lui envoyer à travers la paifible lumiere de la lune un figne de tendreffe! Si je pouvois de loin fléchir le genou devant elle, & dans cette attitude deviner quelle forte d'impreffion regne dans fon cœur! Mais non, j'étois feul, & tout étoit fourd & muet autour de moi; tandis que brûlant de mes feux, j'aurois voulu donner à tous les objets l'ame, la vie, & le langage.

CHAPITRE XXIX.

J'ÉTOIS prefque tombé anéanti de douleur fur un gazon; & preffant la terre à demi humide, je lui demandois un tombeau, fi mon amante ne devoit plus paroître à mes regards. J'étois à moitié plongé dans un fommeil inquiet, lugubre & fatigant, lorfque le bruit d'une perfonne qui dérangeoit le feuillage, en marchant à pas lents, me tira de cette efpece d'affoupiffement. J'ouvre les yeux, je diftingue à travers un berceau une jeune perfonne en deshabillé blanc, qui se promenoit, la tête penchée, & qui interrompoit sa marche en exprimant quelques gestes douloureux. Je crus entendre un soupir ; mon cœur partagé entre deux sentimens, en palpita de joie & de tristesse ; il nomma Suzanne.... Je la reconnois ; c'est elle-même. O moment d'extase ! à la faveur de l'ombre, j'eus le plaisir de tourner autour d'elle sans en être apperçu. Je la vis lever vers le ciel un visage inondé de pleurs ; elle poussa un nouveau soupir qui pénétra mon ame. Seigneur ! prononçoit-elle avec une ferveur touchante, & les mains étendues & suppliantes, daigne inspirer à une foible créature ce qu'elle doit faire ! je n'ai qu'un cœur, il s'est donné malgré moi. J'aime un autre que celui que l'on veut me donner pour époux. Ne serois-je pas criminelle en obéissant ? O mon Dieu ! faut-il jurer devant tes ministres des sentimens que je désavouerai au fond de mon ame ? Faut-il, trahir la verité, & tromper les vœux d'un homme qui me rend dépositaire de son bonheur ? Dois-je sacrifier aux ordres paternels le cri puissant de l'amour ? Et si ces deux voix commandent, à laquelle dois-je céder ? Quelle est la tienne, ô mon

Dieu! est-ce celle de mon pere, ou celle de mon cœur?

Sa tête tomba sur son sein, elle n'avoit plus la force de parler, & ses mains suspendues & jointes ensemble faisoient seules un effort vers le ciel. Que devins-je à ce spectacle! Immobile auprès d'elle, je retenois jusqu'à mon haleine; je ne voulois pas la surprendre dans ce moment terrible, & paroître lui avoir dérobé son secret. Tantôt elle fixoit en silence la voûte du firmament & sembloit attendre une réponse du haut des cieux; tantôt elle poussoit des gémissemens sourds, des cris inarticulés. Une horloge voisine se mit à sonner, & tout-à-coup Suzanne, comme sortant d'un rêve, précipita ses pas vers la maison & sortit de dessous les arbres. Elle étoit déjà toute environnée du clair de la lune; je ne pouvois plus m'approcher sans être vu, mais j'allois la perdre; je ne balançai point. Je fis un détour d'un pas plus léger que celui d'un cerf; & marchant au-devant d'elle, la main élévée, je lui donnai de loin le tems de me reconnoître, afin de lui éviter une surprise trop forte Au premier aspect elle recula quelques pas. Suzanne! lui dis-je, en me hâtant de lui faire entendre le son de ma voix, Suzanne! c'est moi qui ne puis vivre sans vous ; ne craignez rien, reprenez vos sens, & donnez-moi le tems de m'excuser.

Je volai alors à ses pieds, & lui serrai les mains avec attendrissement & respect. Elle me regardoit alors avec un long étonnement, sans pouvoir prononcer un seul mot ; elle étoit saisie, & tout son corps trembloit : je la soutins entre mes bras, & la portant avec adresse du côté de l'ombre (prudence que m'inspira l'instinct de l'amour), je continuai ainsi : Quoi, vous tremblez! Quoi, mon aspect vous fait peine! Ah! connoissez-moi mieux ; je vous respecte autant que je vous adore, & les desirs de mon amour sont aussi purs que votre cœur est chaste. Je ne veux que vous voir, que vous entendre, que vous parler, & me voilà au comble de mes vœux. En vain j'ai voulu me contraindre & vous fuir ; je ne vivois, plus je mourois. Eh! c'étoit souffrir les tourmens de la mort sans pouvoir mourir. Le ciel qui m'entend, fait que le hasard & la nécessité m'ont rendu malgré moi téméraire. Je me suis exposé à passer la nuit dans ces lieux.

Alors je lui expliquai comment la ferrure s'étant détachée d'elle-même, la porte s'étoit tout-à-coup ouverte, & quel afcendant impérieux m'avoit fait paffer l'heure à laquelle je me retirois.

Après m'avoir écouté avec une attention réfléchie, elle fe leva de l'endroit ou je l'avois affife, & prenant un ton noble, impofant & majeftueux, elle m'adreffa ces paroles avec une gravité douce & un fon de voix femblable à celui d'une fouveraine. Non, jamais je n'ai vu une attitude plus noble, plus majeftueufe, plus impofante, & plus gracieufe en même tems. Je vais m'expliquer, monfieur ; écoutez-moi. Nous ne fommes plus au moment d'embraffer des illufions. Demain je dois m'engager pour jamais ou me révolter contre l'autorité d'un pere. Vous m'aimez, vous me pourfuivez jufqu'ici pour me le dire ; & cependant votre état, votre habit, votre demeure, tout s'oppofe à vos démarches. En fortant d'avec moi, vous allez vivre avec des hommes qui doivent regarder votre amour comme un crime, & vous n'en êtes que plus malheureux. Non : des fituations auffi oppofées, auffi contraires, ne peuvent fubfifter enfemble;

toute ame qui flotte & ne fait point fe décider, mérite les infortunes dont elle fe rend la victime. Elle va elle même au devant des remords qui doivent la dévorer. Si votre ame n'eft pas affez forte pour prendre un parti, je faurai vous donner un exemple qui vous décidera. Vous connoiffez votre cœur; montrez-le moi tel qu'il eft, je vous le demande au nom de la vérité; faites-moi l'aveu le plus fincere, mais auffi le plus ferme, & fur vos deffeins, & fur le plan de vie que vous vous propofez. Parlez, & je répondrai enfuite.

CHAPITRE XXX.

Jugez, chere Florimonde, dans quelle agitation j'étois plongé. Eh! que pouvoit dire, promettre, affirmer, prononcer, l'amant éperdu de Suzanne, si ce n'étoit de lui engager mille fois une foi éternelle! Je la lui jurai avec toute la sincérité d'une ame ardente & pure; j'oubliai mon habit, mon état, mon esclavage; je me crus libre dès qu'il me fut permis de lui attester que je l'aimerois toujours ; je ne fis que répéter le serment qu'il n'étoit déjà plus en mon pouvoir de rompre. Que ne puis-je, lui répétai-je, vous exprimer tout ce qui se passe dans ce cœur! Il n'est que trop vrai que c'est pour toute la vie qu'il brûle pour vous! Ordonnez & décidez de mon sort ; je ne suis plus à moi, je n'appartiens plus aux autels, je suis tout à vous. Si les loix de ma religion étoient encore les mêmes qu'aux premiers siecles de l'église, & qu'il fût encore permis aux successeurs des apôtres de se choisir, à leur exemple, une compagne, une épouse, je vous offrirois ma main en confervant cet habit ; mais puifqu'il n'eſt plus poſſible de concilier l'amour & d'autres devoirs, je renonce à la prêtrife, je me voue tout entier à Suzanne. Oui ! c'eſt elle feule qui va faire la deſtinée de ma vie ; elle me verra bientôt fous d'autres vêtemens ; je préférerai les plus humbles, les plus pauvres emplois, à l'efpoir orgueilleux des croſſes & des mitres. J'ai deux bras, je faurai les employer ; mon courage vous prouvera quel eſt mon amour. Je n'ai point d'autres droits pour vous toucher que ceux de ma tendreſſe, je le fais ; mais elle eſt fi grande que je défie mes rivaux de me furpaſſer. Au defaut de l'amour, Suzanne, je m'abandonne à votre pitié. Si votre cœur penche en ma faveur, rien ne pourra dès lors m'arracher à vous. Si le malheur me condamne à n'être point aimé, non, je ne verrai plus les lieux où j'aurai perdu le feul objet qui m'a fait aimer la vie. Je chercherai à fuir, j'irai ... Non ... vous ne fuirez pas, reprit elle avec vivacité ; non... Je viens d'entendre l'accent de votre ame, & c'eſt celui-là qu'il faut à mon cœur.... Il va vous répondre... Apprenez qu'il vous aime, qu'il fe confie à vous... Que dis-je ! il doit s'abandonner à fon vainqueur, & fous une feule condition que vous ne romprez fûrement pas. J'exige de vous une réferve entiere, abfolue; car je ne vous eftimerois plus, fi vous ceffiez un inftant d'être honnête... O Suzanne, m'écriai-je ! quoi, vous doutez encore de la pureté de mon amour ? Songez qu'il fe confond avec la vertu dont vous êtes ici-bas la plus adorable image ; il me feroit auffi impoffible d'attenter à votre honneur qu'à votre vie : allez, fi je fuis jeune, je fuis encore digne de vous.

Elle me tendit la main, en me raffurant ; je la ferrai avec tranfport fur mon fein ; & prenant Dieu à témoin, nous nous promîmes l'un à l'autre & à la face des cieux la foi conjugale. Le ciel parut recevoir nos fermens ; ils étoient libres & finceres, ils monterent jufqu'à fon trône. Autour de nous defcendirent les plus raviffantes délices qui aient jamais inondé les cœurs de deux vrais amans ; & moi, tout à mon ivreffe, à mon bonheur, contemplant le front chafte & doux de Suzanne, ce n'étoit plus une mortelle que je voyois, & je remerciois avec feu l'Auteur de la nature d'avoir créé le chef-d'œuvre de fa puiffance dans la perfonne de mon amante.

Lorfque nous fûmes un peu plus paifibles, il fut décidé entre nous que, fous divers prétextes, elle éloigneroit fon mariage de quelques jours ; qu'elle gagneroit le plus de tems poffible, tandis que de mon côté je veillerois aux moyens d'affurer notre délivrance. Elle me dit que, m'ayant donné fon cœur & fa confiance, elle fe repofoit de tout fur moi ; qu'elle endureroit la mort la plus cruelle plutôt que d'engager fa main à un autre ; que j'étois dès ce moment fon époux, & que c'étoient mes loix qu'elle devoit dès ce moment fuivre & reconnoître.

Je voulus lui faire part de mes lectures, & lui prêter *la Henriade*, *les Mondes* & la *Loi naturelle*, qui ne me quittoient plus & que j'avois toujours dans ma poche. Mon cher Jezennemours, me dit-elle avec une grace unique, vous me dites que ces livres font admirables & bien penfés ; méditez-les bien, pour voir fi vous ne vous êtes pas trompé, & fi vous y reconnoîtrez toujours cette juftesse victorieufe qui affujettit la raifon. S'ils font tels, ce fera de votre bouche que je voudrai les entendre, alors les maximes m'en deviendront plus cheres & plus intelligibles. Jufques ici

toute

toute ma lecture confiste à prêter une oreille attentive aux difcours des uns & des autres. Les hommes font pour moi des livres vivans ; j'ai tâché que la moindre parole qui fortiroit de leur bouche ne m'échappât pas ; & fur la comparaifon fecrete des divers fentimens, j'ai toujours veillé à fixer ou à épurer les miens ; je me fais des principes fur ce que j'ai entendu de mieux & de plus raifonnable. Cette maniere de lire me plaît fort, & j'augure qu'elle pourroit être plus inftructive que cette lecture froide & folitaire, où l'on ne voit ni le gefte, ni le regard, ni l'accent véritable de celui qui parle. J'aime voir tout cela, pour mieux juger de l'ame de celui qui penfe & qui doit me faire penfer. Adieu, mon bon ami ; en converfant enfemble, nous apprendrons beaucoup l'un par l'autre, parce que nous ferons de bien bonne foi dans nos idées, & que nous n'aurons point deffein de nous tendre des pieges & de mettre l'efprit à la place du fentiment. Il y a mille chofes qui perdent à être difcutées, & qui veulent être fenties ; & ces chofes là ne peuvent s'écrire.

Lorfqu'il fallut nous quitter, ce fut un moment douloureux. Nos adieux furent tendres & véhémens, l'espérance de la revoir la nuit suivante me soutint ; il sembloit néanmoins que nous nous séparions pour jamais. Sa tendresse inquiete prit soin de la maniere dont j'allois passer la nuit. Elle daigna me conduire dans un de ces petits cabinets qui se trouvent dans les jardins. Elle m'y installa sur un banc, ou j'eus une chaise de bois pour chevet. Elle détacha son mouchoir pour me servir de bandeau. Je le baisai mille fois ; il sembloit pénétrer tout mon être & faire passer dans mon cerveau les sensations les plus délicates & y tracer les images les plus riantes. Que j'étois fortuné ! Jamais lit ne me parut plus doux, le bonheur veilloit à mes côtés ; j'attendis sans trouble & sans inquiétude les premiers rayons de l'aurore, je ne fis que rêver & penser à Suzanne. Le jour vint trop-tôt dissiper le charme profond & délectable dont j'étois environné, & me chasser du jardin, du lieu de délices, du paradis terrestre.

CHAPITRE XXXI.

JE m'évadai fubtilement & avec toutes les précautions poffibles ; perfonne ne me vit. Je rôdai autour de mon college, & j'épiai le moment où la porte s'ouvriroit. Dès que je vis le paffage entr'ouvert, je me gliffai furtivement, & je gagnai ma chambre à toutes jambes & fans être apperçu. J'avois évité le regard du portier : bien fatisfait, je croyois être fain & fauf; mais que devins-je, lorfque je trouvai la porte de ma chambre enfoncée, & que le premier objet qui frappa ma vue fut le pere de la Hogue, mon cher & redoutable parrain! Il avoit déjà l'air terrible & l'œil en feu ; il avoit mis tout fans-deffus-deffous, lit, meubles, papiers, cahiers théologiques. Il me demanda à mon abord, avec une voix étouffée de colere, d'où je venois? Je demeurai interdit & fans répondre, car je m'étois fait une loi de dire toujours la vérité. Je gardai donc un filence conftant ; mais à fes ordres réitérées, à fa fureur, à fes menaj ses épouvantables, je répondis que des raisons, qu'il ne m'étoit pas permis de détailler, m'avoient forcé à rester jusqu'au point du jour dans l'endroit où j'avois passé la nuit ; que ma conduite, malgré les apparences, étoit irréprochable, & qu'il n'y avoit que Dieu qui sût la vérité de ce que je disois ; que je le prenois à témoin de mon innocence ; que lui, de son côté, pouvoit tout soupçonner ; mais que pour moi, je demeurerois ferme, inébranlable, & que je ne saurois sur ce chapitre que souffrir & me taire.

Malheureux ! reprit-il avec un ton formidable, c'est ainsi que commence l'esprit de révolte, en ne voulant point avouer ses torts ; c'est ainsi qu'il te prépare aux plus grands excès ; tu marches à ta ruine, & tu ne veux point de la main secourable qui cherche à t'éloigner du précipice ! Tu veux y tomber les yeux ouverts ; & lorsque tu seras au fond, tu ne seras plus à portée de m'entendre ! Est-ce-là la récompense de mes soins, jeune insensé ! Je veillois sur toi, & tu veux aller augmenter la foule des misérables ! Comme ce ton ne faisoit aucune impression sur mon vifage, il fe radoucit tout-à coup ; & prenant la voix de la tendreffe : Jezennemours ! tu ne veux donc plus écouter ma voix ? tu veux donc poignarder le cœur de celui qui t'aime ? Eft-ce-là ce que j'attendois de toi ? Je te deftinois ma place , & tu rejettes mes bontés ! Oui, ingrat ! tous mes pas n'ont eu pour objet que d'affurer ton bonheur, & tu y renonces volontairement, & tu réfiftes à mes bienfaits ! Tu déguifes ton ame à mes yeux, au lieu de m'avouer toutes tes fautes que ma tendreffe pardonneroit ; mais ce filence obftiné me prouve ton libertinage & ton endurciffement : c'eft là le dernier degré de perverfité. Quelle voix a féduit ta jeuneffe & m'a ravi le prix de ta confiance ? De quel poifon t'es-tu enivré à mon infu ? Ah, malheureux ! va, ceffe de te déguifer : je fais où tu as puifé ton efprit de rebellion. Je fais où tu as fucé un lait empoifonné. Je fais qui a fait entrer dans ton ame des maximes déteftables. Je l'ai trouvée, cette caufe de ta défobéiffance , ce témoin irrécufable de ton changement. J'ai vainement cherché les autres ; mais un feul fuffit pour m'avertir du venin dont tu t'es abreuvé. Alors , l'œil enflammé, il me montra la tragédie de *Mahomet* ; & continuant fur le même ton : rougiſſez, mon fils, à la vue de l'horrible production d'un écrivain qui ſemble n'être venu au monde que pour nous chagriner. Ah, que n'eſt-il mort dans le ſein de ſa mere, cet impie qui, ſe repliant comme un ſerpent, nous a offenſés dès le berceau ſous mille allégories ingénieuſes & perfides ! On avoit bien prédit, lorſqu'il faiſoit ſa rhétorique. qu'il exhaleroit dans l'univers les fumées infernales qui ont tourné tant de têtes. Fatales erreurs ! qui ſont entrées, par l'entremiſe du diable & des vers, dans le cerveau d'une jeuneſſe ardente à lire & à répéter. Eſt-il donc permis de raiſonner avant l'âge de maturité ? Et s'il vous faut des livres, n'en a-t-on pas faits avant lui & après, de plus beaux que les ſiens ? Si vous avez la rage de la littérature, liſez, liſez les *feuilles de Fréron !* Voilà un écrivain plein d'une ſolide éloquence. Il défend la religion comme le goût, & le goût comme la religion. Il vous prouvera que ce Voltaire n'eſt qu'un écrivain médiocre ; & que ce n'eſt que par preſtiges qu'il ſe fait applaudir au théatre & dans le monde. Il vous auroit fait toucher au doigt & à l'œil le vuide de fes phrafes brillantes. Avec fes feuilles, vous auriez eu le vrai préfervatif contre l'efprit du fiecle ; vous vous feriez muni d'un contre-poifon puiffant, & vous n'auriez pas corrompu votre cœur à l'appât des idées nouvelles. Au lieu de ces bluettes, vous auriez trouvé une manne faine, & vous auriez appris à fortifier par-deffus tout cette foumiffion que vous me devez... Vous lifez Voltaire ! ah, mon fils, vous êtes infailliblement perdu ! Vous lifez Voltaire ! eft-il poffible ! vous qui dans trois jours devez vous préparer à recevoir l'habit de la fociété ! vous que nous allions adopter dans notre fein, & chérir comme notre frere ! Vous lifez Voltaire ! un auteur frivole & léger, dont les écrits bientôt pafferont ; car s'il faut parler encore un langage profane, il ne fervira jamais de modele ; il paffera : il n'y a que les modeles qui fubfiftent, & les modeles l'écraferont toujours. Ah ! venez dans mon fein expier vos erreurs, abjurer vos nouvelles affections. Je détruirai la magie diabolique de fon ftyle, par la lecture du fage Laffiteau, du docte Griffet, du brillant la Neuville; vous recouvrerez la paix que vous avez sans doute perdue; car je ne vous crois pas affez abandonné, pour avoir fuivi de cœur les drapeaux d'un poëte qui n'eft pas théologien. Et comment peut-il raifonner fur ces matieres, n'ayant jamais pris aucun degré qui pût le conduire à l'art d'argumenter?

Ce difcours prononcé d'un ton affectueux & plein de tendreffe, ne laiffa pas que de me toucher. J'étois attendri; je voyois dans fa colere même la tendreffe qu'il avoit pour moi; j'allois céder, fi l'image de Suzanne, plus forte que tout ce qu'il pouvoit dire, ne l'eût emporté. Mes fermens étoient à elle; & rien ne pouvoit les rompre. Je lui répondis avec fermeté, que Dieu ne m'avoit point accordé cette grace victorieufe qui conduit au facerdoce; qu'au contraire, je me fentois des difpofitions à devenir un tendre époux, un bon pere de famille. Je lui dis le plus doucement qu'il me fut poffible, que cette tragédie de *Mahomet* ne me paroiffoit point un ouvrage abominable; qu'il étoit uniquement dirigé contre le fanatifme, plus fait pour dèshonorer la religion que pour la maintenir. Le pape Benoît XIV, ajoutai-je, a béni l'auteur, & le comble de louanges dans une lettre que vous voyez imprimée à la tête de l'ouvrage. En voici d'autres dans ma poche, que ce même pape, plein de raison, a sans doute oublié d'approuver aussi ; car ils sont du même style, & respirent le même esprit.

Mon parain pâlit ; & portant avidement la main sur ma poche, il en fit sortir la *Henriade* ; *la Loi naturelle* & *les Mondes* Il les mit en pieces, malgré les cris que je jetois pour l'en empêcher. J'étois furieux de voir que l'on maltraitât si cruellement des ouvrages aussi lumineux ; & de plus, je croyois que ces exemplaires étoient uniques au monde. Dans la suite, j'ai admiré l'imprimerie, qui, propageant les chefs-d'œuvres de la raison humaine, les faisoit descendre dans toutes les mains, & ôtoit à la force la plus vigilante & la plus étendue, le pouvoir de les anéantir. Je me fâchai contre mon parrain ; je l'appellai tyran de ma pensée ; je lui soutins qu'elle m'appartenoit. Lui, de son côté, se livra à la plus véhémente fureur. La dispute s'échauffa par dégrés, & je lui débitai toutes les raisons que me suggéroit ma nouvelle façon de penf .

Voyant que je le combattois férieufement, que je le preffois même avec vigueur, que je lui oppofois des raifonnemens auxquels il ne s'attendoit pas, il ne voulut plus luter avec moi ; il efquiva prudemment le combat, & fe retira en me maudiffant en ces termes : Va, miférable, puifque tu veux groffir la lifte des libertins ; que tu es auffi téméraire, auffi rebelle à mes loix , je faurai t'enchaîner malgré toi, & tu ne te jeteras point dans le monde comme tu l'efperes : la voie de la débauche ne fera pas du moins pour toi femée de quelques fleurs : je te ferai enfermer dans un cachot le refte de tes jours, loin des objets qui t'on conduit à la révolte : tu les oublieras peut-être ; je ne fouffrirai jamais que tu me braves au milieu d'un monde qui applaudiroit à tes extravagances ; tu en pervertirois bien d'autres , & c'eft ce que j'empêcherai. C'eft à toi de prendre ta réfolution , de rentrer fous le joug utile que je t'ai impofé pour ton propre bien ; je te donne trois jours pour te repentir & tomber à mes pieds. Tu dois remplir ta vocation. Songes que le troifieme jour écoulé, il ne fera plus tems de revenir ; je te traiterai comme un ennemi , & je déploierai fur ta tête tous les effets du jufte châtiment réfervé pour punir les rebelles.

CHAPITRE XXXII.

Je demeurai glacé d'effroi. Mon parrain s'éloigna en me jetant des regards foudroyans ; & après avoir ramaffé jufqu'aux feuilles volantes des livres qu'il avoit déchirés , il en emporta tous les débris, pour les faire paffer, difoit-il , par les flammes. Bientôt je fus configné à la porte du college, à celle du réfectoire , à celle du jardin, à celle de la cour ; je me vis emprifonné dans mon étroite cellule. Là, feul, livré à mes propres réflexions , je me jetai fur mon lit, accablé de trifteffe , plongé dans mille idées qui fe croifoient & fe détruifoient l'une & l'autre. On m'apporta pour toute nourriture du pain & de l'eau ; on me fit entendre que la fortie de ma cellule me feróit interdite jufqu'à ce que je me rendiffe aux volontés de mon parrain. Je fus affez calme pendant toute la journée ; mais lorfque le foir arriva, quand la nuit vint m'annoncer le moment où Suzanne m'attendoit, jamais mon cœur n'éprouva de fituation plus violente. Je frémis , je pleurai de defefpoir & de rage ; je me livrai aux mouvemens impétueux de ma douleur ; je tentai de brifer ces portes odieufes ; je nommois, j'appellois Suzanne à haute voix , comme fi ce nom avoit put faire tomber ces indignes obftacles ; mais les verroux , auffi durs que les cœurs qui m'environnoient , ne cédoient pas aux prieres de l'amour. Epuifé par tant d'agitations , le fommeil s'appefantit malgré moi fur mes paupieres ; je n'avois point dormi depuis deux jours, & je ne me réveillai que fort tard le lendemain , après avoir eu un fommeil laborieux & coupé de mille rêves bizarres.

La lumiere du jour me parrut accablante; j'avois le cœur ferré , & l'excès de ma douleur touchoit à l'infenfibilité. Il me fembloit que le paffé n'étoit qu'un trifte fonge, dont je me fouvenois encore d'une maniere confufe; mais revenu entiérement à moi, je me rappellai l'extrêmité cruelle ou j'étois réduit. Que faire, emprifonné ? & quel pouvoir me reftoit pour me délivrer ? que devoit penfer Suzanne ? Quel devoit être l'état de fon cœur ? Elle devoit foupçonner plutôt ma mort que mon indifférence, & cependant l'inftant du bonheur m'échappoit; & un pere barbare la traînoit peut-être au pied de l'autel; & foumife par foibleffe, vaincue par mon abfence, elle obéiffoit peut-être à un arrêt qui devoit nous coûter la vie à tous deux.

Ce court repos avoit néanmoins un peu calmé mes fens, & j'étois beaucoup plus en état que la veille, de prendre un parti. Je ne jetai plus de cris; je ne fis plus des efforts inutiles contre le fer & les murailles. Je commençai par m'examiner, par me raffurer fur mes démarches & mes penfées; & me donnant raifon, je chargeai mon perfécuteur du titre d'homme injufte. Si-tôt que je l'apperçus fous ce rapport, il perdit entiérement tous les droits qu'il avoit à ma confiance, & je ceſſai d'avoir pour lui l'eſtime qu'il avoit ſu m'inſpirer. Je me déclarai libre ; & voyant que des hommes m'enchaînoient violemment pour l'intérêt de leurs opinions, je me tournai vers Dieu, ſeul juge, ſeul maître de mon exiſtence. Je lui offris mon cœur à nu, avec tous les ſentimens qu'il renfermoit. Je le regardai déſormais comme le ſeul être à qui je devois rendre compte & de mes penſées & de mes actions ; je lui demandai la grace de n'en jamais commettre dont j'euſſe à rougir devant ma conſcience & devant lui. Je me ſentis plus fort après cette priere, & je m'apperçus dans la nature, comme n'ayant que Dieu au-deſſus de ma tête. Quant à ce qui regardoit l'intérieur de mon être, il étoit l'auguſte témoin ſous l'œil duquel j'allois marcher ; j'oſois tout braver en ne l'offenſant pas : que pouvoient me faire les hommes dans leur tyrannie, lorſque je pouvois me dire à moi-même n'avoir point bleſſé la juſtice & la loi ſuprême de celui qui peut tout ?

CHAPITRE XXXIII.

Je n'étois pas encore levé, quand je vis entret dans ma cellule le pere Monabridor, accompagné des cordons bleus de l'ordre. Ils s'affirent autour de mon lit en forme de fénat; leur vifage étoit févere, & leurs yeux baiffés. En filence, ils fembloient préparer l'appareil d'un jugement formidable. Le pere Monabridor, rapporteur, dreffa devant eux le plan de fes accufations, entre-mêlant le compte qu'il rendit de moi, de quelques foibles éloges; le tout pour relever l'énormité de mes fautes, qui n'avoient point pour principe l'ignorance. A la fin de ce rapport prouvé par des faits, & divifé méthodiquement, il alloit prendre fes conclufions, & chacun s'empreffoit de m'exhorter à mettre le pied hors de l'abyme les un tonnant avec fureur, les autres me flattant avec adreffe. Mais je foutins l'affaut de toutes ces réprimandes avec une froide infenfibilité, fans daigner leur répondre un feul mot, fans vouloir diminuer le fens de leurs expreſſions inſultantes. Plus ils s'eſcrimoient à inventer des dénominations nouvelles pour mieux peindre mes prétendus attentats, moins ils réuſſiſſoient à dénouer ma langue. Je paroiſ-fois enfin décidé à garder un ſilence opiniâtre, qui ne laiſſoit pas que d'être éloquent ; car il les embaraſſoit.

Ils furent étonnés de ma tranquille ferme-té ; j'étois comme un roc qui repouſſe les vagues écumantes ; ils épioient ſur mon vi-ſage le moindre changement de mes traits ; & n'y voyant aucune nuance de crainte ou de foibleſſe, ils ſe retirerent en ſe regardant l'un l'autre, & diſant : ah, quel cœur endur-ci ! voilà l'effet du poiſon mortel qu'il a pom-pé ! Je les entendois prononcer ces mots à quelque diſtance ; mais je remarquai que l'un dit à l'autre, en lui ſerrant le bras : c'eſt là un ſujet ! c'eſt là un ſujet ! il faut s'y prendre autrement.

Au bout d'une heure que, rêveur & penſif, j'étois encore dans la même attitude, je vis rentrer dans ma chambre un de ceux qui étoient venus me ſermoner : je fus fort étonné

né de le voir écarter les rideaux de mon lit & s'affeoir familiérement à mon chevet avec un front riant, des yeux adoucis & un air gai. Moi qui ne l'avois vu qu'avec les rides du rigorifme, un regard févere & des levres boudeufes auftérement avancées ; je me levai fur mon féant & tâchai de lire fur cette phyfionomie nouvelle le motif d'un fi prompt changement. A ma grande furprife, elle annonçoit plutôt la joie que la trifteffe. Comme il s'apperçut de mon étonnement, il alla fermer la porte avec grand foin ; & revenant tout-à-coup vers moi, il me prit la main & m'embraffa en riant. Jamais je n'eus fi peur ; je le repouffai, ma langue demeuroit muette ; toute mon ame étoit dans mes yeux, fort occupée à deviner la fienne... Mon cher ami, me dit-il avec un regard doux & malin, vous voilà dans de grands embarras ; ce pauvre petit cœur eft gonflé de colere, d'indignation, contre la tyrannie épouvantable qu'on exerce contre lui. Emprifonné, fermonné, livré à des perfécutions terribles, ces joues font encore fillonnées de larmes. Vous voulez fortir ? & nous ne le voulons pas. Nous fommes des

Part. I. M

barbares, des hommes affreux, des monstres; & comment ne le ferions-nous pas ? Vous êtes un si mauvais sujet, si horrible à nos yeux, que nous avons résolu de vous mettre des nôtres ; oui, des nôtres. Mais vous ne nous connoissez pas, & vous nous avez en horreur. En effet, quelle cruauté inouie ! on vous empêche de lire Voltaire ! on déchire une de ses brochures à vos yeux ! on veut vous mettre une robe toute noire, vous rendre captif, anachorete, vous faire renoncer à la bonne-chere, à la lecture & aux jeunes filles ; & qui pis est, vous faire apprendre par cœur un peu de théologie ! O mon ami ! vous avez bien raison de fuir de tels ennemis de la joie, de la liberté & du plaisir. Vîte échappez-vous, courez dans le monde qui vous attend les bras ouverts. Là, vous trouverez tout à souhait ; table dressée, cœurs prévenans, habits galonnés, fidele maîtresse, & sur-tout des amis sans nombre. Il est vrai qu'il faut avoir beaucoup d'argent pour tâter légérement de toutes ces jolies choses-là ; mais vous ne manquerez pas, comme on dit, de trouver un écu dans chaque pas de cheval ; vous avez trop de mérite pour que cela vous manque. Il eft vrai que dans ce monde à peine l'on convoite un morceau qu'un autre furvient, l'enleve, l'emporte & l'a déjà avalé à vos yeux. Il eft vrai que vos bon amis vous renverfent quelquefois fur le chemin & vous marchent fur le corps fans pitié pour continuer plus facilement leur route. Il eft vrai qu'on vous promettra avec d'autant plus d'emphafe que l'on voudra ne vous rien accorder ; que feul, fans protecteur, fans manege, on eft réduit à geler de froid avec fon génie dans l'antichambre d'un grand, & à exciter la rifée des valets ; mais vous furmonterez tous ces obftacles qui rebutent les plus intrépides, par l'influence bénigne de votre étoile fortunée. Vous trouverez les hommes uniquement occupés à vous aimer, à vous être agréables ; les femmes même s'eftimeront heureufes d'immoler leur vanité à la vôtre. Elles abandonneront l'homme opulent, qui leur procure mille agrémens propres à effacer leurs rivales, pour fe jeter entre les bras de votre philofophie ; &, nouveau fultan, vous n'aurez qu'à donner le mouchoir. Certes, votre expérience eft grande ! Je fuis cependant revenu de toutes ces illusions romanesques qu'on se forme à votre âge ; j'étois comme vous, m'imaginant que tous les hommes n'avoient rien de plus preſſé que d'obliger quiconque s'appelloit leur ami. Je croyois aux cœurs sinceres, aux amis tendres, aux femmes fideles; mais hélas, mon pauvre ami ! pas un jour qui ne m'ait détrompé ; & pour parler ſeulement des femmes, j'ai rencontré ſous un air de vierge telle petite furie qui ſavoit ſe métamorphoſer d'ange en diable vingt fois en une matinée, ſelon la préſence ou l'abſence des perſonnes. J'ai été dupe long-tems. J'ai ſollicité vainement mes ſuperbes protecteurs. J'ai cru à la fortune qui m'étoit inceſſamment promiſe ; & cela a fini un beau jour par voir tous mes projets avortés. Ma crédulité m'a fait faire bien des bévues, quand j'y ſonge. N'ai-je pas manqué de les courronner toutes en voulant me marier ? Oui, j'étois prêt à extravaguer de cette force là... Je m'en ſouviens, je l'ai échappé belle, car alors c'étoit fait de moi.

Eh ! qu'aurois-je fait dans les liens indiſſolubles de ce mariage qui attache à vos côtés une femme éternelle? J'aurois végété dans le tracas obscur d'un ennuyeux ménage. Heureusement qu'un trait de lumiere m'a fait épouser subitement la société, & je m'en félicite tous les jours. Je la préfere, mon fils, à la plus belle femme de la terre : cette société n'est point ingrate; c'est une maîtresse qui fait à coup sûr la fortune de tous ses amans. Ici, je jouis de tout sans trouble & sans inquiétude ; je suis plus riche que ceux qui font grande figure dans le monde ; j'ai plus de crédit qu'eux, je suis en état de me procurer des jouissances qui leur sont inconnues. Ici, l'on n'est jamais isolé ; la cause de l'un est nécessairement celle de tous ; on ne sauroit me faire une piquure, que l'ordre entier ne se souleve, n'en prenne fait & cause & ne crie en ma faveur à la cour, à la ville, & de là dans toutes les provinces... Allez, courez maintenant dans le monde que vous ne connoissez pas ; nu comme un ver, seul comme Robinson, & tombant dans un pays immense où vous serez perdu, où personne ne s'intéressera à votre sort. Allez disputer long tems, & avec des efforts réitérés, contre l'intérêt de chaque homme qui croifera le vôtre ; vous éprouverez quelle eft la férocité de l'amour-propre : allez revêtir à grands frais un habit qui ne fervira qu'à vous confondre dans la multitude. Ces paillettes d'or ou d'argent, dont il fera couvert, il faudra les payer chérement, il faudra les renouveller toutes les faifons. Le point étroit où vous poferez la nuit votre tête, ne vous fera accordé qu'à prix d'argent. Il vous faudra toujours de ce métal en poche ; & s'il tarit, on le devinera dans votre regard, & l'on vous tournera le dos avec dédain ; on vous demandera par-tout qui vous êtes : que répondrez-vous ? Votre difette tranfpirera dans votre attitude, & repouffé de maifon en maifon, perfonne ne prendra garde à vous dès que vous ne ferez point un gros financier, un prélat ou un militaire décoré. Vous finirez, après mille chagrins, par venir tendre la main à notre frere portier. Demandez-lui s'il ne donne pas tous les jours audience à des habits d'une dorure ufée, qui viennent lui dire humblement : monfieur, pourrois-je avoir l'honneur de parler un moment au révérend pere un. tel ? Et puis de s'incliner profondément avant de le voir & à fon feul nom. Vous viendrez à leur fuite, regrettant alors de n'être pas au rang de ceux qui diftribuent les bienfaits ; mais ce fera pour vous une légere humiliation, que de n'avoir rien, de ne tenir à rien. Le fouvenir de quelques baifers furtivement pris ou donnés à une luthérienne, vous fera oublier ces angoiffes renaiffantes. Qu'importe, en effet, d'avoir l'eftomac vuide, quand on a le cœur chaud ? Vous trouverez fur fa main blanche tous les tréfors néceffaires à la vie... Aveugle, imprudent jeune homme ! qui ne connois ni les autres, ni toi, me crois-tu donc malheureux, parce que je demeure dans une grande maifon, où il y a une regle ; parce que je porte un habit noir au lieu d'une étoffe couleur de rofe ; parce que mes cheveux font taillés en rond, & non enfermés dans un fac ; parce que je n'ai pas au côté une épée qui me bat le mollet ? Et pourquoi me croirois-tu ennemi de la volupté ? Va, je fuis plus fatisfait de ma petite chambre, qu'un potentat ne l'eft de fon palais. Si tu avois voulu te contenter d'une pareille, je t'aurois appris l'art de t'y diftraire. Chaque âge a fes amufemens, je le fais ; j'ai aimé dans mon tems ; & cette robe, ce manteau, valent quelquefois l'uniforme d'un officier. Cette robe entre partout ; & fans être prefque apperçue, elle eft de mife chez le grand feigneur & chez l'humble bourgeois ; elle attire le refpect & la confiance ; elle pompe tous les fecrets ; elle fait tout ce qu'elle veut, & fait tout ce qui fe paffe... Le pauvre garçon comme on lui a percé le cœur en lui enlevant ces trois petites brochures de Voltaire ! & moi, j'ai trente volumes de cet auteur, & de plufieurs autres qui le valent bien ; je les lis tous les foirs avant que de me coucher, & j'en fais tacitement mon profit. Après le repas du réfectoire, je dîne dans la chambre du préfet, mon ami, qui penfe tout comme moi ; nous allons en ville, & tout le monde fe leve en notre préfence ; la premiere place eft pour nous ; l'on nous écoute avec attention, avec une certaine politeffe humble : les hommages volent audevant de nos pas. Les aventures les plus fecretes forment notre gazette journaliere : nous favons à fond l'hiftoire de la ville ; & toutes les anecdotes les plus plaifantes alimentent notre curiofité : j'en fais recueil, & le foir je ris tout à mon aife des folies du jour. Il faut favoir arranger doucement toutes ſes petites fantaiſes : voilà tout l'art. Eh, tu le ſauras ! Dans le monde, comme dans un couvent, chacun fait ſa grimace... Tiens, voilà la mienne. Alors les peaux de ſon maigre viſage ſe riderent, & je le revis ſous cette figure grave & ſévere qui annonçoit la mortification : puis, tout-à-coup, faiſant un grand éclat de rire, ſes traits ſe métamorphoſerent ſubitement, & prirent un tour ſi original, ſi comique, que, malgré l'indignation que me cauſoit ſon diſcours, je ne pus m'empêcher de rire de ce ſingulier contraſte.

Allons, allons, plus d'enfance, s'écria-t-il, ſois un homme ; ſois des nôtres : je ſuis chargé de t'inſtruire, parce que nous avons bien ſenti que tu ne ſeras jamais un de ces ſots que nous ſavons d'ailleurs employer utilement, & qui ne laiſſent pas que d'être des inſtrumens bons à quelque choſe. Quant à toi, on te réſerve à quelque grand office ; celui qu'on te deſtine ſera de ton goût ; puiſqu'il te faut des brochures, tu en auras tout ton ſaoul, & tu en ſeras bientôt las. Tu apprendras à t'élever avec nous, aux nobles opérations que nous avons conçues. Si tu étois un imbécille, je me ferois donné bien de garde de te parler de la forte à cœur ouvert ; mais tu vas prendre un vol fublime , & tu perdras de vue ces petiteſſes , qui font pour toi aujourd'hui des fantômes effrayans.

En difant ces mots , il fautoit de joie & me ferroit dans fes bras , m'appellant fon confrere , fon ami ; me répétant que toutes les peines étoient finies , qu'il avoit fallu paſſer par-là pour m'éprouver ; mais que le chemin que j'allois parcourir dorénavant , feroit parfemé de rofes. Il m'exhorta à m'habiller , me difant que nous allions faire enfemble un tour de promenade pour début. Cette nouvelle m'enchanta , & chaſſa tout-à-coup les ombres qui obfcurciſſoient mon front. J'efpérois bien de rencontrer mon adorable Suzanne , & de lui détailler les raifons qui m'avoient empéché de venir à elle.... Va, va , pourfuvit-il en folâtrant, te voilà reconcilié avec ton parrain. Si tu veux fuivre nos idées , nous ne te gênerons point dans des petits caprices , pourvu que tu n'omettes point les chofes eſſentielles & importantes. Sais-tu que tu lui as fort bien repondu, & vertement ! Comment diable ! tu as du caractere ! tu es un homme ! Allons , allons ; je fuis content de toi ; nous allons te parler bien différemment. Oh ! que tu vas apprendre de choses qui t'émerveilleront ! Tu as de l'esprit, une maniere à toi ; mais tu es encore dans les ténebres de l'ignorance ; il faut de mettre préalablement au fait du local.... Eh bien, nous ne sommes pas encore à la promenade, pour causer au grand air de tout cela... Tenez, le nigaud ! il se laisse enfermer, & je vous demande pourquoi ! Alors il fit mille singeries, telles que depuis j'en ai vu faire sur la scene à Préville ; il étoit pour le moins aussi bon comédien. Il ne manqua pas de me faire un récit plaisant de la maniere dont mon parrain lui avoit parlé de moi. C'étoit lui, disoit il, qui avoit insisté fortement pour qu'on ne févît point contre moi, parce que la poire étoit mûre, & que si on ne la cueilloit pas, elle alloit tomber d'elle même. Ce fut l'image dont il se servit dans sa narration, entre-mêlant le tout de mille réflexions facétieuses & badines.

CHAPITRE XXXIV.

Nous sortîmes ensemble comme une paire d'amis ; il me parloit toujours sur le même ton de confiance & d'ouverture : mais j'étois distrait; car voyant les rues si larges, je pensois à Suzanne & projetois ma délivrance entiere. Il avoit repris sa mine de parade ; & sous ce masque, il m'entretenoit à voix basse de choses assez contraires à son air édifiant, il me montroit du coin de l'œil chacune de ses connoissances. Je crois qu'il avoit des liaisons avec les trois quarts de la ville. Les enfans se rangeoient sur la porte pour le voir passer, & avertissoient leurs parens de l'apparition du saint homme. Il saluoit si profondément, & d'un air si recueilli, que dans ces momens peu s'en falloit qu'il ne m'en imposât à moi-même. Oui, mon cher Jezennemours, poursuivit-il, malgré votre répugnance, sachez qu'il y a du plaisir à être jésuite. J'espere bientôt vous en convaincre ; & puisque vous aimez la compagnie des mondains, je saurois, si je suis content de vous, vous faire passer quelques momens agréables; j'ai tous les secrets de ces maisons que vous voyez, & je vous les communiquerai. Il faut savoir partager son tems entre le travail & le plaisir; voilà la conduite du sage : vous le ferez, si vous écoutez ma voix; en suivant mes leçons, vous aurez la gloire & l'abondance.... Tout en conversant, nous nous écartions des remparts, & nous allions côtoyant les dehors de la ville ; j'allois bon pas & à dessein ; je suivois les sentiers solitaires qui m'étoient parfaitement connus, tandis que mon compagnon s'échauffant à parler, ne songeoit qu'à ce qu'il me racontoit. Il prenoit mon silence pour un aveu tacite, ou pour une suite de mon étonnement. J'étois en effet très-étonné; mais c'étoit un nouveau trait de lumiere qui me portoit à prendre précipitamment mon parti, & à fuir une maison où je sentois bien que le bonheur ne viendroit jamais me visiter, malgré tout l'étalage qu'on me faisoit.

Le jour commençoit à baisser, & mon mentor parloit de revenir sur ses pas; je fis la sourde oreille, pour gagner plus de terrein; mais au bout d'une certaine allée, il infifta plus vivement, & me prit même par le bras. Alors je me livrai tout-à-coup à l'exécution du projet courageux que j'avois conçu & médité.

Monfieur, lui dis-je d'un ton ferme & d'un air décidé, je vous ai laiffé parler jufqu'à cette heure ; voici le moment où je dois vous répondre : fachez que mes fentimens ne font point du tout d'accord avec les vôtres. Vous êtes un comédien ; allez faire votre grimace tout feul ; nous ne fuivrons pas la même route, s'il vous plait : voilà votre chemin ; quant à celui que je dois prendre, je vous prie de ne point vous y rencontrer. Il voulut prendre la chofe en badinant ; il m'appella le déferteur par feinte ; il arma l'ingénieufe faillie pour m'éloigner de mon deffein. Je lui dis que cela étoit très-férieux ; que je renonçois aux jéfuites & au college pour toute ma vie ; & que j'aimois mieux labourer la terre de mes deux bras, que de vivre felon fon fyftême. Comme il voulut joindre un gefte impératif à fes difcours, & qu'il regardoit de tous côtés pour crier aux paffans que l'on m'arrêtât, je devinai son intention. Je reculai trois pas ; & soulevant une grosse pierre, je le menaçai de lui casser la tête s'il ne se retiroit.

Mon stratagême me réussit : il eut vraiment peur de mon geste ; & voyant que j'avois plus de sang que lui dans les veines, ne pouvant me retenir par force, il voulut exciter ma pitié : il me dit qu'il me chérissoit tendrement ; que j'étois un ingrat ; qu'il avoit répondu de moi ; que c'étoit à sa priere qu'on m'avoit laissé sortir ; qu'il seroit en peine s'il ne me ramenoit, parce qu'il auroit à répondre de ma fuite au préfet, & qu'il ne sauroit alors que lui dire..... Vous lui direz, repris-je avec impétuosité, que je me suis échappé malgré vous ; & qu'au lieu de me faire sous diacre, je vais me marier. Je vous donne une excuse favorable, à ce que je crois, & ne veux point vous faire mentir. Adieu ; tâchez de m'attrapper si vous le pouvez. Je jetai tout de suite ma pierre loin de moi, & me mis à courir par des sentiers qui m'étoient parfaitement connus. Tandis que le vent emportoit ses cris, ses remontrances, ses plaintes & ses prieres, je gagnois du terrein. Je ne pense pas qu'il ait tenté de perdre fon tems à me pourfuivre. Je volois comme un jeune courfier échappé au licol & mis en liberté pour la premiere fois. Je fis un long détour pour gagner une autre porte de la ville. Je n'eus que le tems d'arriver ; on alloit lever les ponts, & on les leva en effet après moi.

Je fuis bien fûr que mon mentor refta cette nuit à la porte, & coucha hors de la ville: & moi, content d'être libre, fatisfait d'être rentré dans le féjour qu'habitoit mon amante, foupirant après fa vue, ne defirant qu'elle, je me fentois une valeur fi héroïque, que je me ferois battu jufqu'à la mort contre un régiment qui auroit voulu m'arrêter.

CHAP.

CHAPITRE XXXV.

Après ce coup hardi, je me déclarai absolument libre & maître de moi-même, bien résolu de ne jamais approcher d'aucun college, maudiffant ces prifons où j'avois gémi, le cœur froiffé entre la fervitude & la tyrannie. Que j'étois heureux de ne plus dépendre du caprice d'un préfet ! Mes pieds touchoient à peine la terre, & je me fentois toute la légéreté d'un oifeau.

Je me rendis avec empreffement à cette petite porte fortunée, l'entrée du bonheur, de la joie, de la vraie félicité. On avoit négligé de raccomoder la ferrure ; elle cédoit à mon heureufe main. J'attendis, pour me gliffer dans le jardin, que l'heure fut un peu plus avancée. Nulle crainte, nulle foibleffe ne me troubloit; j'étois décidé à tout fouffrir : je m'en fentois la force & le courage. Mon fang, qui bouillonnoit dans mes veines, me cachoit les revers & le danger des événemens. Que le refte de ma vie foit livré aux douleurs, me difois-je, pourvu que je repofe un inftant entre les bras de Suzanne ; j'y puiferai de quoi vaincre l'adverfité, quelque pefante qu'elle foit. Ainfi mon ame, au fein même du plaifir, avoit des preffentimens confus.

Comme mon impatience hâtoit le moment où j'allois lui raconter le triomphe de ma liberté ! Que j'étois fier du recit que j'allois lui faire ! Je n'allois plus appartenir qu'à elle ! Enfin l'obfcurité étant totale, & l'occafion favorable, je pouffai la petite porte, & marchai à pas fourds le long de la charmille. Je n'attendis pas long-tems la divinité de mon cœur : elle s'offrit environnée de l'ombre ; mais tout en moi fut la reconnoître. Nous allâmes l'un à l'autre. Nous nous ferrâmes quelque tems fans parler. O nuit ! tu n'as jamais enveloppé dans tes heureufes ténebres, deux amans & plus chaftes & plus tendres ! Nous ne pouvions nous voir ; mais comme nos cœurs favoient s'entendre ! Moment d'extafe ! oui, tu peux payer une vie entiere d'infortunes !...— Mon cher Jezennemiours, me dit-elle, que j'ai fouffert depuis que je ne vous ai vu, & que vous avez dû fouffrir vous-même ! Qu'aurez-vous penfé de m'avoir vainement attendue la nuit derniere ? J'étois loin de pouvoir venir…. — Je ne fuis point venu, interrompis-je avec feu… J'ai éprouvé une fituation violente & terrible ; j'ai été enchaîné, garrotté par des barbares : mais j'ai rompu, brifé tous mes liens ; je fuis à vous, à vous feule dont je veux dépendre ; j'ai rejeté une fortune & un rang qu'il falloit acheter au prix de la diffimulation ; je fuis vrai, & veux l'être dans toutes les circonftances de ma vie, orageufe ou paifible ; je n'aimerai que vous ; faites feule ma deftinée : elle eft heureufe de ce moment, fi vous m'aimez.

Elle me ferra la main dans un filence touchant, comme pour applaudir à mon courage…. — De mon côté ; reprit-elle, j'ai eu à combattre ; je me fuis vue en proie aux plus extrêmes perfécutions : ma fituation n'a pas été meilleure que la vôtre. Sur le refus que j'ai fait à mon pere d'accepter l'époux qu'il m'a préfenté, il ne m'a point quittée de la nuit ; il m'a accablée de fon pouvoir. Que de reproches & quelles menaces ! O Jezenne mours, quelle nuit ! & comment mon ame n'a-t-elle pas fuccombé à ce courroux d'un pere ! Mais j'aimois, je me fuis fenti une fermeté inconnue ; je n'ai point cédé à l'orage ; j'ai vaincu ; mais je vois qu'il s'apprête à forcer ma main à fe donner. Peut-être ne pourrai-je réfifter à tant d'épreuves fucceffives ; peut-être trop foible contre fa voix, cette voix puiffante & terrible, qui a déjà ébranlé mon cœur fans le foumettre, me pouffera malgré moi aux pieds des autels... Si vous faviez..... Le courage de mourir me feroit plus aifé que celui de réfifter en face à l'auteur de mes jours. Je crains l'afcendant de fa douleur bien plus que fon courroux... Il n'y a plus à reculer, ajouta-t-elle avec précipitation, je me fuis abandonnée à vous ; c'en eft fait ; vous êtes celui à qui je veux confier mon cœur & ma deftinée ; il faut fuir, Jezennemours, c'eft le feul parti qui nous refte, & c'eft celui que j'embraffe : je ne puis me flatter de vaincre qu'en m'éloignant. Une foumiffion abfolue jufqu'à ce moment, a été mon premier devoir ; mais puifqu'on veut porter atteinte à une liberté auffi inaliénable qu'eft celle de fe choifir un époux, je me déroberai pour éviter un malheur plus grand que celui de recevoir la mort. La fœur de ma mere eft mariée à quatre-vingt lieues d'ici à un catholique. De pareilles unions font autorifées dans les pays qu'ils habitent. Allons nous mettre fous leur protection, ils nous recevront à bras ouverts. Ils connoiffent le caractere emporté de mon pere ; ils fauront le fléchir, & feront les premiers à l'accufer de fes torts. Ils m'aiment enfin, & là nous trouverons des ames fenfibles qui s'intéreíferont à nos amours. J'ai ménagé depuis long-tems une petite fomme ; elle eft à moi, puifqu'elle eft le fruit de mes épargnes & de mes affidus travaux ; elle a été groffie par les dons d'une mere qui m'aimoit d'une tendreffe peu commune. Lorfque je l'amaffai, j'étois bien éloignée de me douter de l'ufage que j'en devois faire un jour ! Mais on ne peut aller contre les coups du deftin & de la fympathie.

Je voulus, dans le premier tranfport de mon ivreffe, couvrir de baifers ardens la main de Suzanne... Elle me repouffa doucement, & me dit que notre amour, dès cet inftant, ne devoit plus s'éloigner des expreffions d'une amitié pure & fraternelle ; que fi elle étoit forcée à fuir avec moi , elle vouloit fe répondre à elle-même de l'innocence de fa conduite ; qu'elle attendoit de moi cette délicateffe de fentimens qu'elle m'avoit toujours reconnue ; & que, comme nous devions porter le nom de freres jufqu'au jour où nous pourrions échanger ce nom fi doux contre un nom plus doux encore , il nous falloit en avoir la tendreffe innocente.

Je demandai pardon , & la paix fut bientôt fcellée. Sous la foi de ce nouveau traité, je me fouviens encore des paroles touchantes qui fortirent de fa bouche... Jezennemours , me difoit-elle avec un ton noble & doux, je vous eftime , & ne me méfie point de vous ; mais c'eft à moi de me conferver pure & fans tache à mes propres yeux. Plus nous nous aimons , plus je ferai févere. Je fais tous les difcours qui vont fuivre ma fuite. La calomnie aura beau jeu. Tout dépofera contre moi ; mais j'aime mieux endurer publiquement les reproches les plus injurieux , que d'en mériter un feul dans le fecret de mon cœur.

CHAPITRE XXXVI.

Nous arrêtâmes sur-le-champ notre départ. Il fut fixé pas plus tard qu'à la pointe du jour. Nous ne pouvions sortir de la ville qu'aux premiers rayons de l'aurore. Aurore trop lente pour mes vœux impatiens ! combien de fois je t'appellai, & combien je craignis qu'un sort contraire ne vint m'enlever le cher tréfor où repofoit ma félicité !

Cependant l'habit noir que je portois n'étoit guere propre à accompagner en voyage une fille jeune & jolie. Je regardois comme un crime de porter plus long-tems la livrée d'un état que j'avois abandonné authentiquement. J'allois rêvant aux moyens de me procurer un vêtement convenable, & cela ne laiffoit pas que de m'inquiéter, lorfque Suzanne fe fouvint qu'il y en avoit un délaiffé depuis long-tems dans une vieille armoire de la maifon, & qui pourroit m'aller. C'étoit une ancienne défroque que jamais perfonne n'avoit réclamée ; elle fe hâta donc de l'aller chercher à bas bruit ; elle revint quelque tems après, portant avec grace un petit paquet qui contenoit l'habit de voyage. Elle le jeta à mes pieds, en me difant : *mon amant ne fera donc plus un abbé !* Qu'elle étoit charmante alors ! Je fis mille folies autour d'elle, & mon ivreffe s'exprima par les plus innocentes careffes.

Ce furent les mains de Suzanne qui m'aiderent à dépouiller ce vêtément lugubre qui interdit l'amour. Elle voulut toutefois garder mon rabat comme le drapeau de fa conquête ; & jamais l'amour, au fiecle de l'âge d'or, ne parla d'une maniere plus naïve & plus touchante. C'étoit une flamme pure & célefte qui nous confumoit, & qui ne laiffoit pas approcher la profane & groffiere étincelle du defir. Ses mains m'aiderent à revêtir cet autre habit, qui ne défendoit pas d'aimer, & fous lequel je parus à fes yeux un homme nouveau. Je fus étonné moi-même de la métamorphofe. Je fentis que je pouvois lever la tête plus haut, & regarder fixement qui voudroit me faire baiffer la vue. Cet habit enfin, avoit une couleur & une tournure militaire. Un vieux & large couteau-de-chaffe l'accompagnoit, orné de son ceinturon galonné. Et voilà, disions-nous d'une commune voix, voilà l'effet que produit un morceau de fer, ou un morceau de drap différemment taillé ! Le capucin, enseveli sous un froc épais, a souvent un cœur aussi passionné que le petit-maître qui le regarde en ricanant ; il faudroit peut-être bien peu de chose pour les ranger subitement au même uniforme. Nos habits font nos préjugés ; mais le sage porte sa robe sans mot dire à personne, tandis que l'insensé la montre avec emphase, & veut la faire baiser à tout le monde.

CHAPITRE XXXVII.

J'AVOIS ramassé précipitamment tout ce que j'avois pu trouver sous ma main, & je l'avois entassé dans une espece de porte-feuille ; en revisant ces feuilles volantes quelques jours après, je vis que le père de la Hogue avoit laissé par mégarde un manuscrit dans ma chambre, & ce manuscrit avoit pour titre : *Notices pour notre général.*

Il y avoit des notes curieufes, elles revêloient les confeffions des grands & des gens en place ; les jéfuites étoient comme ces ingénieurs qui levent le plan d'une fortereffe & mettent les ennemis en état de l'attaquer par l'endroit le plus foible ; on y lifoit que M. le duc ... avoit pour maîtreffe mademoifelle de ..... à laquelle il ne refufoit rien ; que M. **, homme en place, avoit reçu tels ordres fecrets; que le miniftere fe propofoit de faire telle chofe ; qu'on favoit les difpofitions d'un autre par le moyen de fa femme à qui il difoit tout.

Une autre note affuroit que l'on pouvoit compter dans la province plufieurs pénitens opiniâtres qui feroient *martyrs* de la fociété, & fur lefquels on pourroit tabler.

Toutes ces notes fingulieres annonçoient le crédit, l'autorité, & les reffources fans nombre de l'ordre que je venois de quitter, & me confirmerent dans la répugnance que j'avois pour cet habit.

Il y avoit enfuite: *Expédiez-nous trois cents modeles d'affociation à notre fociété, nous devons quelque reconnoiffance à quelques perfonnes pieufes ; Madame ... a déjà orné richement* une chapelle de notre église, & lui a fait préſent d'un devant d'autel magnifique & d'une lampe d'argent : enfin elle eſt dans la diſpoſition de nous léguer quatre-vingt mille livres pour l'acquiſition d'un bâtiment propre à faire des retraites ſpirituelles, ou pour l'entretien de quatre miſſionnaires jéſuites, ſans que ſes héritiers puiſſent entrer en connoiſſance de l'emploi des quatre-vingt mi le livres ; c'eſt le pere M . . . qui eſt le confeſſeur de cette Dame.

Nous cachons toujours le fils de Monſieur de . . . & nous le dérobons aux recherches des tribunaux ; les parens pour ce ſervice nous ont compté vingt mille livres.

Nous avons reçu des ſommes conſidérables dont nous vous envoyons ci-joint l'état avec les noms des peres qui nous les ont obtenues.

Comme nous ſoutenons qu'il nous eſt libre de congédier les religieux, nous nous ſommes faits faire, par les peres & meres des ſix religieux qui ont fait leur derniers vœux, des donations pour le prix de la fixation de leur état. Ces donations ſont à la vérité révocatoires en cas que les religieux ſoient congédiés ; mais c'eſt ce que la ſociété ne doit jamais faire en pareil cas.

Toutes ces notes jetoient un jour non-équivoque fur la conduite de l'ordre.

Cet écrit m'infpira une forte de frayeur, & je le déchirai avec indignation, ce dont je me repens aujourd'hui ; car il y avoit plufieurs réticences qui faifoient fuppofer une infinité de faits curieux (*).

CHAPITRE XXXVIII.

LE point du jour nous vint annoncer l'inftant du départ. Je donnai le bras à Suzanne. Comme elle étoit tremblante malgré fon courage ! Elle fondit en larmes, en jetant un dernier regard fur la maifon où fon pere étoit encore plongé dans le fommeil. Elle s'arrêta.— O mon pere ! mon pere ! prononça-t-elle amérement, pourquoi votre fille vous fuit-elle ? Pourquoi faut-il qu'elle cherche loin de vous le re-

___
(*) Des folliculaires toujours abfurdes dans leurs affertions comme dans leurs raifonnemens, ont imprimé que l'auteur avoit manqué à la reconnoiffance en difant du mal de fes maîtres ; l'auteur n'a jamais étudié chez les jéfuites, ni fréquenté aucune de leurs écoles ; il a fait toutes fes études dans l'univerfité de Paris.

pos de fa vie ? Eh ! que n'avez-vous ce cœur paternel qui m'auroit pu tenir lieu de tout autre bien ? Mais vous n'avez fu qu'appefantir fur moi le poids d'une injufte rigueur, je dois me dérober aux derniers coups qui confommeroient mon malheur... Ne maudiffez point votre fille infortunée à votre réveil ; n'appellez pas fur elle la vengeance célefte... Elle s'accompliroit. Elle fouffre, en vous quittant, tout ce que l'amour a de plus douloureux, tout ce que les remords ont de plus déchirant. Je fens combien je viole les droits du pouvoir paternel, les loix même de l'honneur : mais il n'eft pas en moi de dompter ce que je fens. Je m'abandonne à des mains étrangeres... Etrangeres ! repris-je avec la plus grande vivacité ; Suzanne, tout vous êft préfentement étranger, excepté moi. Oui, j'ofe le dire, le nom de pere cede au nom d'époux... C'eft à lui que vous êtes déformais attachée, puifqu'il répond de votre bonheur comme de vos jours ; & en prononçant ces mots, je rattachois ce couteau-de-chaffe qui alloit mal ; car c'étoit pour la premiere fois de ma vie que je ceignois une pareille arme, & la belle main de Suzanne fut obligée de l'ajufter convenablement... Partons, partons, interrompit-elle en baissant la tête & poussant un profond soupir. La pureté de nos sentimens me rassure; mais il est peut-être une autre voix qui nous condamne: la société a des loix qu'il n'est pas permis d'enfreindre. Nous sommes coupables; ah! c'est assez de l'être sans prétendre encore à nous justifier... Adieu, mon pere! Elle prolongea cet adieu avec un cri qui me fit trembler, & dont elle ne fut pas maîtresse.

Nous étions déjà hors du jardin & sur les remparts. La ville entiere étoit endormie. Nous sortîmes d'un pas hâtif. Nous côtoyâmes pendant près de deux heures les bords du Rhin, & Suzanne gardoit un silence que toute ma joie ne pouvoit rompre. Nous trouvâmes à point nommé un bateau qui descendoit; c'étoit une belle occasion à saisir. A peine embarqués, l'Alsace disparut bientôt à nos yeux. Nous nous parlions sous les doux noms de frere & de sœur: l'air modeste de Suzanne, qui inspiroit encore plus de respect que d'amour, servoit à confirmer ce nom de sœur que ma bouche se plaisoit à prononcer si fréquemment. Je n'avois un cœur que pour elle, & la vue de ses charmes ne m'infpira jamais que ces chaftes careffes que l'amour fraternel autorife, & qu'il déploie en liberté à la fatisfaction des ames honnêtes. Non, jamais mon cœur ne s'eft enivré d'un torrent de plus pures délices. Non, Florimonde (je fuis peut-être trop fincere en ce moment), mais les plaifirs voluptueux que nous avons partagés enfemble ne font rien auprès des plaifirs que je goûtois en ces momens, hélas! trop fugitifs. Pardonnez cet aveu. Si la cruelle jaloufie pouvoit s'en offenfer, dans un moment elle feroit fatisfaite. Mais je connois votre cœur, & cette réflexion eft trop loin de vous pour vous regarder. Le fleuve nous entraînoit avec rapidité; l'air étoit pur, & jamais je n'avois vu un plus beau ciel; car j'étois à côté de Suzanne & je la poffédois toute entiere. Je lui parlois; je l'entendois; & nos regards, en tombant autour de nous & fur les bords du fleuve & fur nous, fe difoient mutuellement: oui, tout eft bien, tout eft brillant, tout eft beau, tout eft admirable dans la nature!

Après quelques jours de navigation, nous fûmes obligés de débraquer à Coblentz, pour prendre par terre la route qui devoit nous conduire chez cette parente dont la maifon devoit être la nôtre. Je vis toute cette partie de l'Allemagne inveftie par des troupes retirées de la Weftphalie, au moyen d'une retraite foudaine & imprévue. Je ne parlerai point de cette campagne, ni du général François, quoique j'aime comme un autre à politiquer, fur-tout quand il s'agit de ce qui a intéreffé fi vivement ma trifte patrie. Le bruit tumultueux de la guerre retentiffoit de tous côtés; le citoyen n'avoit plus d'afyle ; les vexations les plus oppreffives étoient impofées par le droit du canon ; une haine violente & réciproque fe caractérifoit fur tous les vifages; & le foldat prêt à tout exterminer fans remords, s'offenfoit fouvent de ce que celui qu'il venoit de mettre au pillage, ofoit faire gronder tout bas l'accent du murmure.

Au milieu de cette bande de foldats & de ces régimens qui filoient prefque en défordre, je ne favois trop à quoi me réfoudre ; nous n'avions pas prévu cet inconvénient. Je ne voulois pas aller plus loin, car les chemins ne me paroiffoient pas fûrs : je tremblois pour Suzanne ; mais ayant apperçu un couvent de
jéfuites

Jésuites, je crus voir la main du terrible préfet qui s'étendoit pour me saisir & me replonger dans mon ancienne prison. Je résolus de quitter ce séjour, où l'on voyoit tant de robes noires qui me rappelloient mon esclavage; & Suzanne d'ailleurs n'aspiroit qu'à se trouver dans les bras de sa tante : elle devoit appuyer nos amours, & les consacrer par un nœud légitime.

Le trajet qui restoit à faire, n'étoit pas long; deux jours pouvoient nous y porter commodément, deux jours alloient mettre fin à nos fatigues & à nos inquiétudes. On nous rassura, en nous représentant que nous n'avions rien à craindre en suivant les grandes routes. Nous fîmes rencontre d'une petite voiture qui venoit de décharger des marchandises, & qui retournoit à vuide presque au même lieu où nous desirions tant d'arriver. Le marché fut bientôt fait & conclu; & ma chere Suzanne sur mes genoux, nous traversames des plaines & des bois, non sans frayeur, à cause des détachemens étrangers qui pouvoient rôder aux environs : mais notre conducteur rioit & se moquoit beaucoup de nos craintes, disant que les ennemis étoient bien loin & qu'il avoit fait cent fois le même chemin fans encombre. Nous nous confiâmes à la Providence ; & la diftance s'accourciffant à chaque minute, nous crûmes déjà toucher le but de nos efpérances, l'afyle du repos & du bonheur.

Fin de la premiere Partie.

HISTOIRE
D'UNE JEUNE LUTHÉRIENNE.

CHAPITRE XXXIX.

LE deuxieme jour de marche, nous descendions sur une pente rapide dans un étroit vallon, & nous vîmes sur le chemin une voiture sans chevaux, dont le bagage avoit été pillé. Plusieurs hommes dépouillés étoient étendus épars dans la poussiere ; des traces de sang annonçoient que ce lieu avoit été le théatre du meurtre. Alors notre conducteur pâlit, & avoua que nous pouvions être en danger. Suzanne changea de couleur, & je la serrai tremblante entre mes bras, sans pouvoir prononcer un mot. Le voiturier hâta le pas de ses chevaux, & sortit du vallon le plus précipitamment qu'il lui fut possible : mais arrivé au sommet, un cri sinistre se fit entendre ; & à ce cri le voiturier se jetant à bas de son siege, se sauva à perte d'haleine dans la profondeur du bois.

A peine avois-je eu le tems de regarder pourquoi il prenoit la fuite, que déjà vingt hussards nous avoient enveloppés. Ils détèlent les chevaux avec des juremens effroyables, & déjà furieux de n'avoir trouvé qu'une voiture vuide... Il faut s'être trouvé dans une situation aussi terrible, pour en concevoir toute l'horreur. On passe souvent avec froideur sur le récit de plus funestes aventures ; mais lorsque l'homme qui les a éprouvées, & qui porte encore les marques de son infortune, soupire en les racontant, qui pourroit lui refuser des larmes ? Votre cœur, Florimonde, va se sentir ému de pitié sur le sort de votre rivale. Dans cet horrible moment je n'étoit plus à moi : aliéné de douleur, la tête égarée, je voulois tout entreprendre & ne pouvois rien tenter. On avoit faifi mon arme & ma perfonne ; un bras de fer, qui me tenoit à la gorge, m'étouffoit prefque, & les miniftres de l'enfer ont une cruauté moins froide & moins atroce. La réfiftance devenoit inutile. Il ne me reftoit plus qu'à les fléchir par mes prieres ; mais comment prier ces hommes barbares ? Ils portoient tous des faces de tigres. Non, ce n'étoit plus des hommes, ils en avoient perdu jufqu'aux traits les plus reconnoiffables ; leur fer fanglant étinceloit autour de ma tête ; ils me traînerent pas les cheveux, & m'arracherent jufqu'au moindre vêtement, avides d'y trouver le peu d'argent que Suzanne m'avoit confié. Que devenoit-elle alors ? Hélas ! fes cris fe perdirent dans les airs ; je la vis, les cheveux épars, qui retenoit fortement les mains cruelles d'un forcené, & qui le fupplioit à genoux de lui donner la mort. En vain faifois-je mille efforts pour voler à elle, ces monftres s'amufoient de ma foibleffe ; & dédaignant de m'ôter la vie, ils jouiffoient du pouvoir qu'ils avoient fur moi. Après avoir joint l'infulte à la férocité, ils m'attacherent tout nu à un arbre ; & me montrant à Suzanne, ils menaçoient de me poignarder si elle ne cédoit sur-le-champ à leur brutale fureur. La douleur ne lui ôta pas l'usage des sens ; ses yeux ne quittoient pas les miens ; elle luttoit de toutes ses forces contre ses bourreaux ; elle osoit défier leur rage. Tout-à-coup s'arrachant des bras qui la captivoient, elle s'élança vers moi. Les cheveux flottans, elle enlaça ses bras autour de mon corps ; son sein demi-nu & palpitant, s'appuya contre mon cœur ; ses levres pressèrent les miennes, & ses larmes enflammées coulerent sur mes joues... Mourons, mourons ensemble, cher Jezennemours ! & puisque je ne peux te donner que ce gage de mon amour, reçois-le, & que ton ame accompagne la mienne ! Elle m'embrassoit si étroitement, qu'aucun effort ne sembloit devoir l'en détacher. Un horrible éclat de rire partit à l'instant de ces bouches infernales ; ils nous entourerent curieusement, & ces monstres oserent plaisanter des derniers adieux que l'amour & la douleur nous arrachoient. Nous tremblions, non de mourir, mais de ne pas expirer ensemble. Tout-à-coup,

& au milieu de mille imprécations, ils se déterminerent à fondre d'un autre côté. Leurs mains meurtrieres forcerent Suzanne à me quitter. Je vis le combat de l'amour & de la barbarie, & je regrettai moins de quitter la vie. Ses bras étoient enfanglantés; elle se débattoit en de longs & vains efforts; on l'entraîna loin de moi, en tournant en dérifion ses cris plaintifs & mon défefpoir. Quelques-uns, dans une raillerie cruelle, me firent figne de la fuivre, fi je le pouvois; d'autres proférerent des indignités que je n'ofe redire, & qui montrent à quel degré de férocité s'abandonne l'homme qui a mis le pied dans la voie du crime. Ah! j'étois confolé de la mort; du moins elle devoit m'enlever d'un féjour où refpiroient de fi abominables êtres. Ils m'épargnerent, & je ne fais pourquoi. Je ne leur taifois pas le mépris dont tout mon cœur les foudroyoit. Ils se mirent tous à chanter, ou plutôt à hurler, pour étouffer mes reproches; & en me faluant de loin, ils l'emmenerent... Je n'entendis plus qu'un bruit fourd & confus, qui expiroit à mefure que je prêtois une oreille plus attentive. Suzanne avoit difparu,

& je ne pouvois plus même me flatter d'entendre le dernier son de sa voix gémissante...

O Dieu ! pourquoi l'homme a-t-il si peu de force en partage ! Que ne m'a-t-il doué en ce moment de la force du lion, & d'un bras propre à secourir la vertu, la beauté & l'innocence ! Que n'ai-je pu du moins briser ces liens cruels qui me tenoient enchaîné, & aller demander à ces brigands la mort qu'ils avoient accordée à tant d'autres. Ils me laissoient vivant, & m'enlevoient Suzanne ! O tourmens ! ô Providence ! ô Maître de nos destinées ! quelles sont donc les miennes ? Je me soumets à tout, Dieu puissant ! mais me feras-tu un crime des soupirs qui m'oppressent ? ... Je ne murmure pas sous les coups qui se sont appesantis sur moi; mais qu'est devenue Suzanne ? Suis-je donc condamné à l'horreur de ne la revoir jamais ?

Heureux si dans cet état je fusse tombé dans un anéantissement stupide ! Mais la douleur d'une gêne insupportable réveilloit à chaque instant ma sensibilité ; je souffrois des tortures affreuses ; la mort s'avançoit vers moi, mais accompagnée de ses lentes & inexprimables horreurs ; une nuit épaisse & sombre acheva de tout effacer autour de moi, & ce désert ténébreux me parut l'antécédente obscurité du tombeau. Le corps serré sous des cordes étroites, immobile dans ce supplice, n'ayant pas même un témoin de mes souffrances, j'entendois par intervalles le bruit lointain de quelques coups de feu dont j'aurois voulu être le but. La scene qui m'environnoit n'étoit pas encore assez affreuse ; un orage qui menaçoit de loin, en roulant le tonnerre dans ses flancs, vint à fondre sur la forêt ; des montagnes d'eau descendirent ; les éclairs redoublés mirent en flamme ce bois qui mugissoit sous l'effort de la tempête ; la foudre erroit en serpentant, & j'attendois vainement le coup qui sembloit devoir à chaque instant frapper ma tête. Il m'épargnoit, hélas ! il m'épargnoit, à l'exemple de mes bourreaux ! Enfin la continuité de mon supplice le rendit si douloureux, que je jetai involontairement les clameurs les plus aiguës ; elles se mêlerent au cri des élémens, & percerent longuement dans les intervalles de ce silence terrible, où le tonnerre se taisoit.

CHAPITRE XL.

C'est dans ce déplorable état, & prêt à succomber, que j'entendis le bruit d'une chaise de poste, & le trot rapide de plusieurs cavaliers qui s'avançoient de mon côté à bride abattue. J'étois sur le bord du chemin. Ils m'apperçurent à la lueur des éclairs, & mes cris lamentables ne les trouverent pas insensibles à la pitié. Deux s'avancerent le pistolet au poing, tandis que les autres, non loin d'eux, ne les perdoient pas de vue. Ils s'approcherent, & je les priai avec une vive instance de me brûler la cervelle, s'ils étoient des brigands, ou de me délivrer, s'ils étoient des hommes. Sans presque me rien répondre, ils descendirent de cheval, & couperent, avec assez de peine, les cordes humides dont j'étois garrotté. Voyant que je ne pouvois me soutenir, ils me porterent charitablement sur leurs bras jusques dans la chaise de poste.

Ce fut là que je vis, pour la premiere fois, Monval. Il étoit feul ; il me fit couvrir d'un bon manteau ; il m'accueillit avec humanité, me céda la place du fond, & fe mit fur le devant. Il me fit avaler enfuite de deux ou trois fortes d'élixirs, propres à ranimer mes efprits défaillans, & foudain il ordonna qu'on eût à continuer la route avec la même vîteffe. J'avois perdu jufqu'à la force de lui exprimer ma reconnoiffance. Je l'appellai d'une voix foible mon libérateur ; & je lui difois : Ah ! fi nous rencontrions Suzanne, que des brigands m'ont enlevée, daignez la traiter de même, daignez la défendre. J'aime mieux fa vie que la mienne. A ces mots, il me répondoit par des paroles douces & confolantes.

Cet homme humain pouffa l'attention jufqu'à ne me point fatiguer de queftions ; il veilloit fans ceffe à me faire prendre l'attitude la plus favorable au foulagement des maux que je reffentois ; il faifoit ralentir le mouvement de la voiture, dès qu'il s'appercevoit que ma tête la fupportoit difficilement. A la premiere bourgade, il me fit habiler convenablement, & demeura un jour entier à me foigner comme s'il eût été mon frere. Le lendemain, comme je lui témoignois la crainte que j'avois de rester plus long-tems à sa charge, il me répondit d'un ton amical, qu'il me retenoit avec lui pour toujours, & que je le suivrois à Paris dans son hôtel.

Je ne savois ce qui pouvoit l'exciter à tant de générosité ; j'étois muet, toujours soupirant, & ne songeois qu'à Suzanne ; je prononçai si fréquemment ce nom, qu'il parut vouloir me distraire de ma douleur. Je lui dis que je serois inconsolable toute ma vie ; que j'avois perdu ce que j'avois de plus cher au monde, mon amante, que j'allois épouser à trente lieues de là ; que je l'adorois ; que sans elle la vie m'étoit affreuse... Il sourit, en me disant qu'il falloit enfin me consoler, s'il n'y avoit plus d'espoir ; que chez lui je trouverois autant de Suzannes que j'en voudrois. Elle est unique comme sa beauté, m'écriai-je ; & en retrouvant des appas semblables aux siens, je ne retrouverois jamais ni son cœur, ni ses vertus.

Monval me montra ce caractere, qu'il n'a point démenti depuis, officieux, humain, doux, libéral; mais regardant comme des préjugés les idées les plus faites pour établir ces mêmes vertus. Gageons, me dit-il, que vous fortez depuis peu de quelque college. Oui, lui répondis-je naïvement, je fors de chez les jéfuites, ou plutôt je les ai fus; car ils condamnent Voltaire & l'amour; je les ai fui, parce que je veux aimer Suzanne toute ma vie: mais hélas! je ne vis plus aujourd'hui qu'avec fon image.

La chaife de pofte alloit toujours fon train, & je regardois inceffamment à la portiere, fi le fort ne me la préfenteroit pas fur la route. Je fis arrêter vingt fois la voiture, croyant aux preftiges de mon imagination égarée. Je la cherchois; je croyois la voir jufques dans les objets les plus étrangers. Monval fe prêtoit à tout avec complaifance; & ce fut par degrés qu'il voulut me faire perdre de vue une paffion qu'il imaginoit devoir troubler le repos de ma vie.

Jeune homme, me dit-il, vous me paroiffez avoir un efprit aimable, & fait pour jouir des plaifirs de la fociété, fur tout très-propre, felon moi, à la grande maniere de penfer, mais vous avez encore l'innocence d'une ame neuve. Cette vertu eſt dangereuſe dans le monde où vous allez entrer. Il ne s'agit pas d'être un bon candide, il faut devenir homme de ſon ſiecle. Je crois l'être, moi, & j'ai l'honneur de poſſéder à ce titre cent mille écus de rente. Je les emploie à me divertir & à partager mes divertiſſemens avec autrui. Je mange chaque année mon revenu dans toute ſon étendue intrinſeque. Il ne tiendra qu'à vous de faire chez moi votre bonheur, il ne m'en coûtera pas en vérité plus de dépenſe. Mon emploi eſt ſingulier. Je ruine quelques milliers d'hommes que je n'ai jamais vus & auxquels je ne puis m'intéreſſer ; mais l'homme que je connois & qui m'approche, profite du malheur des autres. Il reçoit autant de bien que je fais involontairement de mal à des étrangers. C'eſt un équilibre de biens & de maux qui ſe balancent. C'eſt ainſi que l'Ocean tantôt vient inonder les pays qu'il avoit laiſſés à découvert, & tantôt laiſſe à ſec ceux qu'il avoit inondés. Le haſard préſide à tous les changemens nuiſibles aux uns, avantageux aux autres. J'aime ainſi à voir les choſes ſous des rapports étendus, & je ſuis idolâtre de tous les grands tableaux. Voilà, par exemple, que la ſeule curiofité m'a fait parcourir fix cents lieues de pays pour bien voir le théatre de la guerre ; eh bien ! en vérité, je fuis fort content de ma tournée ; j'ai vu de belles opérations, des marches favantes, des décampemens ingénieux, une tactique fupérieure & qui auroit étonné les Céfar, les Alexandre, les Tamerlan, & Charles XII lui-même. Ce qui m'attache encore, c'eft cette variété d'événemens qui va former une ample pâture aux hiftoriens futurs. Il en a coûté la vie à des hommes qui feroient morts un peu plus tard ; mais combien d'autres fe font enrichis, fe font élevés à des poftes heureux, à des grades illuftres ! Les richeffes n'ont fait que changer de mains, & les places vuides ont été bientôt remplies. Ceux qui ont été bleffés, ont eu la croix de faint Louis ; & c'eft, je crois, une récompenfe fort belle pour une jambe affez inutile, lorfqu'on peut faire rouler un équipage.

Ah, monfieur ! interrompis-je ; je ne puis vous laiffer pourfuivre. La guerre raffemble tout les fléaux ; elle détruit les loix, bannit toute fûreté, étouffe la pitié ; je la détefterai toute ma vie, c'eft par elle que j'ai perdu le seul tréfor que le ciel m'avoit accordé ; & quand je vois des troupes de brigands forcenés errer dans ces bois, le fer en main, pour exercer impunément toutes fortes de meurtres, je demande comment l'effufion du fang peut-être en honneur ; comment on commet de fi horribles attentats au nom de la patrie ; comment le malheur de l'univers peut devenir la gloire & la vertu d'une certaine portion d'hommes ; & quelle eft enfin cette raifon d'état qui, pour commencer à former un citoyen, lui ordonne préalablement de fouler aux pieds l'humanité gémiffante ? Monval ne fit que jeter un affez long éclat de rire, en difant que j'avois trouvé là matiere d'une ode digne d'être couronnée dans quelque académie ; qu'une pareille tirade y feroit applaudie à coup fûr. Va, va, ajoutat-il avec familiarité, dans un de nos petits châteaux nous nous amuferons à loifir à verfifier ces belles penfées, & je veux te voir avec la médaille accadémique pendue à ta cheminée, puifqu'il n'eft pas d'ufage de la porter à la boutonniere.

C'eft à peu près de cette façon qu'il répondoit toujours aux objections que je faifois à fes
prin-

principes ; nous n'étions jamais d'accord, car sa morale est diamétralement oppofée à la mienne. Il est mon bienfaiteur, il m'a fauvé la vie, il me fera toujours cher ; mais je ne pourrai jamais adopter aucun de fes fentimens. On ne commande point à la penfée ; l'homme peut tout facrifier, excepté ce fentiment qui fait l'effence de notre ame. Je l'ai combattu, j'ai renverfé fes fauffes opinions, mais fans ce zele âcre qui dégénere en fureur & en fiel, il appelloit *philofophie* des fyfiêmes auffi abfurdes que pernicieux ; je n'ai eu befoin que de mon cœur pour les réfuter. Je n'ai touché à l'évidence que par fentiment ; mais, j'ofe le croire, encore plus fûr que la raifon même.

CHAPITRE XLI.

TROP profondément pénétré de la perte de Suzanne pour ne pas rêver inceſſamment à elle, je réſolus de demander de ſes nouvelles à tout le canton, & de parcourir ſur-tout les environs du lieu où elle avoit été enlevée ; d'interroger tous les habitans circonvoiſins, & d'aller enfin juſques chez cette tante qui devoit protéger nos amours. La bonté du ciel, me diſois-je, aura daigné favoriſer peut être un malheureux amant. J'avois mis tout mon eſpoir en ſa clémence, & cet eſpoir ne m'abandonnera point, parce que ſi le ciel a vu le fond de nos cœurs, il nous aura fait grace en faveur de la pureté de notre mutuelle tendreſſe. Monval ne pouvant plus me déterminer à continuer la route, me remit de l'argent & me donna deux de ſes gens bien armés, avec ordre de ne point me quitter ; & aprés m'avoir repréſenté vainement les dangers & l'inutilité de mes courſes, il m'aſſigna pour rendez-vous la ville de Francfort.

Je pars avec mes deux compagnons, comblé des dons & des foins attentifs de mon généreux protecteur. Je parcours les villages, j'entre dans toutes les cabanes, demandant une jeune beauté que des huffards ont ravie : on m'écoute, on me plaint ; mais on ne peut me rien dire de pofitif. J'arrive enfin à l'endroit fatal où ces monftres m'ont arraché plus que la vie ; mon œil le reconnoît fans peine ; je friffonne, je pleure, je trouble par mes cris le filence de la forêt ; je revois l'arbre où Suzanne m'a preffé dans fes bras dn poids de fon corps adorable. Il me fembloit alors que je me ferois foumis une feconde fois à une auffi cruelle fituation pour la revoir un feul inftant. Je ne pouvois quitter ce lieu où le bonheur avoit difparu pour moi. J'errai plus de deux heures fans pouvoir m'en arracher ; mais quelle différence entre ces deux époques de ma vie ? Tout étoit calme & tranquille dans ce lieu où s'étoit paffé une fcene auffi épouvantable ; nulle trace des fureurs qui s'y étoient exercées ; des oifeaux innocens s'abattoient fur la place même où des monftres féroces avoient attaqué le cœur le plus fenfible, & l'avoient déchiré avec une froideur inhumaine. Un de mes compagnons voulut par paſſe-tems tirer ſur ces oiſeaux: je lui arrêtai vivement le bras , en lui diſant : grace , grace , & que je ſois le ſeul malheureux. Ici le ciel a vu périr une créature innocente ; que toutes les autres du moins vivent en paix. Mes yeux attachés au ſol cherchoient avidement ſi je ne rencontrois pas ſur l'herbe un bout du voile flottant que Suzanne avoit laiſſé entre les mains de ſes bourreaux. Helas ! nul veſtige de mon effroyable malheur. La nature avoit repris ſon calme & ſa ſérénité. Cette terre impie , où la violence avoit meurtri les mains délicates de Suzanne , étoit couronnée de fleurs ; ces arbres inanimés qui , pendant la tempête , ſembloient du moins gémir & participer à mon infortune , agitant leurs paiſibles rameaux , ne répondoient point à ma triſteſſe , & elle en devenoit plus amere & plus ſombre.

Tout-à-coup je m'arrache , je précipite mes pas vers la bourgarde , où l'amour devoit trouver un aſyle dans le ſein d'une parente que Suzanne regardoit comme une ſeconde mere , & la protectrice de nos vœux indiſcrets & innocens. Imaginez ici , chere Florimonde , imaginez la scene la plus rapide, la plus étonnante, la plus terrible. J'entre chez cette femme, déjà un peu âgée, & dont le front étoit doux & respectable. Je la regarde avec des yeux où se peignent tous les troubles de mon ame. Elle avoit des traits de ressemblance avec Suzanne; je les dévore avidement & en silence; elle me contemple avec un étonnement pour le moins égal. J'éleve la voix, & d'un accent altéré : — Madame, avez vous reçu des nouvelles de votre niece qui demeure à Strasbourg ? L'avez-vous vue ? vous a-t-elle écrit ? savez-vous ce qu'elle est devenue ? Cette femme, dans le tremblement de la surprise & même de l'effroi, me répondit : — Que voulez-vous dire, Monsieur ? Ma niece est à Strasbourg chez son pere. — A Strasbourg chez son pere, m'écriai-je avec une voix altérée ! Non, non, elle est morte, & j'en suis l'assassin ! Elle pâlit à ces mots, & ne sais si elle parle à un homme tombé en démence, ou réellement coupable d'un grand crime.

Ah ! dans ce moment je sentis que je l'étois. La douleur m'arracha un aveu dont je ne fus plus maître. Je m'accusois moi-même d'avoir fait fon malheur, & je ne me le pardonnois pas. Je craignis cependant d'enfoncer davantage le poignard dans fon cœur, en lui offrant l'hiftoire de fa niece, livrée à des brigands féroces; & après m'être précipité avec véhémence à fes pieds, je lui criai : vous voyez devant vous un malheureux, un malheureux, vous dis-je; que fon nom, fon exiftence, fon crime vous foient également inconnus. Je me releve foudain dans un égarement affreux ; je l'abandonne & la laiffe à elle-même. Oui, je me fauvai de cette maifon comme un incendiaire, je remontai à cheval avec mes deux compagnons. La fcene, hélas ! ne fut pas plus longue que le récit que j'en fais ; & fans plus interroger qui que ce foit, dans le muet filence du défefpoir, je me rendis à Francfort, où je retrouvai Monval qui m'attendoit. Il refpecta ce jour là ma profonde trifteffe, & pour tout dire, il en fut ému.

Il fallut partir le lendemain, car il n'aime pas à s'arrêter dans le même endroit dès qu'il y a jeté fon coup-d'œil ; & moi j'étois fort indifférent fur les lieux que j'allois habiter.

Nous traverfions ces campagnes, que comme un vafte incendie la guerre avoit dévorées ; quelques misérables exténués, le front pâle & les bras sans force, défrichoient quelque portion de terrein abandonné, & sembloient plutôt creuser un tombeau, que cultiver la terre. A chaque pas, des hameaux démolis attestoient le passage du soldat effréné. Des femmes revêtues de lambeaux, des enfans couverts de haillons, couroient au-devant de notre voiture, au risque d'être écrasés cent fois, & mendioient quelques deniers d'une voix aiguë & lamentable. L'enfance même avoit perdu son aimable aspect & ses graces riantes; le pli de la misere profondément empreint, défiguroit l'innocence de son front & le sourire de sa bouche. Comme je m'écriois à la vue de tant de maux infligés à l'homme, par l'homme son semblable ! Monval me disoit que ce n'étoit rien encore auprès de ce qu'il avoit vu; que du côte de la Westphalie deux régimens avoient saccagé dix lieues couronnées des plus belles moissons; & que dans cette triste enceinte tout ce qui restoit d'hommes, s'étoit trouvé réduit à brouter l'herbe comme de vils animaux.

CHAPITRE LXII.

JE foupirois, tandis qu'il me détailloit ces défaftres, qui en avoient enfanté mille autres particuliers. Il étoit prefque infenfible à ces calamités, & répétoit toujours : ce monde eft livré aux ouragans & aux fureurs de la guerre, qui tour à tour bouleverfent le globe : toute créature eft le jouet du fort & des événemens; & tout en difant cela, il jetoit quelques écus à ces malheureux, qui, preffés de l'aiguillon de la faim, égaloient le pas de fes chevaux, & fe montroient en foule à fa portiere. Ces gens-là, difoit-il, pourroient crier après nous, *au voleur*. Car comme je fuis intéreffé dans les fourrages, où fe font les meilleurs tours de paffe-paffe, probablement il me reviendra quelque chofe de ce qu'on leur a enlevé. Au fond, c'eft une reftitution que cette aumône. Mais fi je n'avois pas roulé un grand train avec fix hommes armés, mon pauvre ami, tu ferois mort de faim attaché à ton arbre. Pour te fauver, il falloit un libérateur de ma forte ; car tout autre en paffant t'eût plaint & t'auroit laiffé là. Va, quand tu auras habité quelque tems parmi nous, tu feras le premier à légitimer la poffeffion un peu démefurée de tant d'honnêtes gens qui ont mis leur induftrie & le défordre régnant en valeur. L'égalité des fortunes eft un chimere ; une partie de la fociété fera toujours opulente , & l'autre n'aura prefque rien ; divife de quelque maniere que tu voudras , les trois quarts des hommes ferviront toujours l'autre quart, ou il n'y aura plus de fociété : or, quand on peut choifir, on fe range, je crois, dans la claffe des aifés ; tu t'y trouves aujourd'hui, puifque je t'adopte ; bénis ton fort ; ton bien-être eft lié déformais, ainfi que le mien, aux travaux des infortunés pris dans la maffe générale. Cette combinaifon a exifté de tout tems, & exiftera après nous ; ne faifant que paffer fur la terre, rendons notre condition la meilleure poffible. C'eft la loi de tout être doué de fenfibilité : fi les richeffes que je poffede n'étoient pas dans mes mains, elles feroient la proie de quelqu'autre ; autant vaut que j'en profite. Puis-je changer la combinaifon actuelle des chofes, réformer cette inégalité, gage de la fubordination, donner feul l'exemple d'un nouveau partage ? Puis-je faire enfin le bonheur de tant d'êtres que je ne connois ni apperçois, tandis que la nature a été la premiere à les oublier ? Je le répete, je fuis l'ami de ceux avec qui je me trouve lié; mais que le refte s'arrange : je n'ai pas le pouvoir que n'a point la force des loix ; elles ont voulu que la jouiffance de l'un fût fondée fur la privation de l'autre ; il a fallu néceffairement qu'un des baffins de la balance montât, & que l'autre defcendît ; car l'équilibre eft impofible. Je n'irai point me facrifier vainement pour ne rien opérer. Je ne détournerai jamais & volontairement mon regard de deffus l'infortuné qui viendra m'implorer ; mais pour ma propre tranquillité, je demeurerai infenfible aux calamités qui fe pafferont hors de ma fphere.

Je n'étois point content de fa maniere de raifonner & de fentir ; j'y trouvois quelque chofe de dur & de perfonnel, qui ne s'accordoit pas avec l'idée touchante de bienfaifance générale qu'il faut établir pour defcendre aux réformes particuliers. Je voulois aimer mon bienfaiteur, & je fentois combien mon cœur répugnoit à des maximes qui autorifoient la cupidité & la malverfation. Cette morale me fembloit féroce, & je m'étonnois moins des maux de la patrie, lorfque je voyois qu'on ne rougiffoit plus de les parer des couleurs de l'éloquence. Je combattis vivement mon protecteur ; je lui fis fentir que par les mêmes principes on pouvoit juftifier tous les excès, ceux des conquérans ; car s'il ne s'agit que d'obéir à fon intérêt, & de détourner enfuite les yeux, il n'y a plus de crime, & la vertu n'eft qu'un vain nom. Je ne pus lui montrer ces égards politiques, au milieu defquels le protégé, par complaifance, fait femblant d'approuver le protecteur, en le condemnant tout bas. Il ne fe fâchoit point de la vivacité de mes réponfes : c'étoit un phyrrhonien tolérant, fortement attaché à fes idées, mais qui laiffoit aux autres les leurs. Il répétoit toujours : tu fentiras un jour par toi-même la vérité de ce que je te dis. Et ma bouche & mon cœur lui répondoient fortement : non, non ; jamais, jamais !

CHAPITRE XLIII.

ENFIN j'arriva avec lui dans cette capitale immenfe & tumultueufe, qu'il m'avoit annoncée comme le féjour de la liberté, de l'opulence, de la volupté & de la joie. Le premier coup-d'œil ne me plut point. Je ne fais fi ce fut un effet de la teinte mélancolique que mon imagination répandoit fur les objets ; mais cette ville fameufe me parut grandement trifte, le peuple laid & fale, les vifages alongés & mécontens ; les rues me préfenterent un mouvement fans activité, & la plupart des hommes dans l'attitude fervile & craintive de la mifere & de l'efclavage. Le contrafte déplorable de l'opulence & de la pauvreté, qui luttoient inceffamment, me démontra que l'humanité étoit éteinte dans la moitié des cœurs ; le joug des travaux qui pefoit perpétuellement du côté le plus nombreux, y dégradoit l'efpece humaine ; le bruit difcordant n'étoit qu'un amas de lamentations confufes ; l'oifiveté la plus infolente &

la plus dédaigneufe bravoit l'infortuné qui, gémiffant fous le faix, étoit encore obligé de crier pour percer la foule. Une avidité baffe dans l'air & le fourire du marchand, une politeffe apprêtée ; je ne fais quelle foibleffe pufillanime empreinte dans la démarche & le gefte du Parifien ; une curiofité enfantine, une apathie à peine réveillée par la foule des arts; une race moutonniere : tout me montra des hommes dégénérés, amoureux de petites jouiffances, adorateurs d'un luxe puérile, & qui, tournant dans un cercle de froides habitudes, avoient perdu les grandes idées comme les vrais plaifirs. Je ne voyois que des efpeces de fantômes revêtus de clinquant, ayant un idiôme conventionnel, qu'ils appliquoient également aux mœurs, aux fciences, aux arts, tous apperçus fous le côté poli, & dégénérant en petiteffe à force de graces.

Le foir, la proftitution publique, éclairée de mille flambeaux, m'offrit mille fcenes fcandaleufes & révoltantes ; le foleil, en plein midi, n'éclaireroit pas mieux ces turpitudes qui fe paffent à la porte même de l'honnête bourgeois, où la mere recommande la modeftie à sa jeune fille ; l'innocence seroit flétrie par cet unique coup-d'œil ; l'oreille ne peut se dérober aux expreſſions de la débauche qui se promene triomphante & parée.

Je fus long-tems dégoûté de manger en cette ville, en voyant les marchés, où tout ce qui sert à la nourriture, traîne dans les ruiſſeaux, ou reçoit les immondices des toits ; les alimens y ont perdu leur couleur naturelle ; on ne les diſtingue plus. Tout eſt apprêté : & vous trouvez bien l'apparence des mets, mais non leur goût ſubſtantiel. C'eſt à qui vous rendra malade en vous faiſant avaler du poiſon qu'on oſe appeller du vin ; il eſt frélaté aux tables les plus délicates ; & l'habitant de cette ville ſemble avoir perdu l'odorat & le goût, tant il eſt avide à remplir ſon eſtomac de tout ce qu'on lui préſente.

Si vous traverſez les cuiſines, le cœur vous souleve, la mal-propreté couvre les murs & les tables. Les uſtenſiles de cuivre, qui ne ſont pas encore bannis des trois quarts des maiſons, jettent dans chaque plat quelques-unes de leurs particules dangereuſes ; & comme on eſt des annnées à s'empoiſonner, on ne s'en apperçoit seulement pas. Des marmitons hideux pêtrissent dans leurs mains noires ce qui va vous être servi dans des plats d'argent ou de fine porcelaine.

On y boit inceffamment des liqueurs dont on ne fe donne pas la peine d'approfondir la compofition, qu'on avale par diftraction, & qui font le germe des maladies les plus cruelles.

Le théatre françois, après lequel je foupirois, & où je courus avidement, me parut fi inférieur à l'idée que je m'en étois formée, que j'aimai mieux bientôt livrer la piece à mon imagination, qu'à l'art de fes acteurs. Leur front étoit dur ou inanimé. Monotones, froids & compaffés dans leurs mouvemens, on voyoit qu'ils avoient affaire à un peuple tiede, chez qui les grandes paffions étoient éteintes, & qui demandoit aux recherches combinées de l'art ce qu'il ne favoit plus reconnoître dans les tableaux naïfs & énergiques de la nature. Je crus toujours voir la même tragédie ; car elle ne fort pas, en France, de la même forme qui lui fut imprimée dans l'origine. Des tirades de vers, de foibles & de petits moyens, des paroles à la place de l'action, tout annonce le champ étroit où les poëtes ont choifi leurs perfonnages. Ils n'ont jamais que fix pieds quarrés pour fe promener & pour agir.

Un théatre plus intéreffant m'occupa : ce fut celui du monde ; théatre varié, & dont l'autre n'eft pas même l'ombre. Il me faudroit un jour entier pour vous expofer le jugement que je portai de ces hommes rayonnans de dorure, & de l'ame ordinairement logée fous cette fuperficie brillante. L'habitude en général, a affaiffé toutes les ames ; elles font petites, mefquines, maniérées, fubtilifées ; & quand elles veulent fortir de leurs fpheres & faire les grandes & les indépendantes, elles retombent la minute d'après dans le cercle étroit de leur moleffe.

Je ne vous parlerai point des femmes, belle Florimonde ! Je les ai peu vues, & je m'eftime heureux de vous avoir trouvée ; vous qui m'avez fauvé de leurs pieges : vous, dont la fageffe, la candeur, la vertu !... Florimonde qui fouffroit intérieurement de ces éloges, embraffa Jezennemours, & lui ferma la bouche avec un doux baifer. Il continua ainfi :

CHAP.

CHAPITRE XLIV.

Monval ne manqua point de me donner le titre *de secretaire*, parce que j'avois exigé de lui un emploi, voulant tenir ma subsistance plutôt de mon travail que de sa pure libéralité. Mais il me laissoit toujours oisif; & quand je lui demandois ce qu'il falloit faire: te divertir (répondoit-il), profiter de l'avantage de vivre dans ma maison, & suivre l'exemple de ceux dont je me plais à m'environner.

Vous savez quels étoient ces divertissemens & ces exemples que je devois suivre. Vous en avez été scandalisée, Florimonde; & si je ne les eusse pas méprisés, je ne serois pas ici près de vous. J'ai toujours préféré le plaisir de penser à tout autre plaisir. La liberté de pouvoir m'y livrer tout entier & sans distraction, m'a retenu chez Monval; & la crainte de rencontrer un trop pénible esclavage, m'a fait suivre un genre de vie très-singulier, puisque le matin je conversois avec des philosophes, & le foir avec des libertins. J'étois bien déplacé dans fa maifon, & nous nous portions un fcandale réciproque. Apôtre de la débauche, il la prêchoit ouvertement, tandis que toutes mes réflexions tendoient à ternir les couleurs dont il vouloit la parer.

Je me fuis reproché long-tems & en fecret cette vie contemplative : c'eft une pareffe de l'ame qui a fon attrait & fon danger : il faut favoir agir, & cela vaut mieux que méditer. Je cherchois donc à faire quelque chofe de férieux & d'utile à moi-même & aux autres. Le front d'un ouvrier trempé de fueur, faifoit rougir le mien ; je voulois brifer des liens que je fentois honteux ; mais l'habitude & une crainte puérile m'en ôtoient le courage. Enfin j'ai cherché, j'ai trouvé cette vie laborieufe que Dieu nous impofa à tous, & qui porte fa récompenfe avec foi, en rempliffant le cœur de celui qui s'y livre. C'eft en m'attachant à vous que j'ai banni les oifives occupations de la molleffe : c'eft en me livrant tout entier à des exercices qui fatiguent le corps, que j'ai enlevé à l'imagination ce qu'elle a d'illufoire & de pernicieux. . . . . Je crus pouvoir me dompter toujours moi-même; mais je n'ai fait qu'aller au-devant de ma chaîne.... Pardonnez ce langage, belle Florimonde; ce cœur vous est ouvert; ma franchise ne vous a pas déplu, & le mensonge m'est en horreur. Innocent, je suis devenu coupable; je devois adorer en silence l'ombre de Suzanne, & je lui ai été infidele! Et si elle paroissoit à mes yeux, de quel front l'aborderois-je? Quoi, j'ai pu trahir mes sermens & la foi que je lui avois jurée!

Pour me punir, sans doute, un songe m'a retracé cette nuit son image : j'étois sur le bord d'un fleuve agité; j'apperçus Suzanne à l'autre rive. Un voile blanc, symbole de sa pudeur, relevoit l'éclat de sa beauté. Elle m'appelle, je me précipite dans les flots pour passer jusqu'à elle; mais je me sens entraîné malgré tous mes efforts; elle me tendoit inutilement les mains; je succombe sous les vagues écumantes, tandis que je l'appercevois s'élever vers les cieux, & tracer dans les airs une route lumineuse.

Je m'éveille en la poursuivant, en la nommant encore, & je me trouve dans vos bras.... Ah! je suis coupable envers vous comme envers elle. Dites, avez-vous pu m'entendre soupirer pour une autre, & dois-je plus long-tems abuser d'une tendresse dont je ne fus jamais digne ? Je me rends justice ; je ne mérite point votre amour. En me trompant moi-même, je vous ai trompée ; ce cœur revole tout entier au premier objet qui la captivé : pardonnez, j'ai pris pour de l'amour une ardeur fugitive qui s'est évanouie, & l'amour est venu me reprocher mon infidélité. C'est à vous à vous venger, Florimonde ; c'est à moi de me punir ; & puisqu'il ne m'est plus permis de vous regarder sans honte, je ne dois plus.... Que m'accorder encore un peu de confiance & d'amitié franche, interrompit Florimonde, en le pressant dans ses bras, en retenant ses larmes involontaires, en ne pouvant se rassasier de sa vue. Pourquoi nous accabler l'un l'autre ? Aidons-nous plutôt à supporter les peines dont nos cœurs sont déchirés. Vous aimez Suzanne comme je vous aime ; vous desirez sa préfence, comme je desire la vôtre ; elle est nécessaire à votre bonheur, comme vous l'êtes au mien : cette infortunée est digne de votre tendresse, & moi je suis malheureuse de n'être pas payée de retour.

Mais enfin, cher Jezennemours, continuoit Flomonde, fouffrez-moi à vos côtés; donnez-moi quelques foupirs & gardez-lui votre amour; je ne veux plus être que votre confidente. Oui, épanchez dans mon fein vos plus fecretes larmes, je faurai les partager. Ah, je fais ce que c'eft qu'aimer!... Je le fais.... Suzanne n'eft plus ma rivale, elle devient mon amie. Si je favois quel lieu la renferme, j'irois moi-même au-devant d'elle, & ferois la premiere à l'amener dans vos bras. Oui, cher Jezennemours, ajouta-t-elle avec le tranfport d'une femme tendre & paffionnée (tranfport que la plume ne fauroit rendre) oui, je t'aime, je t'aime; & comme le véritable amour eft pur & défintéreffé, je vais te révéler le fecret de mon ame. Mon cœur, en fe livrant à toi, n'a jamais ofé afpirer à être uni au tien par un nœud facré & indiffoluble; j'ai connu que j'aimois un mortel trop au-deffus de moi; je ne me fuis pas jugée digne d'être affociée à tes deftins. Un fort fatal m'a fait rencontrer celui qui pouvoit faire mon bonheur; mais je ne le méritois pas, fans doute, puifque fon cœur appartenoit déjà à une autre..... Eh bien! qu'elle triomphe cette heureufe rivale, je me foumets ; je ne veux plus que ton amitié ; mais je l'exige du moins, ce fentiment confolateur, & dans toute fon étendue ; lui feul diminuera le fupplice dans lequel je dois vivre.

Après un moment de filence, pendant lequel Jezennemours avoit le regard baiffé & la main droite preffée dans la fienne, Florimonde attendrie reprit la parole. Trop cher Jezennemours (& je n'ofe dire mon amant), fi, emporté par les charmes de ma rivale, tu ne peux te réfourdre qu'à m'abandonner, pars.... Rends-moi encore plus malheureufe, &, le ciel m'entend, je n'aurai encore rien à te reprocher ; mais fi tu peux vivre auprès de moi, fi tu ne me hais point, fi ma vue & les témoignages de ma tendreffe ne te font point odieux, refte, & parle-moi à chaque inftant de ta Suzanne ; que ce nom fe répete fans ceffe à mon oreille ; je faurai l'entendre de ta bouche, je te parlerai d'elle ; & fi je fuis condamnée à n'être qu'une ombre de fa beauté, cette ombre fervira à te rendre fa préfence. Je ne veux que ton repos & ton bonheur, je ne veux que te plaire & t'aimer ; trop heureufe encore fi tu jettes un seul regard sur moi. Suzanne obtint ton amour, captiva ton penchant, je lui veux tout sacrifier ; & par le sacrifice tu jugeras peut-être de l'excès de ma tendresse. Oui, tu seras aimé, & pour toi-même : je ne suis plus ton amante, je deviens ton amie. Si, sous ce dernier titre, tu m'accordes quelquesfois un sentiment plus tendre, je le recevrai comme un bienfait; mais je cacherai mon triomphe & mon plaisir. Que je puisse te voir toujours heureux, Florimonde sera satisfaite.... Mes lettres vont se joindre aux tiennes, afin de découvrir les traces de ton amante : je ne négligerai rien pour apprendre quel est son fort ; & j'atteste le ciel, que le plus beau jour de ma vie sera celui où tes yeux, brillant de joie & de surprise, la rencontreront, pourvu que dans ce jour d'alégresse tu n'éloignes point de moi le regard de l'amitié.

Si jamais amant fut surpris, ce fut Jezennemours. Il connoissoit le caractere élevé de Florimonde ; mais il ne s'en attendoit pas moins aux reproches prolongés d'une femme jalouse : il ne trouva en elle qu'un exemple étonnant de douceur & de tendresse. Confus de tant de générosité, il ne s'en estimoit que plus coupable.

Il conçut pour elle un respect nouveau, & qui tenoit de l'admiration : quelquefois il la ferroit dans ses bras, sans oser expliquer sa pensée ; & c'étoit cette rare amante qui lui parloit de Suzanne, des moyens de la retrouver, qui lui portoit cette espérance qui, toute illusoire qu'elle étoit, germoit dans le cœur infortuné : elle s'oublioit elle-même pour reposer & attacher l'ame de Jezennemours sur cette image qu'il adoroit. Cette tendresse épurée, cette noblesse magnanime, gagna tellement le cœur de Jezennemours, qu'il se sentit pénétré de la plus vive affection ; tous les témoignages d'une amitié profonde & sincere furent prodigués à Florimonde ; & ces témoignages, par leur vivacité, égaloient presque ceux de l'amour.

CHAPITRE XLV.

Sur ces entrefaites, Monval etoit de retour d'un affez long voyage : car il fe tranfportoit de Paris foit à Londres, à Amfterdam, à Venife, à Turin ou à Vienne, tout auffi facilement qu'un bourgeois de Paris fe tranfporte le dimanche à S. Cloud, à Sceaux, à Meudon. Voilà, certes, le plus grand avantage que donnent les richeffes, & le feul pour lequel l'hiftorien de Jezennemours auroit ambitionné un peu de fortune. Pouvoir, à fon gré, aller vifiter un pays éloigné dans une voiture commode, fans rifques & fans ennui, étudier différentes mœurs & différens gouvernemens ; fe rendre, dans un court efpace de tems, concitoyen de tous les royaumes ; tout voir avec des yeux neufs, & qui ne font point altérés par l'habitude, la plus perfide de toutes les féductions ; trouver le long de la route des hommes complaifans & affables, qui, pour un peu d'argent, vous nourriffent & vous conduifent. Certes, on n'admire pas affez cette heureufe & neuve combinaifon preque inconnue à tous les fiecles qui nous ont précédés. Ah! fi le ciel me favorife jamais des moyens néceffaires, je vous faluerai, grandes & majeftueufes villes, & je ne me repoferai point que je n'aie parcouru & vifité l'Europe; car je ne crois plus aux livres, trop fouvent menteurs, & j'ai vu de près ces voyageurs qui fe moquent les premiers de leurs narrations.

Monval fe reffouvint donc de fon novice & de celle à qui il l'avoit confié; bien difpofé à fe réjouir, il manda tous fes compagnons de plaifirs anciens & modernes, comme devant être témoins d'une fcene plaifante, & qui fe rencontre rarement.

Il arriva dans cette campagne paifible avec tout le train fomptueux d'un fermier-général, qui vient accompagné de la troupe de fes convives. Ils étoient tous du meilleur ton, fans doute; car chacun amenoit la beauté complaifante qui étoit de femaine, c'eft-à-dire, une danfeufe ou une chanteufe échappée de la capitale pour quelques jours. Florimonde pâlit à leur arrivée. Jezennemours intepréta cette vifite imprévue, comme une partie de plaifir affez familiere à fon ami. Il reconnut à peu près les mêmes personnages qu'il étoit accoutumé de voir à Paris.

Monval, après avoir embrassé Florimonde avec une familiarité un peu libre, se précipita entre les bras de Jezennemours, avec les plus grands éclats de rire & les plus folles démonstrations de joie. Toute la compagnie suivit le même exemple ; on n'étoit point venu là pour moraliser ; on se livra à une gaité bruyante ; la suite des valets imita les maîtres ; & cette maison, qui l'instant auparavant étoit une sage solitude, devint tout-à-coup le temple de la folie. On y entendit résonner le son bruyant des instrumens & le désordre de la danse. Le tranquille & chaste écho des forêts répéta les chants des beautés dissolues, ainsi que les libertines orgies d'une troupe d'extravagans qui s'étourdissoient pour avoir du plaisir.

CHAPITRE XLVI.

Florimonde, dans le plus grand embarras, préfageant tout ce qu'elle avoit à craindre, & voulant cacher ce qu'elle ne vouloit pas que Jezennemours fût, ne favoit quel parti prendre. Elle ne quittoit plus Jezennemours d'un inftant, lui faifant entendre par fignes muets tout ce qu'elle fouffroit : elle trembloit qu'une lueur indifcrete & fatale, jetée par hafard fur fa vie paffée, ne vint à éclairer le jeune homme & la rendre méprifable à fes yeux. Elle craignoit ce coup fatal plus que la mort : qu'on juge de fes tranfes & combien elles étoient cruelles ! Jaloufe à l'excès de fon eftime, elle rifquoit à chaque minute de la perdre.

Dans ces converfations plus qu'enjouées, qu'elle étoit forcée d'entendre, elle donnoit ingénieufement un tour facile aux fcenes qui effarouchoient Jezennemours. Elle difoit tantôt qu'elle n'avoit rien vu, tantôt que tel étoit l'ufage de la campagne, & que plus on étoit réfervé à la ville, plus la familiarité reprenoit fon empire dans ces parties champêtres & badines, où il étoit reçu de se livrer à des amusemens folâtres. Elle ajoutoit que de fortes raisons l'obligeoient à ménager Monval ; qu'il étoit tranchant & dangereux, dès qu'on contrarioit ses desseins ; que quelques jours seroient bientôt passés, & que le vrai moyen d'anéantir le scandale, étoit de ne pas sembler l'appercevoir; que malheureusement les mœurs du siecle lui imposoient silence, & qu'enfin ce seroit pour la derniere fois qu'elle se prêteroit à une fête qu'elle n'avoit sû ni prévoir, ni éviter.

Prêtez-vous un peu, ajouta-t-elle, mon cher Jezennemours, prêtez-vous à leur folie; elle sera courte : le sage doit savoir rire de toutes les extravangances humaines ; elles ne doivent être à ses yeux que comme des actions enfantines. Rien ne corrige certaines têtes, & il est plus tôt fait de laisser un libre cours à leurs amusemens, que de vouloir leur faire entendre ce qu'ils ne comprendront jamais. Lorsqu'ils seront partis, nous aurons ample matiere à parler d'eux, & à hausser les épaules de pitié.

La complaisance avoit des droits sur Jezennemours. D'ailleurs, il avoit eu le tems de connoître quelle étoit la vie ordinaire des gens d'un certain état. Il parut donc ne s'étonner de rien, fentant bien d'ailleurs en lui-même qu'il ne lui convenoit pas de faire, de jouer l'auftere & le farouche, lorfqu'on étoit venu le furprendre prefque dans les bras de Florimonde.

Le troifieme jour, un fouper élégant & fomptueux étoit déjà préparé fous le grand berceau de verdure : la table couverte de girandoles, & entourée de convives, préfentoit une quantité de mets moins offerts à l'appétit qu'à la vanité du luxe. Le vin d'Italie & le vin du Cap encore meilleur, couloient en abondance, & échauffant de toutes parts les cerveaux, leur prêtoient mille idées auffi folles que légeres. A la vue de cette profufion, chacun avoit à gémir fur la foibleffe de fon eftomac : il étoit raffafié, que l'œil étoit encore avide ; on appelloit au fecours ces liqueurs diftillées, ces doux parfums qui cachent le poifon homicide, qui achevent de troubler la tête & de porter dans les veines le feu de la débauche. Le fage Jezennemours auroit joué là un rôle fot & déplacé, s'il n'eût confenti de bonne grace à marier fréquemment fon verre à celui de fes voifins. D'ailleurs, la fumée des mets auroit fuffi à déranger la cervelle d'un Socrate. Affis entre Florimonde & Monval, on le ferroit de près, on le faifoit manger & boire à fon infu. Les propos qui voltigeoient à travers les cryftaux, étoient déjà plus que libres. Ayant rougi au premier, il fe laffa enfuite de rougir ; fon front s'illuminoit des rayons que donnent les plaifirs de la table. Monval, avec toute la familiarité poffible, badinoit avec la plus jolie des penfionnaires qu'il avoit amenées. La petite perfonne, toute en feu, lui rendoit avec ufure fes careffes ; chacun l'imitoit, & un défordre animé avoit dérangé la chevelure des prêtreffes de la volupté.

Que pouvoit faire le fage Jezennemours au milieu de tant d'attitudes amoureufes finon de baiffer les yeux fur le fein de Florimonde, & de pencher auffi fa tête fur fon épaule d'ivoire ? Que pouvoient faire fes mains, finon de ferrer modeftement les fiennes ? Elle avoit beau le repouffer ? Jezennemours étoit fi doux & fi réfervé au prix de fes compagnons, qu'il avoit parmi eux l'air de la décence.

On fit hautement l'éloge de la liberté & du plaifir, dans des couplets tels que les François ont fu les faire. Chaque convive célébra à fon tour la beauté qu'il embraffoit ; les plus jolies chanfons qu'on eût compofées dans l'univers, fans excepter celles du gentil Anacréon, coururent à la ronde. Quoique la compagnie eût les yeux fixés fur Jezennemours, il étoit loin de fe croire le principal acteur de la fête ; il ignoroit que c'étoit fon *hymen* que ces apôtres du libertinage célébroient au gré de leurs principes, & que ce repas fplendide étoit le brillant feftin des nôces. Florimonde elle-même, quoique connoiffant Monval, n'avoit pas foupçonné ce tour perfide. Le bon jeune homme fuivoit avec fimpleffe le fignal fréquent qu'on lui donnoit de l'embraffer, & prenoit les éclats de rire pour le témoignage d'une joie ordinaire. Il fe livra de bonne-foi à l'allégreffe univerfelle, ne croyant que la partager. Mais tous les yeux étoient fixés fur lui, & c'étoit un nouveau plaifir pour les affiftans de le voir entraîné par l'exemple, & étourdi par les liqueurs, s'abandonner à ce tumulte où les fens s'enflamment & maîtrifent sent le philosophe malgré toutes les leçons du lycée & du portique.

CHAPITRE LXVII.

Il falloit vingt-quatre heures au moins pour abaisser les fumées de ce festin. Au réveil de sa raison, Jezennemours crut avoir fait un songe importun ; il ne pouvoit ajouter foi à l'image que sa mémoire lui présentoit ; il se revoyoit encore penché sur le sein de Florimonde, ayant Monval & ses adhérens pour témoins de ses empressemens. Il ne concevoit pas lui-même comment il avoit pu tomber dans un pareil oubli, qui sembloit ternir la réputation d'une femme que son premier devoir étoit de respecter. Quoi ! disoit-il, je n'ai pas eu plus de force que cela ; j'ai été indiscret, j'ai révélé les mysteres de sa tendresse ! A quoi sert d'aimer la vertu & d'étudier la sagesse, pour les outrager toutes deux dans un instant, & les sacrifier à l'enchantement d'un regard ?

Il se promenoit, étonné de son indiscrétion, abattu par le chagrin qui verfoit dans fon ame un remord intérieur, lorfqu'un des compagnons de Monval, qu'il n'avoit jamais pu fouffrir, à caufe de la groffiéreté de fes mœurs, vint à paffer; & lui frappant fur l'épaule, *bonjour, l'ami*, dit-il, en le regardant en face d'un air fatyrique; *bonjour, l'homme fage*. Parbleu, je fuis bien charmé que vous foyez enfin *des nôtres*. Le rufé philofophe! Oh! je favois bien qu'on en feroit quelque chofe. Après cette apoftrophe il continua fon chemin, en faifant d'affez longs éclats de rire.

Des nôtres! moi des fiens! Se peut-il, prononçoit Jezennemours, preffant fon front du poing.... Ah! je l'ai mérité ce titre qu'il me donne... Moi, des fiens! Bon Dieu.... c'eft-à-dire, que je n'ai ni mœurs, ni honte, ni pudeur.... Ah, je fais encore rougir & rougir de moi-même! Il fe frappoit la poitrine, fermoit les yeux, il s'arrêtoit; il frappoit du pied, il ne pouvoit concevoir ce qui s'étoit paffé la veille, & il groffiffoit à fes yeux le défordre dans lequel il étoit tombé.

Comme il craignoit la rencontre de quelque nouveau témoin, il s'enfonça triftement fous des arbres qui conduifoient à un petit bois, où il courut fe cacher. C'eft là qu'il auroit voulu effacer les inftans où il avoit offenfé Florimonde & l'amour : il n'ofoit plus penfer à Suzanne; fon image étoit femblable à celle d'une divinité qui s'eft voilée fur fon autel, & qui rejette l'encens d'un mortel profane.

Monval, qui le guétoit depuis une heure, & qui le fuivoit à la pifte, l'aborda tout-à-coup.... Que viens-tu donc faire fous ces ombrages, lui dit-il gaiment & avec un fourire malin ? Aurois-tu donné quelque rendez-vous à une de ces petites folles qui nous ont fi bien amufés cette nuit? Elles font charmantes, au moins : ce font les plus agaçans minois.... Ma foi, l'opéra manquera vendredi prochain ; car nos déeffes ne font pas d'humeur de retourner à la ville; elles fe trouvent trop bien avec nous. Mais en confcience, M. Jezennemours, tenez-vous-en à votre Florimonde ; elle doit vous fuffire ; elle eft très-favante en volupté.... C'eft une femme très-refpectable, reprit Jezennemours, je n'ai pu me défendre de fes charmes ; & puifque vous avez été témoin de ma tendreffe, j'avoue qu'elle m'eft infiniment chere. Le plus grand de vos bienfaits n'eſt pas de m'avoir ſauvé la vie ; c'eſt de m'avoir fait connoître une ame auſſi douce, auſſi généreuſe, & dont je veux faire une véritable amie. Je ne ſaurois trop vous exprimer la reconnoiſſance que je vous en dois..... Je ſavois bien que tu trouverois cette femme-là de ton goût, avoue qu'elle met dans ſes careſſes une grace, un ſel, un ſentiment, un feu vif qu'on ne trouve point à d'autres ; mais quoique forcée par elle, & en très-bonne école, tu as encore un certain air neuf que tu ne pourras perdre, je crois, qu'à la dix-neuf, ou vingtieme. Parle, nous n'en manquerons pas : les trois ſpectacles voleront ici plutôt que de te laiſſer triſte & rêveur. J'ai entrepris la cure, il faut qu'elle ſoit radicale. Il faut que je ne rencontre jamais ſur ton viſage la moindre trace de cette philoſophie boudeuſe que je hais à la mort, & que je voudrois exterminer par-tout. Si je t'ai abandonné ſi long-tems avec celle-là, ma foi, pardonne, c'eſt que j'étois en courſe. Se feroit-elle ennuyée d'avoir été recluſe ? ce feroit de votre faute, mon Jezennemours. Eh bien, dis-moi, tu as vu ces petites phyſionomies mutines qui font la nicque à la philofophie, à laquelle donneras-tu le mouchoir pour la nuit prochaine ? car il eſt juſte que Florimonde rentre dans le commerce ; & décemment, tu ne peux t'obſtiner à être comme le liere, attaché au même arbre..... Réponds donc, grave perſonnage ! tu n'oſe encore parler..... Je fais plus, dit Jezennemours, je n'oſe vous entendre ; vous devriez cependant avoir connu ma façon de penſer. Je me ſuis attaché à Florimonde, parce qu'elle eſt vertueuſe, nous nous aimons, ſans doute ; je ne puis, ni ne veux le déguiſer. Si l'exemple d'hier me fit divulguer la tendreſſe que je lui ai vouée, mes ſentimens devroient vous être aſſez connus pour juger, d'après eux, qu'elle ne doit pas être confondue avec ces objets vils & ſcandaleux plaſtrons du libertinage. Excuſez ſi je vous parle ainſi ; mais pourquoi ceſſez-vous de reſpecter une perſonne dont vous avez fait tant de fois l'éloge en ma préſence, & dont vous avez reconnu le premier l'extrême mérite ? J'ai eu lieu de connoître la délicateſſe de ſon ame ; je me ſuis attaché à elle : je ne m'en repens point ; ainſi ſon honneur doit m'être cher. — Son honneur ? Parbleu ! il ne t'a pas coûté un ſol à toi, cet honneur là; tu ne fais pas ce qu'il vaut. Quoi, le vaisseau de ta philosophie a fait naufrage contre ce faste apparent de vertu!...

Jezennemours voulut se retirer, car il ne pouvoit endurer patiemment de pareilles apostrophes : Monval le retint malgré lui. — Oh! tu ne t'en iras pas, mon pauvre Jezennemours, si je te laissois aller, tu serois ma foi trop brocardé là-bas ; car on t'y attend pour le dénouement d'une bonne scene, & je veux avant t'apprendre à la supporter : il te faudra rire comme les autres de ta bonne crédulité. Chaque comédie a son cinquieme acte, & la fin de celle-ci approche. Tu as, par ma foi, joué le rôle de Candide à merveille ; mais fais-tu ce qui te reste à faire présentement! c'est de plaisanter comme un fou de ton erreur, d'abjurer ta mélancolique sagesse, qui ne te sauve point des filles d'opéra, & de revenir déformais vivre à nos côtés dans le costume joyeux de la folie. Je t'ai exilé assez long-tems, ton noviciat est fini ; te voilà initié dans nos charmantes erreurs. Ce que nous demandons de toi aujourd'hui, c'est que tu daignes enfin parler comme nous, ayant agi de même ; que tu perdes ces belles idées rafinées qui ne conviennent point à la nature de l'homme, pêtri heureusement pour les voluptés terrestres. Tu as mis le doigt au feu, pourquoi vouloir en hypocrite cacher la brûlure ? Pourquoi nommer avec emphase ces grands mots d'honneur & de vertu, dont tu te plais à encenser tout seul ta déesse, au risqne de nous faire mourir de rire ? Eh ! tu as beau me regarder ; il y a long-tems pour la premiere fois qu'après avoir enchanté tout Paris de sa danse, enlevée à prix d'or à vingt rivaux, elle a fait dans mon lit l'essai... Monsieur, Monsieur, doucement, prononça avec agitation Jezennemours, extraordinairement troublé, j'ai donné lieu à vos discours, je le sais ; mais fort de mon aveu, vous outrez les choses. Comment osez-vous calomnier ?... Doucement vous-même, Monsieur Jezennemours, sachez que c'est la médisance que j'aime, & non la calomnie : mais il faut vous éclairer malgré vous, vous mettre le flambeau sous le nez ; car du caractere dont vous êtes, vous seriez perpétuellement aveugle & dupe. Sachez, puisqu'il faut tout vous dire, que ce petit château que vous habitez avec cette femme si respectable & si vertueuse (qui t'a fait méprifer les autres femmes, par l'élévation de ses sentimens), n'est pas à elle, mais à moi ; que c'est enfin une de mes petites anciennes maisons de campagne du tems que j'étois un pauvre diable, n'ayant à manger par an que soixante mille livres, dont la modeste Florimonde me dépensoit moitié. Je vous ai envoyés ici tous deux, parce que j'aime à voir des tourterelles en cage, que vous rêvez tous deux de philosophie, tout en vous livrant comme d'autres au plaisir, & que d'ailleurs, t'aimant, je voulois te donner un peu le vernis de ce monde. Mais qui diable se seroit attendu que ta poétique imagination iroit innocemment transformer une fille d'opéra en une chaste divinité, & que tu te mettrois à deux genoux devant elle, ton *Platon* à la main, pour lui offrir respectueusement un grain d'encens?... Tu as fait son rôle, benêt ! c'étoit à elle à te prier, à se mettre à tes genoux.... Oui, tu as beau ouvrir de grands yeux étonnés, Florimonde n'est qu'une de mes maîtresses que je ramenerai demain à Paris avec moi, si bon me semble, ou que je laisserai périr de misere, si elle n'y consent pas. Mais je suis bon, je veux bien encore l'entretetenir pour tes menus plaisirs ; mais traite-la du moins comme elle doit être traitée : ne mets aucune différence entre des beautés également complaisantes à l'or & aux caresses. Abjure ce culte ridicule, & sur-tout de l'aisance dans le commerce de la vie. Si tu te souviens du jour où je te conduisis pour la premiere fois dans son appartement; si tu te rappelles le commencement de la comédie, ta timidité, tes respects, tes salutations profondes, ton caractere, les offres de service, tu avoueras que c'est là une bonne piece, & dont le principal héros est un être rare. On t'attend, viens la finir de bonne grace, & que le dernier acte soit sur-tout l'opposé du premier.

Jezennemours, pétrifié, immobile, fixoit des yeux égarés sur Monval, & lui disoit, la poitrine oppressée, & faisant des efforts pour parler.... Mais ce que vous me dites est-il vrai, Monsieur ? Pousseriez-vous jusques-là le mensonge & l'imposture ? — Oh ! il est juste de prouver son dire, repartit vivement Monval : tiens, lis. Et il tira de son porte-feuille une lettre de Florimonde ; elle étoit datée du second jour où Jezennemours étoit venu demeurer avec elle : elle avoit été écrite dans un moment où elle ne le connoissoit pas encore , où elle étoit obligée de condescendre à un caprice de fermier-général. Elle avoit pris un style tout opposé à sa maniere naturelle , parce que son état lui imposoit cette contrainte ; & ce n'étoit pas la moins rigoureuse. Elle s'étoit bien repentie ensuite d'avoir pu envoyer cette lettre , mais elle étoit malheureusement lâchée. Voici dans quels termes cette lettre fatale étoit conçue :

« Mon cher Monval , comme vous êtes
» impatient ! Vous me demandez déjà des
» nouvelles de votre philosophe ; c'est donc
» un animal qui vous est bien cher ? Cette
» espece-là cependant n'est pas fort rare.
» Comme vous m'avez confié sa conversion ,
» vous me croyez sans doute propre aux
» grands miracles. Il faudra bien de l'adresse ;
» car il est farouche , & son ame abonde en
» sentimens stoïques & bizarres ; mais où ne
» pénetre pas la volupté ? Elle régit l'atôme
» philosophique ; quelque froid qu'il puisse
» être , je l'animerai , s'il n'est pas tout-à-fait

» pierre, & vous le rendrai tel que vous le
» defirez. Il me croit une duchesse pour le
» moins, & quelquefois il m'impatiente à force
» de réserves respectueuses ; mais il faut jouer
» mon rôle. Que ne fait-on pas à la campagne
» pour se distraire ? Cela m'amusera pendant
» l'ennui horrible que j'épouve de ne point vous
» voir ; vous n'arriverez pas de si-tôt, tout
» seroit gâté ; vous ne pourriez long-tems
» contraindre votre langue ; laissez-nous le
» tems de nous reconnoître.

» Votre obéissante & fidelle amie,
» FLORIMONDE.

Jezennemours jette la lettre par terre, leve les mains au ciel, pousse un long soupir, son œil s'enflamme & s'éteint ; puis tout-à-coup regardant Monval avec indignation, il dit avec une fureur concentrée : Si je ne respectois en vous l'homme qui m'a sauvé la vie ; si la voix qui défend la colere la plus juste ne me retenoit, j'aurois cent poignards que je les enfoncerois tous dans votre cœur ; mais le mien que vous avez déchiré sans pitié, tout trahi qu'il est, demeurera pur dans son infortune, & sera loin de se permettre la vengeance. Je me contenterai de fuir un corrupteur, qui, pour m'engager dans une vie licencieuse, s'est plus à me précipiter dans les bras d'une femme qu'il a souillée... Voilà comme il traite un ami ! voilà comme il le joue, comme il abuse de son peu de défiance ! voilà le résultat de cet amour pour l'humanité !.... Ah ! montrez-vous à front découvert, Monsieur ; reprenez vos odieux bienfaits, s'ils sont à ce prix. Faites-moi sentir que j'ai été dans votre dépendance ; que je suis votre esclave, & vous serez moins féroce & moins cruel... Notre financier se mit à claquer des mains, en criant de toutes ses forces : Oh, que c'est bien rendu ! quel acteur ! quel acteur !... Mais quel dommage, je suis seul ! Attends, attends de grace un moment, & je reviens tout de suite avec un auditoire... C'est de l'or, Messieurs ; c'est de l'or tout pur que ce bon Jezennemours.

CHAPITRE LXVIII.

JEZENNEMOURS n'attendit point les rifées de la compagnie ; il fe fentoit trop ému, trop difpofé à la fureur pour endurer paifiblement cette fcene ; il prit le parti de fuir ; & cette réfolution courageufe fut le premier mouvement de fon ame, & le feul qu'il écouta. Il ne lui étoit plus permis d'envifager ceux qui avoient pouffé jufques-là le mépris des mœurs, & l'outrage fait à fa confiance. Le piege qui lui fut tendu fous les apparences de l'amitié, le faifoit rougir de honte & d'indignation. Il méprifoit plus Monval que Florimonde, qu'il plaignoit, mais qu'il ne devoit plus revoir.

Il précipita fes pas à travers les bois ; & après une courfe auffi longue que fatigante, il s'arrêta dans la cabane d'un garde-chaffe, qui par hafard le reconnut, ayant été plufieurs fois au château, où il apportoit & vendoit du gibier.

C'eft de lui qu'il apprit que Monval avoit effectivement demeuré autrefois dans cette maison de campagne ; mais que depuis quelques années elle avoit fréquemment changée de locataires : que depuis long-tems elle n'avoit pas été habitée par une personne aussi tranquille, aussi réservée que Florimonde. Le garde-chasse disoit tout ce qu'il savoit, tout ce qu'il avoit entendu dire, & Jezennemours l'écoutoit dans le plus profond silence. Il en découvrit assez pour gémir & pour reconnoitre qu'il avoit trop sacrifié à un objet qui n'avoit pas toujours été difficile sur le choix de ses adorateurs.

Ce garde-chasse, de propos en propos, ne tarda point à se plaindre de son état, en vantant l'heureux sort de ceux qui n'étoient pas obligés de courir les landes & les bruyeres, dans l'espoir incertain de tuer un malheureux lievre pour en garnir son pot. Il fit l'éloge de cette vie aisée & brillante qu'on menoit chez Monval, où tout le monde, disoit-il, est cousu d'or & n'a rien à faire. Jezennemours, à ces mots, jeta les yeux sur son habit, & rougit à l'aspect du galon ; il se souvint de quelles mains il le tenoit ; il appliqua à son genre de vie oisif les paroles du garde-chaffe. Vous êtes donc infortuné ici, lui dit Jezennemours. Oui, Monfieur, répondit l'autre, j'ai eu le bonheur d'habiter jadis cette capitale que je regrette tous les jours d'avoir quittée. Ce n'eft point là un défert comme ce malheureux pays, on y voit des hommes, on y trouve des reffources ; mais ici aucune, aucune. Tel que vous me voyez, je ferois peut-être un gros feigneur aujourd'hui, fi j'euffe été plus long-tems laquais d'un certain contrôleur des finances ; mais ils s'en alloient fi vite ! Je commençois déjà à favoir affez bien écrire pour être le fecretaire de fon valet-de-chambre, je ferois parvenu infailliblement ; mais une miférable fantaifie amoureufe a renverfé ma fortune, je devins fou d'une petite payfanne de ce pays. Ah, malheureux jour que celui où je l'ai vue ! la tête me tourna entiérement ; car j'eus l'audace de l'époufer en fecret, parce que tous ces riches ne veulent point que leurs gens fe marient. Ils prévoient fans doute que le mariage ne peut qu'opérer la ruine d'un honnête homme, ou plutôt ils ne veulent point de mariage chez eux, parce qu'ils exigent qu'on foit prêt à partir pour leur fervice à toute heure de jour & de nuit.

Ma faute fut bientôt divulguée, je ne pouvois pas long-tems la déguifer : ma propre paffion me trahit, & je fus chaffé avec plus de diligence que fi j'euffe été un voleur. Je vins me cacher avec ma femme au lieu même où je l'avois prife, toujours le cœur brûlé de mon maudit amour, & oubliant que les careffes les plus vives & les tranfports les plus paffionnés ne font pas venir une bouchée de pain à la maifon. Je croyois alors en vérité que je vivrois d'amour, & que je n'aurois befoin dans le monde que des careffes de ma femme. Ma femme étoit groffe, & je n'avois pas en propre un linge pour envelopper l'enfant qui devoit venir au monde. Oh la cruelle & la dangereufe chofe que l'amour, me fuis-je dit depuis ! Je fis pitié au canton : on me fit garde-chaffe, on me logea dans cette forêt avec deux fufils & une gibeciere. Pauvre & miférable métier. Je cours tous le jours pour conferver la vie du gibier qui m'eft confié, & ce n'eft qu'en tremblant que je me hafarde à rapporter quel-

quelquefois au logis une feule piece pour ne pas mourir de faim. Ma femme & mon enfant ont langui fous mes yeux pendant quatre années ; la mifere, après les avoir minés , les a enterrés l'un après l'autre. Un peu plus robufte , j'ai furvécu ; mais je ne tarderai pas à gagner le gîte où ils repofent. Non, Monfieur, pourfuivoit-il d'un ton plus animé, je ne fuis pas né pour vivre au milieu des bois. Mon deftin , fi l'amour ne fût venu le traverfer, étoit d'être financier, & je le ferois infailliblement devenu , car j'avois une difpofition merveilleufe pour les calculs , & j'avois imaginé *deux ou trois fortes d'impôts*, dont depuis on m'a volé l'idée. Je veux encore tenter la fortune rebelle, & troquer mon fufil contre une plume : accordez-moi chez vous une place de commiffionnaire, vous, l'ami d'un fermier-général ! Que je porte feulement la hotte des facs d'argent ; que je la fente fur mon dos, & je ferai content : je préférerai cet emploi à la vie que je mene dans ce défert. Je fuis né pour demeurer dans les palais d'un financier. Là , du moins, je verrai rouler de l'or & de l'argent, cela fatisfait toujours la vue ; & duffé-je n'avoir pas un fol de tous les facs qui entreront ou fortiront ; je verrai du moins des gens riches, au lieu que dans ce pays un louis d'or eft une piece invifible.

Mon ami, reprit Jezennemours, qui dans toute autre circonftance eût fouri de ce propos, je ne fuis point financier ; je n'ai point l'idée ni le defir de le devenir ; je n'ai point d'ami en Monval, & certainement jamais je ne chargerai votre dos de l'heureufe pefanteur qui vous réjouiroit. Cet habit que vous voyez & que vous admirez à caufe du galon, cet habit même m'eft odieux, importun, & je veux m'en défaire fur-le-champ. Donnez moi ce vêtement modefte, fous lequel je prétends déformais me cacher dans la foule ; prenez cette livrée du luxe, je vous l'abandonne fans regret.

Le garde-chaffe ne pouvoit croire ce qu'il entendoit ; il dit, il fit mille extravagances, regardant ce don comme le préfage d'une fortune qui ne s'étoit éloignée que pour revenir plus promptement à lui. Jezennemours foupiroit, tandis que le garde-chaffe fe livrant à la joie, fe promettoit un avenir charmant dans son délire. Il accepta l'échange ; & t'aillant une mauvaise plume, il se remit à essayer d'écrire, comme s'il eût déjà été assis dans un bureau & commis dans quelque caisse.

Après avoir endossé l'habillement du gardechasse avec une satisfaction tranquille, Jezennemours prit la plume, écrivit une lettre, & chargea l'homme travesti de la porter à son adresse. Il lui dit en le quittant : vous vous trouvez malheureux dans cette paisible solitude, parce que vous y souffrez des besoins peut-être faciles à appaiser avec quelque travail. Allez donc chercher un autre état, où vous puissiez rassasier votre envie : vous reviendrez peut-être un jour demander pardon à cette chaumiere de l'avoir abandonnée ; il est des tourmens plus cruels que ceux qu'enfante le besoin. Vous direz à celle à qui cette lettre est adressée (& votre habit lui parlera éloquemment) qu'elle ne me reverra jamais ; mais que pour derniere priere je la supplie de prendre soin de vous.

Cet homme regardoit partir notre sage avec des yeux tout étonnés, & ne comprenoit rien à ce langage. Il disoit tout bas : mais il a perdu l'esprit ! Me donner un habit galonné pour un gros habit de drap jaune ! il a perdu l'esprit !

Il alla toujours courant s'acquitter de sa commiffion ; il lui fembloit voir la fortune qui s'avançoit au-devant de lui, & c'étoit de toutes fes forces qu'il couroit après elle ; tandis que Jezennemours de fon côté, ferme & décidé, s'éloignoit du pays où il avoit apperçu fon ombre. Il n'avoit alors d'autres projets en tête que celui de fuir Monval & Florimonde: il foutint une marche pénible avec un extrême courage ; & n'obéiffant qu'aux befoins les plus indifpenfables, il ménageoit quelque argent qui s'étoit heureufement trouvé fur lui lorfqu'il partit. Tous les autres dons de Monval, dons empoifonnés à fes yeux, ils les abandonna fans regret, & les laiffa chez Florimonde. Plus il s'éloignoit de cette maifon fatale, plus il fe fentoit foulagé ; on eût dit qu'à mefure qu'il avançoit, il refpiroit un air plus pur. Enfin, las & fatigué d'une marche fuivie pendant plufieurs jours, il prit le parti de s'arrêter dans la premiere bourgade, & d'offrir au premier homme qu'il rencontreroit, ce qu'il fauroit faire, pour prix de fon logement & de fa nourriture.

CHAPITRE XLIX.

A peine Jezennemours étoit-il entré dans cette bourgade, qu'un spectacle bien nouveau frappa sa vue; on tiroit la milice. De quel côté qu'il arrêtât ses yeux, il vit des meres désolées & fondantes en larmes, qui serroient dans leurs bras leurs enfans, comme s'ils étoient déjà morts, & qui maudissoient la guerre. Il vit des vieillards en cheveux blancs, embrassant leurs neveux, en disant, je ne te reverrai plus. Jezennemours, qui avoit lu l'histoire des Lacédémoniens, des Grecs & des Romains, s'étonnoit de voir tant de larmes couler, au moment où il s'agissoit d'endosser l'habit de soldat; mais il ne s'étonna plus, lorsque la réflexion lui dit que ce sentiment étoit naturel, parce que ces malheureux, arrachés à leurs chaumieres, marchoient forcément pour cinq sols, devant affronter la mort sans gloire, & sans en être plus estimés de leurs concitoyens; tous les honneurs étant réservés à quelques chefs qui, assurément, ne paioient pas plus de leurs perfonnes ; la gazette devant célébrer leurs moindres cicatrices, mais paffer fous filence le plus héroïque trépas d'un pauvre fantaffin.

Un *recruteur* s'approchant de Jezennemours, & le toifant des yeux, lui repréfenta quel étoit l'honneur de fervir le roi, & lui fit les plus belles offres. Libre de choifir le genre de fervice, reprit Jezennemours, vous me permettrez d'en effayer plufieurs avant celui que vous me propofez. Je pourrai être utile fans l'être autant que vous ; mais la patrie ne demande que ce qu'elle peut obtenir volontairement.

Le foir, comme il fe repofoit dans une auberge des fatigues de fa marche, un bon humain vint lui dire à l'oreille qu'une confpiration étoit formée contre fa liberté, & que l'on concertoit de l'enrôler de force, ou bien qu'on le dénonceroit comme un *fuyard*, & que, comme tel on le conduiroit en prifon jufqu'à ce qu'il acceptât de bonne grace la cocarde & le fufil. Avez-vous, ajouta l'homme généreux, avez-vous un paffeport figné? Non, reprit Jezennemours, je ne crois pas en avoir besoin ; je n'ai jamais songé à me munir d'un papier avant que de me mettre en route : ce n'est point le passeport qui me fera marcher.... Eh bien, reprit l'autre, vous serez en faute sans être coupable. Si l'on vient vous visiter, vous subirez la prison. Echappez vous, croyez-moi ; car étant jeune, grand & bien fait, on voudra à toute force vous faire signer la vente de votre liberté & de votre vie, afin de vous apprendre à tirer six coups dans une minute.

Jezennemours embrassa l'honnête homme qui lui donnoit ce sage conseil. Il s'échappa pendant la nuit ; il ne fit qu'un saut de plusieurs lieues ; il courut par mille sentiers qu'il ne connoissoit point, & ne laissa pas que de faire un chemin considérable, rêvant toujours à quel emploi il pourroit se livrer pour gagner un pain dont il étoit prêt à manquer.

CHAPITRE L.

Il étoit fur les frontieres de la Franche-Comté ; & réfléchiffant qu'en France il y avoit des Jéfuites, des financiers, des filles d'opéra, des enrôleurs, il paffa en peu de tems fur le territoire des Suiffes : il s'affit au pied d'un chêne, fur le fol même de la liberté ; & refpirant un air qui fembloit dilater fa poitrine, il fe dit à lui-même qu'il n'avoit plus à craindre la rufe ou la violence. Rompu de laffitude, il s'abandonna infenfiblement au fommeil. Ce feroit là, fans doute, le moment de lui faire faire quelque beau rêve ; mais il n'en a jamais été fait mention par lui, ni par ceux qui l'ont connu, & tout hiftorien doit fe piquer à cet égard d'une fidélité fcrupuleufe.

Notre fugitif tenoit dans fa bourfe le dernier écu qu'il poffédoit ; il n'avoit ni protecteurs, ni amis, ni parens, & ne favoit quel métier exercer. Avant de s'endormir, il s'étoit décidé à travailler à la terre, comme étant l'exercice qui ne demandoit que des bras, & l'emploi le plus facile à trouver. Là, je serai du moins loin d'un traître outrageant ma crédulité, disoit-il ; & tandis que mes mains fertiliseront les champs, rien n'empêchera ma pensée de planer vers les cieux, & de méditer sur ces grands spectacles que j'aurai incessamment sous les yeux. Je préfere cette vie laborieuse, agissante, que l'on exerce à la face du ciel, à cette vie oisive & triste que l'on consume dans un cabinet : je ne veux plus dépendre d'un homme, mais de mon travail.

Il s'étoit couché sur les racines de l'arbre dont l'ombre couvroit sa tête : il ne laissoit pas cependant de dormir de meilleur cœur que tel riche financier criant de la goute, & rencontrant l'insomnie sur le plus pur édredon.

Un vieillard jouissant encore d'une heureuse santé, avoit sa maison à quelques pas de là. Selon sa coutume, il se promenoit chaque jour, & ne manquoit pas de visiter ses arbres, dont il aimoit à comtempler le feuillage toujours d'un verd plus doux à ses regards. Il passa aux pieds de Jezennemours ; & s'étant arrêté à le considérer dans son sommeil, il fut frappé de trouver des traits aussi nobles, auſſi intéreſſans, ſous de ruſtiques habits ; il cherchoit à deviner qui ce pouvoit être, & ſa jeuneſſe ne faiſoit qu'augmenter l'intérêt de ſa curioſité. Tel eſt l'heureux caractere d'un homme âgé & ſenſible : tout ce qui eſt jeune lui rappelle ſes enfans, il les voit dans tout ce qui a quelque rapport ſoit avec leur âge, ſoit avec leurs traits. Ce vieillard portoit un cœur tel que Dieu le donna aux hommes avant qu'ils ſe corrompiſſent ; il avoit toujours chéri cette volupté de l'ame qui naît de la bienfaiſance. Sa vie offroit un modele d'héroïſme, de patience & de douceur : brave citoyen lorſqu'il fallut défendre la patrie, fidele ami, pere tendre, homme toujours égal, il ne falloit que conſidérer les nobles traits de ſon viſage pour deviner la foule des grands ſentimens que receloit ſon ame. A ſon premier abord on s'écrioit involontairement, quel air bon & vénérable ! Il s'éloigna un peu, ayant remarqué que celui qu'il obſervoit, alloit s'éveiller ; mais un ſentiment inconnu & qu'il ne put dompter, le retint à quelques pas, d'où, ſans être vu, il pouvoit appercevoir à travers le feuillage celui qu'il aimoit déjà à contempler.

CHAPITRE LI.

JEZENNEMOURS, en ouvrant les yeux, fe rappella fa fituation ; il pouffa un profond foupir, regarda autour de lui & fe leva avec précipitation ; il fit quelques pas, & s'arrêtant, fe mit à admirer tout ce qui l'environnoit. Cette nature fi fraîche, fi brillante & fi pure renouvella fur fon ame fon impreffion accoutumée. Tout un peuple d'oifeaux uniffoient leur ramage pour frapper les airs de leurs chants mélodieux. Le beaume des fleurs, tel qu'un encens fuave & léger, répandu dans l'athmofphere, montoit vers le ciel, comme un tribut que lui envoyoit la terre.

Les fens captivés par la jouiffance paifible de ces beaux lieux, Jezennemours oublia pour un inftant fes peines ; il entra dans une méditation douce & mélancolique ; mais comme l'air de la campagne donne de l'appétit, furtout aux voyageurs, cette fenfation, non moins vive que toute autre, vint fe joindre à toutes celles auxquelles il étoit en proie. Il porta la main fur fa bourfe, il la trouva fi mince, qu'il ne pouvoit plus fe promettre raifonnablement que de manger trois ou quatre fois. C'eft alors que, reportant la vue fur ces plaines cultivées & couvertes de riches moiffons, il s'écria à demi-voix : Eh ! quel droit ai-je à tous ces biens ? qu'ai-je fait jufqu'ici pour mériter de partager les fruits du laborieux cultivateur ? Quoi ! tandis qu'ils travaillent à la fueur de leurs corps pour fournir aux befoins de la fociété, je perdois le tems à converfer avec des Monval, je m'endormois honteufement dans les bras de Florimonde ! Je n'ai été jufqu'ici qu'un fardeau inutile fur cette terre qui follicite les travaux de chaque homme, & qui n'attend que fa main pour donner le fignal de fa fécondité. Quoi ! d'un côté les maîtres des empires, affis fur le timon de leurs royaumes, veillent avec une activité fatigante à affurer le repos, le bonheur & la gloire des nations qui ont placé cet immenfe dépôt entre leurs mains ! La claffe nombreufe des citoyens livrés à l'induftrie s'exerce en tout fens pour procurer aux divers membres de l'état les meubles, les habits, les alimens dont ils ont besoin! Et moi que fais-je? que répondrai-je au premier homme à qui je dois me présenter, lorsqu'il me demandera que sais-tu faire? Ah! si je suis sincere, je répondrai, rien, car tout mon savoir n'est qu'une science puérile; & cependant je verrai à ses côtés ses petits enfans travailler adroitement à marier le jonc, & faire sortir de leurs mains des choses d'autant plus précieuses qu'elles sont d'un usage journalier & nécessaire. Oui, un enfant me fera rougir avec mes connoissances vaines; & l'on m'épargnera encore, si, satisfait de me plaindre, le mépris ne me poursuit comme usurpateur de la substance publique.

Que ce premier pas cependant va te coûter, orgueilleux que tu es!... Demander du pain!... Eh! pourquoi ne le demanderois-je pas? c'est un échange que je ferai... y a-t-il de la honte à savoir vivre?... Mais si tu rencontres de ces cœurs durs, qui repoussent les bras de l'infortuné, qui se chicanent avec lui sur le plus modique salaire, ou qui appesantissent tellement le joug sur sa tête, qu'elle succombe sous le fardeau, que feras-tu, que deviendras-tu, à qui auras-tu recours?... A qui!... A toi, Pere de tous les hommes, & qui les vois tous d'un œil égal, toi vers qui j'éleve ma voix suppliante ! Je me trouve isolé sur la terre : ceux qui sont tes enfans sont mes freres, & ils vont peut-être me traiter en étranger ! Mais c'est à moi de vivre parmi ceux où ta providence a voulu me placer. Qu'ils soient injustes & féroces, ils n'auront jamais sur moi que l'empire que tu voudras leur donner. C'est donc à toi seul que j'appartiendrai sous l'apparence d'un joug servile & humiliant. Je ne dépendrai que de toi, parce que tu es le grand & seul maître, le monarque absolu de l'univers. Tandis qu'occupé d'un travail mercenaire, je louerai mes bras & vendrai les instans de ma vie ; mon cœur libre de l'esclavage n'écoutera que les sentimens dont tu daigneras le pénétrer. Je ne t'adresse aucune priere ; que pourrois-je te demander ? Tu sais mieux que moi ce qu'il me faut ; je crains de t'adresser des demandes indiscrettes ; je te crie seulement que je suis foible, & que j'ai besoin de toi. Quand je vois cette foule d'oiseaux trouver leur nourriture & remplir ensuite l'air de leurs cris d'alégresse, je marche avec confiance dans le sentier de la vie. Les plus grands maux viendroient m'accabler, que je te louerois encore, sûr de ne m'être point trompé. Celle en qui je croyois trouver tout le bonheur de ma vie, a disparu. Après ce coup affreux, auquel je dois me soumettre, je recevrai avec résignation tous ceux que ta main voudra m'infliger. Tu sais, grand Dieu! tu sais ce que tu dois faire de nous!

CHAPITRE LII.

C'EST ainsi que Jezennemours, rempli de la plus forte confiance, de la plus ferme résolution, se mit en devoir de gagner sa vie. Il cherchoit la premiere maison où il pourroit exercer son courage. A peine eut-il fait quelques pas, qu'il rencontra devant lui ce noble vieillard qui s'avançoit, lui tendant la main avec un air affable.... Jeune homme, dit-il, si aucune affaire pressée ne précipite vos pas, s'il vous est permis de vous arrêter, ne refusez pas mes offres ; ma maison est à trente pas d'ici, venez-y faire un séjour assez long pour que nous puissions nous connoître réciproquement. Je ne vous en dis pas davantage.... Monſieur, reprit Jezennemours, je veux travailler. Ces mains ſont faites pour les plus rudes travaux, & je n'accepte rien qu'aux prix de mes ſervices. D'ailleurs votre générofité m'eſt chere, auguſte vieillard... Je ne vous cache point, ajouta-t-il en ferrant cette main qui lui étoit offerte, je ne vous cache point que je ſuis ſans pain, ſans amis, ſans argent. Si vous ne m'euſſiez prévenu, j'allois me propoſer à vous, & vous offrir tout ce que je peux faire pour gagner ma ſubſiſtance. Il ſemble que Dieu ait daigné vous conduire ici, & vous parler en ma faveur... Sans doute, reprit le vieillard ; Dieu eſt toujours l'auteur de tout bien : je lui rends graces de cette rencontre ; mais puiſque vous vous livrez à moi avec tant de confiance, je puis vous dire que depuis une heure je ſuis le témoin de vos actions, & que j'ai entendu toutes vos paroles.... Eh bien ! dit Jezennemours, vous ſavez tout, me voilà tel que je ſuis ; je ne fais point rougir du malheur. Ne perdons pas de tems, dit le vieillard, mes pas ſont déjà aſſez tardifs, & l'appétit de la jeuneſſe, je m'en ſouviens, demande à être promp-

promptement satisfait ; nous en dirons davantage en déjeûnant ensemble.

Jezennemours arrive avec son hôte dans une maison un peu plus que bourgeoise; plusieurs corps-de-logis de forme gothique annonçoient qu'elle avoit été bâtie anciennement ; les édifices de ce tems portent un caractere de solidité qui prouve quelle étoit alors l'aisance des particuliers. Elle étoit située sur le penchant d'une colline richement cultivée. Tout, dans ce lieu, respiroit la simplicité & cette bonhommie précieuse dont nous avons fait si sagement un ridicule. Les domestiques portoient quelques traits réfléchis du caractere de leur maître. Notre voyageur n'eut pas besoin de se faire prier pour faire honneur à quelques mets, qui disparurent sous l'appétit dont il étoit pressé. Le maître du logis sembloit traiter un ancien ami qu'il n'avoit pas vu depuis long-tems, & l'on eût dit qu'il remplissoit les droits sacrés de l'hospitalité, si respectés chez les anciens, où ils sembloient une volupté plutôt qu'un devoir.

Je ne veux pas laisser ignorer plus long-tems au lecteur le nom & l'état d'un homme aussi rare dans notre siecle. Il se nommoit M. de

Part. II.   T

Chaterbaune : c'étoit un ancien officier François retiré du service. Il avoit suivi le parti des armes, parce que c'est le seul parti qu'embrasse ordinairement la noblesse françoise. Dans cet état il n'eut point à se reprocher d'avoir étouffé une seule fois le cri de la nature. Il soulagea tous les maux dont il fut témoin ; il arrêta tous les désordres qu'il fut en son pouvoir de réprimer ; il se fit craindre des ennemis, & en même tems il s'en fit aimer Enfin, il sut concilier ce qu'il devoit à ses sermens & à l'humanité.

Tel fut M. de Chaterbaune ; son corps s'étoit endurci aux fatigues des combats, & son ame vigoureuse avoit acquis une trempe plus forte encore. Il avoit suivi le théatre de la guerre dans tous les lieux où elle s'étoit établie : couvert de blessures, après avoir vu tous les régimens se renouveller, pour ainsi dire, autour de lui, il étoit arrivé à l'age de soixante-dix ans. Une petite croix & une petite pension, furent la récompense de ses longs & pénibles travaux. La croix lui fut donnée ; mais on ne lui paya point ses quártiers. Il sollicita long-tems ; & las de solliciter & d'aller de bureau en bureau, un placet à la main, expofer son infortune à des commis qui tiennent orgueilleusement une plume négative, il prit le parti d'aller se mettre à la table d'une vieille sœur qui lui restoit, riche héritiere de plusieurs époux qu'elle avoit enterrés. Cette sœur avare avoit été pendant toute sa vie fort habile à faire prospérer les biens qu'elle avoit reçus. Malgré l'amitié qu'elle disoit porter à son frere, & qu'il étoit impossible de lui refuser, elle vouloit ne lui rien donner qu'après sa mort : c'étoit là le moment qu'elle avoit marqué pour sa générosité, & elle vouloit qu'on lui en sût gré d'avance.

Sa mort survint quelque tems après l'arrivée de son frere. Comme elle ne laissa aucun enfant, il se trouva que le vieil officier devint tout-à-coup fort riche. Il fit voir qu'il étoit digne du bien qu'il possédoit, par le bon usage qu'il en fit. Ses revenus appartenoient aux indigens, & la justice distributive présidoit elle-même aux différens lots qui leur étoient partagés selon le degré de besoin qui les pressoit. Le fonds de ses biens demeuroit intact ; il le conservoit pour son fils, qui deviendra bientôt un personnage dans cette importante & véridique histoire.

CHAPITRE LIII.

JEZENNEMOURS, après avoir déjeûné, prit une bêche en main, & jura qu'il n'accepteroit pas d'autre emploi que celui qui confifteroit dans le travail des mains. Voilà des terres, difoit-il, qui demandent à être défrichées, & ce n'eft pas une plume qui leur convient. On voulut en vain le diffuader; il perfifta fermement à vouloir être jardinier-cultivateur, & ne voulut accepter la nourriture du logis qu'à cette condition, difant qu'il rougiffoit du tems qu'il avoit perdu à ne point exercer le métier qui appaifoit le plus les remords de fa vie paffée.

M. de Chaterbaune, qui avoit entendu fes paroles dans un moment où il ne croyoit pas être vu, ordonna qu'on le laiffât faire à fa volonté : il refpectoit fa façon de penfer; il ne vouloit pas contredire fa vertu. Jezennemours devint jardinier en peu de tems, & chaque jour au lever du l'aurore, felon le tems, il puifoit de l'eau, il béchoit, il plantoit, il greffoit, il remuoit tout le jardin, & paroiffoit orgueilleux lorfqu'il apportoit quelques falades ou quelques légumes que fes mains avoient fait croître & avoient arrofées.

Jezennemours, dans fes entretiens avec M. de Chaterbaune, lui raconta avec fon ingénuité ordinaire l'hiftoire de fon féjour chez Monval ; il ne lui déguifa point fon aventure avec Florimonde, & comme il avoit cru devoir s'échapper de cette infame maifon. Tout autre militaire auroit pu lui rire au nez ; mais M. de Chaterbaune l'en eftima davantage. Jezennemours avoit le bonheur de rencontrer dans fon hôte une ame droite & franche, naturellement portée à une vertu exacte fans être trop auftere. Jezennemours fympathifoit avec ce digne homme, & les journées ne lui paroiffoient plus que des momens ; il ne pouvoit croire à fon bonheur : il craignoit de le voir paffer comme un fonge.

Ah ! difoit-il en lui-même, fans l'image de Suzanne, je crois que je ferois parfaitement heureux ; mais elle fait mon fupplice, & je ferois encore plus infortuné fans ce fouvenir terrible & déchirant. Il n'ofoit prononcer ce nom trop haut, de peur de réveiller fa paffion affoupie il évitoit soigneusement tout ce qui pouvoit le conduire à un récit qu'il ne vouloit se faire qu'à lui-même. Tel est le caractere du véritable amour : il enferme dans le fond de son cœur l'image adorable qu'il voit sans cesse ; il n'ose trop raconter à autrui ses sentimens, parce qu'ils lui sont chers, & qu'il craint qu'on ne l'entende pas comme il s'entend lui-même.

Il tâchoit de se distraire par le nombre des occupations, qu'il remplissoit avec le plus grand zele. Son hôte, pour entrer dans ses vues, lui dictoit son travail ; car Jezennemours persistoit à dire qu'il n'étoit pas homme à s'engraisser honteusement sur le sol de cette maison dans l'oisiveté, & comme la volaille de la basse-cour.

Après avoir arrangé le jardin, il couroit dans les fermes voisines faire exécuter les ordres du vieillard, qui quelquefois l'accompagnoit. Il régloit les comptes, faisoit régner une balance égale ; & par une intelligence qui lui étoit propre, il excelloit dans l'art de gouverner les travaux champêtres ; & il auroit pu ajouter quelques articles à l'excellent livre intitulé : *la Maison rustique.*

Son heureux caractere lui avoit fait, dès le

premier abord, un intime ami dans la perſonne du fils de M. de Chaterbaune, jeune homme doué de ſenſibilité, & riche en vertus, qui avoit marché ſur les traces de ſon pere dans les dernieres guerres d'Allemagne, & qui s'étoit également diſtingué par ſa bravoure & par l'égalité de ſon ame douce & bienfaiſante.

Il n'héſita point à rendre Jezennemours le confident de ſes plus ſecrettes penſées. Je deſirois un ami, lui diſoit-il, & tout me dit en vous voyant, que vous êtes celui que je cherchois. Je ſuis uni depuis ſi mois à une épouſe que j'adore : je devrois être le plus fortuné des hommes ; mais un ſort malheureux eſt tombé ſur mon amour. J'ai eu en partage une femme digne des reſpects de l'univers ; mais elle n'a pas pour moi cette tendreſſe extrême que je lui porte. Elle ne m'a point trompé : lorſque je lui ai offert & mes vœux & ma main, elle m'a répondu avec cette ſincérité dont elle fait profeſſion : Monſieur, je vous eſtime ; vos vertus me ſont cheres ; je n'ai point pour vous cet amour qui ordonne l'union de deux cœurs ; un autre a ſu me l'inſpirer ; il eſt mort au moment où s'approchoit mon bonheur, & j'oſe dire le ſien ; au moment où des nœuds éternels alloient confommer une félicité qui nous étoit due. Je porte à fon ombre l'amour que j'avois pour lui ; j'aime mieux vivre avec fon image, que de monter fur le trône de l'univers ; je veux nourrir ma douleur, en me repréfentant fans ceffe l'époux que j'ai perdu.

Que de fois ces réponfes terribles ont ébranlé mon ame ! Que de fois j'ai détefté une vie qui m'étoit odieufe fans elle ! Combien j'ai langui dans les larmes, dans les tourmens de l'amour, moi qui ne tendois qu'à poffédér fon cœur ! Elle alloit me précipiter au tombeau par fes refus conftans ; je périffois, je mourois défefpéré, lorfqu'elle céda fa main aux inftances réitérées de mon pere, à qui elle devoit & l'honneur & la vie. Mon pere embraffa fes genoux, & la conjura au nom de fa vieilleffe & de fes cheveux blancs, de ne point faire le malheur de fon fils ; il lui repréfenta qu'une ombre n'exigeoit pas cet excès de fidélité. Elle fut vaincue par les larmes de ce vieillard, qui fe profterna à fes pieds ; elle le releva & confentit à m'époufer.

Elle n'affecta point des fentimens qui n'ont

pu entrer dans fon cœur ; elle n'eut pour moi que de l'eftime & de l'amitié, les feuls fentimens qu'elle m'avoit promis, les feuls qu'elle ait encore fentis pour moi.... Ah, combien de fois j'ai envié le fort de cette ombre, à qui elle envoyoit des foupirs étouffés dans les momens les plus impétueux de ma tendreffe ! Telle eft la fituation cruelle où je me trouve plongé. Je l'aime éperdument, tandis qu'elle ne remplace l'amour que par le fentiment de fes devoirs : elle a toutes les vertus ; mais il lui manque à mes yeux la plus grande de toutes, l'amour. Que dis-je ! cet amour eft dans fon cœur ; mais il brûle pour un autre, & ce n'eft pas moi qui ai touché cette ame profonde & fenfible.... Ah, que je fuis infortuné !... Je vois des yeux inceffamment baignés de larmes ; elle s'efforce de fourire en ma préfence, de calmer mes chagrins, de me montrer un vifage doux & ferein ; mais les mouvemens de fon cœur ne fauroient mentir : elle voit toujours en moi un ami, un époux, fi vous le voulez, & jamais un amant. Je ne puis l'accufer d'ingratitude ; je ne puis lui reprocher fon peu de reconnoiffance. Je ne puis en vouloir qu'au fort ; c'eft lui qui l'a attachée invinciblement à cette ombre qu'elle regrette. J'espere cependant que le tems étouffera des soupirs qui doivent s'exhaler. Tout espoir n'est pas éteint dans mon ame. J'aime trop pour n'être pas un jour aimé ; mais je la vois saisir toute occasion qui l'éloigne de mon lit ; autant elle aime à me voir pour me marquer d'une maniere touchante la plus sincere estime, autant elle me fuit dès que je lui parle de mon amour.

Une de nos parentes l'a invitée à venir se dissiper dans sa maison, située à quinze lieues d'ici ; mais voici quatre mois entiers que je l'attends ; elle ne revient point ; elle se plaît à goûter les douceurs d'une absence qui me fatigue & me dévore. J'ai voulu mille fois voler vers ces lieux : un sentiment contraire m'a toujours retenu. Attendons, ai-je dit, attendons qu'elle revienne d'elle-même. Ne gênons point sa volonté. Irai-je augmenter mes tourmens, en la voyant rougir à l'aspect d'un homme qu'elle semble vouloir fuir ! Laissons faire au tems ce que lui seul peut amener... Je l'attends toujours... je me consume d'ennui & d'impatience... elle ne revient pas!... En achevant ces mots, ce jeune homme s'appuyoit en soupirant sur l'épaule du confident de ses peines. Jezennemours qui, depuis qu'il étoit dans cette maison, se faisoit les plus violens efforts pour cacher le sentiment d'un amour qui faisoit secrétement son désespoir, étoit devenu sombre, rêveur; il écoutoit sans pouvoir interroger ni répondre. Tout son corps trembloit. Cet épanchement le pénétroit tout entier de diverses sensations à la fois douces & douloureuses. Il ne pouvoit plus soutenir une situation aussi extrême; il vouloit aussi de son côté soulager le poids qui l'étouffoit; il serroit déjà fortement les mains de son nouvel ami; & le regardant, quelques pleurs rares rouloient dans ses yeux, lorsque M. de Chaterbaune entra tout-à-coup.... De la joie, de la joie, mes chers enfans! Quand ma fille est absente, je permets qu'on soit un peu sombre; mais elle arrive: je viens vous l'annoncer, & il ne doit plus y avoir ici que de la gaieté.

CHAPITRE LIV.

Le tableau que le discours du vieillard occasionna, mériteroit d'autres pinceaux que les miens. Il est plus fait pour la toile que pour être tracé sur le papier. L'époux oubliant ses chagrins, vole au-devant de sa chere épouse pour l'embrasser. Jezennemours s'avance un peu derriere lui ; mais que devient-il lorsqu'il voit, lorsqu'il reconnoît sa Suzanne ! Jeter un cri, étendre les mains, se précipiter dans ses bras, s'abandonner, en pleurant sur son sein, aux termes les plus passionnés de la joie. Tous ces mouvemens furent si rapides, que les témoins eux-mêmes ne virent rien, & qu'ils demeurerent étonnés & immobiles. Qui peut rendre la situation du respectable M. de Chaterbaune, celle de son fils, qui tient encore ses bras ouverts & n'ose arrêter les yeux sur ceux de son pere, comme pour y lire ce qu'il ne peut encore y démêler ! Mais cette premiere chaleur s'étant dissipée, Suzanne remarquant le trouble de son époux, recula tout-à-coup d'entre les bras de Jezennemours ; & les regardant l'un & l'autre, ciel ! s'écria-t-elle, lequel des deux est mon époux ? Et vous, mon pere, quand vous avez sollicité ma foiblesse en faveur de votre fils, que vous avez exigé ma main pour payer vos bienfaits ; quand je vous fis en pleurs le récit de mes malheurs ; quand je cédai à vos prieres pour ne point vous précipiter dans la tombe, ne m'avez-vous certifié le trépas du seul homme que j'aime, que pour me le montrer vivant lorsqu'il n'est plus tems !... Pourquoi votre funeste vertu a-t-elle parlé à un cœur qu'a égaré la reconnoissance, & que ne suis-je dans le tombeau où vous m'avez assuré qu'étoit descendu celui dont l'image m'a coûté tant de combats & de remords !.... C'en est fait !.... Elle se cacha le visage, & s'élança pâle & désespérée, sans qu'aucun d'eux eût la force de la retenir.

Quoi ! dit enfin son époux à Jezennemours, après qu'il eut repris ses sens, quoi ! feriez-vous le mortel fortuné qu'elle aime & qui a obtenu le premier soupir de son cœur ? Etes-vous le rival que j'enviois, tout mort que je le croyois ?... Ah ! c'est vous, c'est vous ; je n'en puis douter.

En faut-il davantage ! vous avez tous les droits pour me défespérer.

Non, reprit Jezennemours, d'une voix baſſe & les yeux baiſſés ; non, je ne ſuis pas fait pour porter le déſeſpoir dans votre cœur. C'eſt le mien qui eſt percé de tous ſes traits..... Allez, je ſaurai ſouffrir tous les tourmens qui me ſont deſtinés ; il leur appartient ſans doute de terminer ma vie. J'étois préparé contre la mort, je ne le ſuis point contre ce nouveau coup du deſtin. Qui dois-je accuſer du revers qui m'accable ? Quelle eſt cette puiſſance terrible, inconnue, qui ſe joue de nos vœux, de nos deſirs, de notre bonheur !.... N'avois-je donc pas aſſez ſouffert en perdant une fois Suzanne, ſans la voir encore pour la perdre une ſeconde fois ! Je la croyois au tombeau ; elle vit, & c'eſt pour un autre que pour moi ! Mon cœur a beau entendre le ſien qui m'appelle ; je ſens trop qu'elle n'exiſte plus pour moi ! Eh bien, qu'elle vive, qu'elle ſoit heureuſe, s'il lui eſt poſſible : je bénis encore le ciel de la voir échappée du tombeau ; qu'elle ſoit à un autre, & qu'elle puiſſe m'oublier, ſi mon ſouvenir trouble un inſtant ſa félicité !... Et vous, vieillard auffi bon que généreux, ne craignez rien de l'excès de ma flamme ; je ne vous laifferai pas repentir de m'avoir donné un afyle ; je n'irai point contre les loix de fa fociété, & contre les ordres terribles de l'irrévocable deftinée; j'étoufferai mon cœur, s'il le faut.... Vous donc, qui portez le titre facré d'époux, titre qui m'étoit dû, mais que le ciel m'a ôté; vous qui m'avez appellé votre ami, allez, je faurai l'être encore!... Commandez à votre ame, j'ordonnerai à la mienne.... Prêtez-vous à mes defleins.... Quelques jours encore, & nous ferons peut-être tous trois moins infortunés.

CHAPITRE LV.

Suzanne s'étoit fauvée avec précipitation dans la chambre voifine. Elle n'avoit pu foutenir l'afpect de Jezennemours, qu'elle s'accufoit, hélas ! d'avoir cruellement trahi. Sa préfence feule lui avoit tenu lieu des plus terribles reproches. Eh ! l'on fe pardonne tout ; mais l'on ne fe pardonne point d'avoir fait fon propre malheur. Elle avoit agi contre elle-même, contre lui ; elle avoit offenfé l'amour, & fon propre cœur l'accufoit bien plus que n'auroit pu faire Jezennemours lui-même. Tous deux également furpris, étoient loin de s'informer quelle chaîne d'aventures les avoit ramenés l'un devant l'autre ; & ce n'eft qu'après plufieurs fcenes muettes, qu'ils en vinrent à cet éclairciffement.

M. de Chaterbaune commandoit une avantgarde dans ce petit bois où Jezennemours avoit rencontré ces funeftes brigands. En fe retirant, ils entraînoient leur proie avec quelque butin fait précédemment ; ils ne comptoient pas Suzanne pour la moindre de leur capture. Ces tigres féroces étoient réfolus de la tirer au fort dès le foir même. Tout-à-coup ils fe virent entourés par un parti plus nombreux que le leur ; après une affez vive réfiftance, ils furent tous mis en pieces. Suzanne fut trouvée fur le champ de bataille, évanouie & mourante, à côté d'un huffard maffacré. On s'évanouiroit à moins, je penfe ; & fi le lecteur eft las de rencontrer dans tous les romans tant d'évanouiffemens, où chaque perfonnage femble fe donner le mot pour défaillir à son tour, je ne puis, dans ce moment, passer sous silence un fait vrai, pour le plus grand plaisir des lecteurs. Il n'a qu'à se supposer dans une aussi terrible circonstance, & décider ensuite si cela pouvoit être autrement.

On la croyoit morte ; & si sa taille avantageuse & la beauté de ses traits n'eussent excité le plus vif desir de la voir r'ouvrir les yeux à la lumiere, on l'eût sans doute abandonnée avec les autres cadavres dont la terre étoit jonchée : tant les graces de la figure ne sont jamais inutiles, & vous servent dans toutes les occasions !

Sortie d'un péril aussi grand, la malheureuse Suzanne seroit retombée dans un autre non moins grave ; mais ses liberateurs étoient des François ; leur capitaine avoit autant d'humanité que de courage : autrement il eût mieux valu pour elle rester morte sur la place.

Elle se vit traitée avec tous les égards dus à son sexe, avant même qu'elle apprit comment elle étoit passée en d'autres mains. Sa destinée étoit si bisarre, qu'elle lui ôtoit jusqu'à la liberté d'y réfléchir. Elle ouvroit des yeux étonnés, & sembloit surprise de se voir encore au monde. Ce bon officier lui parla avec la tendreſſe d'un pere, la raſſura, la confola, fit entrer par degrés le calme dans fon cœur. Lorſqu'elle eut appris le danger auquel elle venoit d'échapper, fon ame fe dilata ; elle rendit graces au Seigneur de lui avoir confervé plus que la vie ; mais bientôt la réflexion fur fon fort porta un jour affreux & redoutable fur l'étendue de fon infortune. Elle redemanda Jezennemours ; elle l'appella ; elle fe livra aux tranfports les plus vifs du défefpoir & de la douleur. Où eſt-il, difoit-elle, où eſt-il ? Vous n'avez rien fait en me fauvant la vie ! il faut me rendre mon amant ; il étoit avec moi : fauvez-le ! J'aime mieux le trépas que de jouir de la lumiere, s'il doit en être privé ! On s'empreſſoit autour d'elle, on recevoit tous les indices ; mais loin de pouvoir dire de quel côté il falloit tourner fes pas, l'infortunée ignoroit elle-même où elle étoit, & d'où elle venoit

CHAPITRE LVI.

LA générosité de ses libérateurs ne put s'épuiser qu'en souhaits inutiles ; le cours de la guerre ne se dérange point à la voix d'une tendre amante. Bientôt il fallut suivre une route toute opposée à ses desirs. Le fils de M. de Chaterbaune apportoit à son pere l'ordre de se retirer ; l'armée battue se reploit. C'étoit une de ces retraites où l'on ne recule que de cent lieues. Suzanne fut obligée de suivre le chef de ses libérateurs : tantôt elle étoit forcée de monter à cheval , tantôt elle étoit couchée sur une litiere. De vieux militaires n'étoient pas contens de retourner en arriere ; ils regrettoient tant de succès rendus inutiles par la faute d'un moment. Ils ne pouvoient se lasser de gémir, en voyant de si vastes expéditions totalement perdues, & la bravoure rendue inutile.

Son fils, au premier abord, fut tout étonné de voir une femme en larmes suivre son pere à travers le tumulte & le bruit d'un camp. Il n'osoit demander qui elle étoit ; mais il fut frappé vivement; il ne l'avoit encore regardée qu'une fois, & il en étoit éperdument amoureux; il crut quelque tems ne fuivre que l'éxemple d'humanité que fon pere lui donnoit, & il agiffoit déjà en amant paffionné.

Suzanne, au milieu des bagages d'une armée en déroute, ne laiffa pas que d'être un objet d'attention; on veilla fur elle avec des foins refpectueux: elle intéreffoit par fa douceur tous ceux qui l'environnoient; & je ne fais quelle mélancolie noble attiroit l'hommage du foldat: mais le fils de M. de Chaterbaune, plus empreffé que les autres officiers, fembloit écarter ceux qui auroient voulu entrer dans la confidence de fes peines.

Elle avoit raconté fuccinctement fes aventures; & comme le ton de la vérité, ce ton que l'on n'imite pas, y refpiroit avec cette naïveté qui faifit, M. de Chaterbaune s'étoit décidé à lui fervir de pere, & la conduire d'abord en France, enfuite en Suiffe chez fa parente, dès que l'occafion feroit favorable.

CHAPITRE LVII.

Monsieur de Chaterbaune avoit beaucoup d'ennemis, non pas de ceux à qui il livroit des combats journaliers avec tant de courage & de fuccès; mais de ces envieux qui ne font pas rares à trouver parmi les gens de guerre, & dans un métier où la multitude des emplois, le nombre les lauriers fembleroient ne devoir laiffer aucune prife à cette baffe paffion. Il eft vrai qu'on l'avoit entendu fouvent dire librement fon avis fur des certaines manœuvres qui l'avoient révolté. Comme ces manœuvres attaquoient directement la fûreté de la patrie, en bon citoyen il n'avoit pas fu fe taire, parce que l'intérêt étoit trop grand, & que des fautes de cette efpece ouvroient le cœur du royaume au fer de l'étranger. Il avoit ce dédain auftere que l'on conçoit pour des hommes qui, pouvant éviter la perte d'une bataille, ne le font parce qu'ils font courtifans avant que d'être citoyens. Il s'étoit expliqué là-deffus avec la franchife & la liberté que lui donnoient fa profeffion, fon âge & l'expérience. Ses envieux ne furent pas plutôt inftruits de fes propos, qu'ils drefferent l'attaque qui devoit le perdre. M. de Chaterbaune, ami de la vérité & de l'honneur, ne fut point nier ce qu'il avoit avancé ; il fut affez heureux d'en être quitte pour être réformé. Son fils, outré de cette injuftice, offrit fa démiffion, & fuivit fon pere fur le fol où il alloit chercher la tranquillité & le repos. Ne pouvant plus verfer fon fang, il ne ceffa point de gémir fur les malheurs de la patrie qu'il aimoit tendrement.

Un optimifte qui réfléchit fur tout, voudra trouver dans le fil de chaque événement la marche d'une deftinée inévitable. Il ne manquera pas d'avancer qu'il étoit abfolu & néceffaire que ces deux Suiffes allaffent combattre, pour des intérêts inconnus, dans un pays étranger ; il fondra fon argument invincible fur la délivrance de Suzanne, qui ne pouvoit s'opérer que par leurs mains généreufes, délivrance à laquelle étoit attachée la rencontre de Jézennémours ; & procédant ainfi, il prouvera, ou croira prouver, que ce que nous nommons accident, ne font que les liens qui entraînent les plus heureux événemens de la vie humaine ; que ce mélange inconnu de biens & de maux eft compofé d'un tiffu indeftructible ; & que dans ce fyftême le plaifir & la douleur fe touchent, quoique féparés : mais moi qui ne veux que raconter, je laifferai qui voudra defcendre dans cet abyme, où ma pauvre tête tourne & fe perd. Elle n'eft point faite pour fonder de telles profondeurs, & je me bornerai à narrer la fuite de ces aventures.

Suzanne, conduite dans la maifon d'un homme auffi bienfaifant, & qui lui fervoit de pere, fans lui faire fentir le poids du bienfait, ne pouvoit regarder d'un œil défavorable le fils de celui à qui elle devoit tout, la vie & l'honneur. Je fuis prefque fûr même que le lecteur, à moins qu'il ne foit de race antique, & d'une vertu outrée dans fes principes, lui auroit, pour ainfi dire, pardonné, fi j'euffe annoncé qu'elle avoit conçu pour le fils de fon bienfaiteur cette efpece de reconnoiffance qui n'eft point l'amour, mais qui difpofe à l'amour. Jeune, aimable, obligeant, attentif à toute heure, ne laiffant rien defirer, fachant tout prévenir, refpectueux & paffionné, il falloit être Suzanne pour le refufer en qualité d'époux. Comment donc le devint-il ? Comment fut-il vaincre la ferme résolution qu'elle avoit prife de demeurer fidelle à l'ombre de Jezennemours ? Car elle le regardoit comme n'étant plus ; elle le pleuroit dans le filence des nuits & parmi la joie des plus agréables fêtes. On le faura avec un peu de patience ; on verra que la trifte Suzanne, en lui cédant fa main, n'obéit qu'à la reconnoiffance, dont la voix eft fi puiffante fur les cœurs bien nés ; on verra que ces refus n'étoient pas des grimaces affectées, & combien elle verfa de larmes ameres avant de céder involontairement aux prieres ardentes d'une famille vertueufe & réunie.

Défefpérée aujourd'hui d'avoir pu engager fa foi à tout autre qu'à Jezennemours, elle avouoit ouvertement fa faute, qu'elle appelloit un crime. Que dis-je ! elle ofoit s'en accufer devant fon époux ; elle oublioit les fermens facrés de l'hymen, pour ne fe fouvenir que de ceux de l'amour. C'eft dans ces momens de trouble, de douleur & d'effroi, où parloit éloquemment toute la tendreffe d'une amante défolée, que Jezennemours eut befoin de fe faire une nouvelle ame pour combattre à la fois & son cœur & Suzanne. Il étouffoit ses soupirs, il commandoit à ses regards, il remportoit sur lui-même une victoire cruelle, il fuyoit dans la solitude ; là, il se disoit ce que la raison raconte en vain à la douleur ; là, sa blessure devenoit plus profonde & s'irritoit par les soins même qu'il prenoit pour la fermer.

CHAPITRE LVIII.

UN jour ce brave vieillard le surprit accablé dans un morne silence, & la tête douloureusement appuyée sur un vieux chêne.... Mon enfant, lui dit-il, en le retirant de cette attitude, & s'appuyant sur son épaule, mon enfant, tes peines sont les miennes ; je croyois, au défaut du bonheur, pouvoir du moins t'apporter le repos ; mais puisqu'une main invisible s'attache à le repousser loin de toi, puisqu'il ne t'est donné que de combattre au milieu des passions si rarement soumises à nos efforts, que faire, mon triste ami, que faire, sinon de triompher ? La victoire n'est plus incertaine dès qu'on s'eſt fait une habitude conſtante d'armer toutes les forces dont on eſt capable. Je ne le vois que trop, l'homme n'eſt placé ſur la terre que pour y ſoutenir une lutte éternelle, opiniâtre; on a ſans ceſſe à repouſſer un ennemi inviſible, qui prend toutes les formes poſſibles pour nous dompter. Heureux celui qui, dans le fond de ſon cœur, peut s'avouer à lui-même la ſatisfaction du triomphe! Plus l'effort a été grand, plus il s'eſt ſenti élevé au-deſſus de lui-même, & plus il a agrandi ſon être à ſes propres yeux! Je ſais trop combien ce courage ſtoïque eſt pénible, & ſur-tout dans l'âge où le cœur eſt conſumé du beſoin d'être aimé. Mon ami, j'ai ſouffert, ainſi que toi, les tourmens d'un amour malheureux. Que dis-je! j'ai été cent fois plus à plaindre. J'avois une épouſe que j'adorois, elle fut parjure à ma tendreſſe; elle m'embraſſoit, & c'étoit pour me trahir! Ses perfides careſſes voiloient la duplicité de ſon cœur; il ſembloit être à moi, il étoit à un autre; entraînée par un ſéducteur, elle n'a point rougi de fuir un homme qui, plongé dans une ſécurité douce, l'aimoit ſincérement, & vouloit l'aimer toujours. Pour mieux enfoncer le glaive dans mon sein, elle emmena avec elle un jeune enfant, premier fruit de mon amour, & que je me propofois d'éléver moi-même. Quelles délices ne me promettois-je pas dans cette éducation dont j'avois formé le plan avec la joie la plus intérieure & la plus vive que j'aie éprouvé de ma vie ! Elle étoit déjà dans cet âge où l'efprit d'une fille, ordinairement prématurée, diftingue autour d'elle les objets, & rend fa naïveté plus touchante. C'eft dans cet âge aimable qu'elle me fut ravie. O Dieu ! quel coup j'ai reçu ! C'eft une mere, & elle n'a pas fongé au cœur d'un pere ! Elle devoit cependant le connoître ! Heureux encore de ce qu'elle m'a laiffé du moins ce fils qui a été mon unique confolation, ce fils qui fe trouve votre rival & qui eft votre ami ! Je ne lui ai jamais parlé de fa mere que pour la repréfenter au tombeau ; & fuyant tout entretien à ce fujet, j'ai toujours renfermé avec foin ma honte, mes regrets & mes foupirs.... Mais, venez, ajouta-t-il, je veux vous montrer ce que j'ai dérobé à tout l'univers ; c'eft dans un cœur infortuné comme le vôtre, que je veux répandre mes gémiffemens ; ils feront du moins entendus, & nous goûterons peut-être quelque volupté à pleurer enfemble.

Après ces mots, il prit Jezennemours par la main; & regagnant la maifon, il le conduifit vers une petite porte cachée derriere la tapifferie de fa chambre à coucher. Entrez ici, dit il, vous voyez le cabinet & le feul lieu où je puis pleurer en liberté. Regardez ce portrait, il femble qu'il me parle encore ; ce font là ces yeux qui ne doivent s'attacher que fur moi ; c'eft là cette bouche qui m'avoit juré l'amour.... Cette image parfaitement reffemblante me frappe chaque fois que je la contemple; c'eft elle.... & loin de lui reprocher fon infidélité, je l'appelle chaque jour, j'étends mes bras vers elle, je lui redemande une fille ; & baiffant bientôt mes regards, je frémis pour toutes deux.... Grand Dieu! s'écria le bon vieillard, aurois-tu permis que loin de moi elle expiât fa faute par le malheur? Aurois-tu permis que ma fille tombât dans les horreurs de la mifere, ou, ce qui eft plus cruel encore, dans les bras de l'infamie?... Ah, la mort m'a épargné mal-à-propos, tandis que je bravois fes coups avec indifférence!

Jezennemours, qui déjà ne l'écoutoit plus,

se trouvoit dans une situation extrême. Que vois-je ? s'écria-t-il involontairement ; en croirai-je mes yeux ?... c'est Florimonde ; c'est elle-même !... Ah ! Monsieur, que ces traits ont ébranlé mon ame ! voilà la plus frappante image de celle qui... Il avoit prononcé ces mots dans un premier transport, sans songer de quel terrible coup il frappoit ce pere sensible : il demeura quelque tems saisi & sans pouvoir parler; mais rassemblant ses idées, & fixant tout-à-coup Jezennemours, il lut dans ses yeux ce qu'il vouloit savoir; il l'interrogea sans qu'il fut possible à l'autre de se défendre, & sur l'âge de Florimonde, & sur certains détails ; & ayant reçu des éclaircissemens qui sembloient jeter quelque lueur dans la nuit épaisse dont il étoit environné, le vieillard continua avec une émotion mêlée de crainte, de volupté & de douleur... Mon cher ami ! le ciel a peut-être encore des vues sur moi ; il a guidé ici tes pas pour diminuer le poids de mes miseres. Ton ame est bienfaisante, elle aura pitié de la lenteur de mon âge, qui m'ôte l'heureux pouvoir de me transporter où je voudrois ; j'attends de toi le plus grand des services : il ne faut, pour me le rendre, que te prêter à un defir curieux ; il eſt peut-être mal fondé, mais il me domine à un point que je ne puis exprimer. Je vais feindre aujourd'hui de vouloir me rendre demain avec toi dans une de mes fermes ; & au lieu d'y aller, tu me conduiras chez Florimonde; il faut que je voie cette fille, il faut que je la voie. Il feroit inutile de vouloir m'en détourner ; un preſſentiment confus.... tout ce que tu pourrois faire, ne m'empêcheroit point d'aller la reconnoître, feul ou avec toi. Je pars : que j'embraſſé une ombre, une illuſion, elle m'eſt trop chere pour réſiſter même à fon fantôme. Si je mourois avant que de l'avoir vue, je ne mourois pas content. Que ma paupiere fe ferme l'inſtant après que je l'aurai embraſſée : détrompé ou non, j'aurai fatisfait le feul defir qui m'agite encore. Hâtons-nous, hâtons-nous, les heures s'échappent ; une minute de retard me coûteroit peut-être trop cher !

Jezennemours ne pouvoit imaginer comment un vieillard de cet âge fe réfolvoit fi promptement à un pareil voyage & fur des indices auſſi foibles. Il allégua la fatigue, l'éloignement ; mais il fentit qu'il ne pouvoit réſiſter plus long-tems à la volonté de son bienfaiteur ; il ne suivoit plus que l'idée qui étoit venue le flatter .Jezennemours fut tenté un moment d'employer les prieres du fils pour arrêter le pere ; mais songeant que ce seroit trahir la confiance d'un homme qui lui avoit demandé le secret, il s'arrêta.

CHAPITRE LIX.

Suzanne n'osoit demander à M. de Chaterbaune la cause de l'agitation répandue sur son visage, & le but de ce départ précipité, qui lui sembloit avoir quelque chose d'extraordinaire. Ce vénérable vieillard, domptant les mouvemens de son cœur, fut, pour la premiere fois de sa vie, leur en imposer, parce qu'il le falloit. Ils s'embrasserent tous en pleurant, prêts à se quitter, sans pouvoir prononcer un seul mot. Le desir d'arriver leur fit supporter des fatigues dont se plaignent de robustes jeunes gens. Ils avoient feint un voyage de trois semaines, pour arranger, disoient-ils, plusieurs affaires difficultueuses, & porter remede à certains objets qui tomboient en ruine. Suzanne & son époux s'apperçurent aifément qu'on leur cachoit quelque chofe ; mais refpectant les fecrets d'un pere, ils n'oferent aller plus loin.

M. de Chaterbaune ne fongeoit plus à fon âge, & les voitures les plus promptes étoient toujours préférées, malgré leur incommodité. Pendant la route, il ne parloit que de cette reffemblance ; il remercioit Jezennemours de cette lueur d'efpérance, de cette lueur fortunée qu'il lui avoit offerte ; il embraffoit avec tranfport le fantôme confolateur qui charmoit fon imagination ; il regrettoit jufqu'aux momens de repos qu'exigeoient la laffitude & la nuit.

Au bout de plufieurs jours de voyage, Jezennemours apperçut enfin dans le lointain cette maifon de campagne qui lui étoit fi bien connue ; il la montra en foupirant à M. de Chaterbaune : voilà des lieux, dit-il, où je ne ferois jamais retourné fans vous, & ce n'eft que dans ce moment qu'il m'eft permis de vous dire enfin combien j'ai obéi à regret ; mais vous l'avez voulu : foyez fatisfait, nous y fommes. Pas encore, répondit l'impatient vieillard, j'ai bravé la mort avec intrépidité ; mais je crains qu'elle ne vienne à me furprendre dans

ce

ce moment. O mon cher Jezennemours ! il me semble en sentir les approches, & le trépas me devint affreux, si je ne revois avant l'objet que j'aime. Grand Dieu ! tu sais pourquoi je demande à vivre, frappe sur moi tous les autres coups, mais épargne-moi celui-là.

Un tremblement subit & extraordinaire agitoit tout son corps. Jezennemours trembloit aussi, lorsqu'arrivés à la porte de la maison, on leur dit que Monval avoit ramené Florimonde à Paris depuis un mois, & que cette maison avoit passé en d'autres mains. Sans souffrir aucun délai, aucun repos, il fallut continuer la route. Jezennemours souffroit à chaque lieue, il souffroit pour ce bon vieillard qui domptoit l'âge & sa foiblesse, & croyoit ne pouvoir jamais arriver assez tôt.

A quels secrets mouvemens étoit-il lui-même en proie de son côté ! Il alloit se retrouver dans une maison où son front devoit rougir ; il alloit reporter la vue sur ces hommes corrupteurs & corrompus, pour lesquels ils se sentoit une si forte antipathie. De quel œil les aborder ? comment se contenir en leur présence ? quel maintien devoit-il conserver, en donnant le bras à M. de Chaterbaune ?

Partie II. X

CHAPITRE LX.

Lorsqu'ils furent arrivés, les valets attroupés à la porte fourioient l'un à l'autre, en se disant : *Oui, c'est lui ; c'est ce beau sage, qui a délogé un beau matin sans tambour ni trompette.* Jezennemours s'informa de Florimonde; & comme on lui dit qu'elle occupoit un appartement chez Monval, il s'y fit conduire sur-le-champ. On annonça un vieil officier conduit par un jeune homme ; ils furent introduits.

Avant de peindre la scene suivante, je dirai que Florimonde, tout en rougissant d'une vie licencieuse pour laquelle elle n'étoit pas née, n'avoit pas eu la force de s'en détacher. Personne ne se présentoit plus pour l'aider à sortir de cet abyme où le prestige du plaisir étourdit & cache les moyens d'en sortir. Jezennemours étoit le seul homme qui lui eût parlé avec des sentimens, & Jezennemours étoit disparu. Seule, elle s'étoit retrouvée aussi foible qu'auparavant ; la séduction d'une vie aisée la retenoit dans les pieges tissus pour elle au sortir de l'enfance ; elle foupiroit, elle pleuroit en fecret, elle regrettoit Jezennemours; elle fe trouvoit vile devant lui; elle s'accufoit elle-même, mais fans pouvoir maîtrifer l'afcendant de ce luxe qui l'environnoit. Ceux qui ont connu le charme impérieux qui l'accompagne, feront plus difpofés à la plaindre qu'à la méprifer : la vertu qui a toujours vécu dans l'ombre & dans la médiocrité, pourra déployer un jufte courroux; il fera légitime, mais il fe fentira de l'ignorance où fe trouve quelquefois la vertu. Il eft fi difficile de renoncer à l'habitude des befoins fatisfaits, lorfqu'on a bu dans la coupe des voluptés!

Florimonde venoit de fe lever. Quelle fcene plus frappante! Jezennemours, qui paroît tout-à-coup devant elle! Elle recule de furprife; mais ce n'étoit point lui qui étoit le perfonnage le plus intéreffant; ce vénérable vieillard qui refte debout, immobile devant elle, qui la fixe, qui tient les bras ouverts, qui garde un filence foiblement interrompu par les fanglots qui s'accumulent dans fa bouche : elle eft toute à ce vieillard, elle cherche à reconnoître dans fes traits quelques traits connus; elle s'inquiette, fe trouble, n'ofe envifager ce front qu'environnent des cheveux blancs ; elle pâlit des mouvemens de son visage, lorsque tout-à-coup elle entend des accens si familiers & si chers à l'oreille de son enfance, prononcés lamentablement, Cécile, Cécile ! méconnois-tu ton pere ? Elle ne fit qu'un cri en se précipitant aux genoux tremblans du vieillard qu'elle vient de reconnoître. A peine a-t-il la force de porter ses mains sur les épaules de sa fille ; ses jambes fléchissent, on lui pousse un siege, il s'y laisse tomber ; mais c'étoit, hélas ! pour ne s'en relever jamais. Oui, il expiroit, les yeux tournés sur sa fille ; il ne put que lui serrer foiblement la main. Jezennemours appelle des secours, tandis que Florimonde hors d'elle-même crioit à son pere, pardonnez, pardonnez-moi ; tandis que frappée elle-même des tourmens de la mort en voyant mourir ce vieillard, elle faisoit succéder les cris les plus aigus du désespoir au silence le plus effrayant du remords & de la douleur. Douleur inutile, impuissant secours, le vieillard accablé sentoit les foibles ressorts de sa vie se rompre sous l'excès du sentiment qui avoit saisi son ame ; il n'avoit plus qu'un soufle à exhaler, & ce soufle murmuroit d'une voix paternelle, Cécile, ma chere Cécile !

Monval, averti de l'arrivée imprévue de Jezennemours, entra tout-à-coup avec son visage acoutumé. Quel spectacle ! ce vieillard aux cheveux blanchis agonisant dans un fauteuil, attachant son dernier regard sur Florimonde qui, prosternée à ses pieds, paroissoit mourir aussi. Monval entend celle qu'il s'est plu à plonger dans la séduction la plus dangereuse, il l'entend crier d'une voix étouffée, mon pere, mon pere ! il la voit presser de sa bouche ses joues pâles & ses mains froides qui commençoient à se roidir dans les siennes. Jezennemours, immobile contemplateur de cette terrible scene, comme environné de la foudre d'un dieu vengeur, se voiloit le visage ; mais il s'enflamma d'un noble courroux à la vue de Monval : avancez, avancez, lui cria-t-il d'un ton de voix élevé, venez jouir d'un moment que vous avez préparé ; voyez le visage de ce malheureux pere ; là sont tracées la honte & la douleur dont il expire, il meurt plus chagrin de retrouver sa fille entre les mains d'un homme tel que vous, que s'il avoit dû ne la revoir jamais. Barbare ! osez continuer vos projets infames, osez l'arracher d'auprès de ce corps glacé, pour la porter au milieu de ses plaisirs criminels, parmi lesquels vous vous flattez d'étourdir vos remords. Ils se font jour dans votre cœur malgré vous, ils vous accusent, ils vous reprochent votre conduite passée. Monval, Monval ! il est dans ce moment plus d'une voix qui s'élevent contre toi, contre ces faux principes que tu as adoptés aveuglément; & ce n'est pas là le premier pere dans le sein duquel tu as porté l'amertume & la mort ! Malheur à toi, malheur à qui comme toi a mené une vie coupable, à cherché ses plaisirs dans la perte de l'innocence, a séduit la vertu ! Il n'a fait que troubler la société & déchirer des cœurs paisibles qui se confioient dans la sagesse qu'ils avoient inspirée à leurs enfans. Tel est le fruit du mépris des plus saintes loix. Je les ai blessées moi-même; mais c'est vous qui avez ourdi le piege où je suis tombé. Si les remords me poursuivent aujourd'hui, jugez de ceux qui vous sont destinés !

CHAPITRE LXI.

En achevant ces mots, Jezennemours tourna le dos à Monval, qui avoit la tête baissée, & qui ne répondoit rien ; il n'osoit ni contempler ce spectacle, ni le fuir. Jezennemours prit les deux mains de Florimonde, anéantie aux pieds du vieillard, dans une douleur morne & stupide ; & la soulevant un peu : fille infortunée & tendre du meilleur de tous les peres, pardonnez, dit-il, pardonnez, si je vous ai condamnée complice de celui qui vous a séduite ; vous n'êtes, hélas, que sa victime ! O Florimonde ! Florimonde ! réveillez-vous, réveillez-vous de cet assoupissement mortel ; & puisque je prends sur moi de vous consoler, abandonnez-vous à moi. Quand le tonnerre est tombé, il faut savoir se résoudre.

Florimonde ne répondit que par des sanglots ; on eut toutes les peines du monde à l'arracher d'auprès du corps de son pere. Elle accusoit le Ciel de lui avoir refusé la mort en même tems. Par intervalle elle l'appelloit à grands cris, & ne répondoit à personne.

Monval, malgré ses principes, son orgueil & son insensibilité, ne parut jamais si troublé; la pâleur de ce mort lui disoit, *tu mourras*; il lisoit sur ce visage immobile & glacé la liste de ses attentats; muet & concentré en lui-même, on l'eût dit pétrifié, tant son attitude étoit froide & gênée.

Jezennemours se mit en devoir d'enlever Florimonde de chez lui, & de faire transporter ailleurs le corps de son pere. Monval n'osa s'y refuser. Comme la maison se trouvoit située hors des barrieres de la ville, il fut aisé à Jezennemours de faire le transport dans une maison voisine qui se trouvoit à louer. Il prit soin des funérailles; il avoit déjà conclu avec un curé pour les frais du convoi & de l'enterrement, lorsque le bruit (on ne sait comment) se répandit que le mort étoit un protestant. Alors un commissaire jaloux, vint arrêter la cérémonie du premier, dressa un long procès-verbal, & emmena le corps: il devoit être enterré ailleurs. Jezennemours gémissoit de cette nouvelle scene, tous les hommes ayant un égal droit à la fosse commune; car ce n'est plus après la mort qu'ils signalent leurs folles & bruyantes disputes ; ils font paifibles dans la tombe , & les plus cruels ennemis dorment à côté l'un de l'autre. Ce repos ne feroit-il pas l'image de l'indifférence qu'ils confervent alors pour tout ce qui les a fi vivement agités pendant le rêve de la vie ? Mais il a plu à certains hommes de perfécuter encore leurs freres , les humains , lorfqu'ils ne font plus que cendre & pouffiere.

Jezennemours, occupé d'idées profondes & triftes, ne vit qu'en pitié ces miférables coutumes ; il s'occupa à calmer Florimonde, à détourner fa vue de ces momens affligeans où l'on femble entrer vivant dans le tombeau avec le cœur chéri qu'on y defcend. Il avoit befoin de fe livrer à toute fa douleur , & il étoit forcé de la déguifer ; il fe faifoit les plus cruels efforts pour s'impofer filence ; il penfoit bien mieux fervir ce digne pere, en ne quittant point fa fille , qu'en la délaiffant pour jeter fur fon cerceuil des cris fuperflus. Pleurez , difoit-il à Florimonde, pleurez ; loin de retenir vos larmes, je ne faurois qu'y mêler les miennes, c'eft un tribut qui doit avoir fon cours ; mais gardez-vous d'accufer le Ciel. Il vient de vous accorder le plus grand des bienfaits ; vous venez de retrouver un pere fur lequel vous ne comptiez plus. Vous avez eu le tems de rougir devant lui. Allez, il étoit bien fûr, en fes derniers momens, de ce qui fe paffoit dans votre cœur : je l'ai vu mourir content; c'eſt la joie qui l'a fuffoqué; & dans fes regards attendris, j'ai lu tout ce qu'il vouloit dire. Croyez - moi, il vous a vue comme fa fille ; il vous a bénite dans le fond de fon cœur ; fes mains vous ont cherchée : j'ai affez connu fa grande ame pour l'interprêter. Lorfqu'il vouloit vous retrouver, c'étoit moins pour vous reprocher votre infortune, que pour vous confoler en vous ouvrant fon fein paternel. Il fait que c'eſt la féduction qui vous a dérobée à votre mere dans l'âge de l'innocence ; il fait que vos remords ont toujours accompagné l'oublie de vos devoirs : mais fi le cœur eſt foible, quand il eſt né honnête, il a toujours des droits à la vertu.

CHAPITRE LXII.

A quelques jours de là, Jezennemours lui fit un récit de tout ce qui s'étoit paſſé entre lui & M. de Chaterbaune ; comment ſa Suzanne ſe trouvoit mariée à ſon frere. Il ſe décida à partir ſur-le champ pour aller la retrouver. Florimonde, troublée de tant d'événemens raſſemblés au même inſtant, n'étoit plus à elle-même. Livrée à ſon accablement, à peine pouvoit-elle proférer quelques mots. Elle ſe laiſſa conduire où l'on voulut. Ce ne fut guere qu'au milieu de la route qu'elle reprit ſes eſprits ; elle ſortit tout-à-coup comme d'une profonde léthargie. Jezennemours, Jezennemours ! où me conduiſez-vous ? où ſuis-je ? qu'eſt devenu mon pere ? Ciel ! ſe peut-il que je ne l'aie vu qu'un ſeul inſtant, & pour le perdre à jamais ! Ma vue l'aura fait mourir de douleur ; il aura déteſté ſa fille : & que vais-je faire déſormais, moi qui ai cauſé ſon trépas ? Irai-je montrer un front déshonoré à ſon fils, qui me repouſſera, & que je n'oſerai appeller mon frere ?

Il lira mon opprobre & ma honte : ma honte est écrite sur mon visage ; elle a glacé d'indignation le cœur d'un pere qui a toujours connu l'honneur ! Son fils m'écrasera du poids de son mépris, que j'ai trop mérité..... Non, je ne le ferai point rougir. Non : je ne verrai point ses larmes ; je n'entendrai point ses reproches. Cette mort fatale, imprévue, est un avertissement du ciel. Cette mort doit étendre sur le reste de mes jours le sombre & impénétrable voile de la retraite. Voyez-vous sur cette hauteur la croix de ce monastere isolé ? Entendez-vous le son lugubre de cette cloche ? Elle m'appelle ; elle dit à mon cœur : malheureuse ! fais pénitence, expie tes crimes passés. Je la reçois, cette invitation du ciel ; je ne la rejeterai point ; elle s'annonce en termes trop distincts : oui, c'est dans ce cloître que je veux entrer ; & c'est là, sous les grilles d'une clôture éternelle, que je veux me réconcilier avec le Ciel, & prendre un deuil qui ne finira qu'avec ma vie !

Jezennemours eut beau s'opposer à ce dessein précipité, alléguer les raisons que lui suggéroit la prudence, elles furent écoutées ; mais elles furent vaines. Il ne fut pas possible de lui faire prendre une autre route que celle du couvent qu'elle avoit devant les yeux ; elle y tendoit avec toutes les forces d'une ame livrée au repentir. Jezennemours lui expofoit inutilement que M. de Chaterbaune, le meilleur & le plus généreux des hommes, avoit tranfmis fon cœur à fon fils ; que ce fils, héritier de fes indulgentes vertus, la reverroit avec la plus grande joie. Elle perfifta dans le deffein d'enfevelir fes jours à l'ombre d'un cloître : elle lui jura que le monde déformais lui feroit infupportable ; qu'elle renonçoit à tout, pour fléchir la miféricorde divine. Ses prieres, fes larmes étoient fi vraies, & partoient d'un cœur fi pénétré ; fes gémiffemens étoient fi douloureux, que Jezennemours jugea qu'une plus longue réfiftance feroit une offenfe faite au Ciel & à elle-même ; il ne put que capituler, en lui faifant promettre de ne point prononcer fes vœux avant que d'avoir vu fon frere. Elle ne fut reçue qu'à titre de penfionnaire, & Jezennemours attendit du tems ces révolutions que lui feul amene ; mais le tems, comme on le verra dans la fuite, n'eut aucune prife fur ce cœur affermi & dévoué aux larmes de la pénitence.

Elle écrivit toutefois une lettre à fon frere, en chargea Jezennemours, & le força bientôt à de triftes adieux. Allez, dit-elle, après tant de coups, j'ai befoin de folitude ; j'ai befoin d'y interroger mon ame en préfence de Dieu : il récompenfe ; mais il punit. Malheureufe que je fuis ! je n'ai pas encore de droits à fa clémence !...... Croyez que le bonheur n'eft pas exilé de ces murailles ; la religion y regne : c'eft elle qui foutient & confole quand tout nous abandonne : le refte eft un vain fonge. Allez ; & fi l'amitié vous parle encore pour moi, ne vous fouvenez d'une infortunée que pour offrir au Ciel les prieres qu'elle attend de votre pitié !

CHAPITRE LXIII.

FLORIMONDE remit à Jezennemours fes diamans, fes bijoux, pour les donner fon frere, comme fait un mourant qui diftribue à fes parens & amis ce qu'il a de plus précieux. Elle ne retint qu'une mince dot pour demeurer dans le couvent, ou plutôt pour s'enfevelir dans une efpece de tombeau. Mais que devint Jezennemours, lorfque, feul dans la chaife, & n'ayant plus perfonne à confoler, il fe trouva abandonné à fes propres réflexions! Le torrent qu'il s'étoit efforcé de retenir, & qui chargeoit fon cœur, fe fit paffage avec violence. Il fe livra fans contrainte à fa douleur : la rencontre de ce digne vieillard, le mariage de fon amante avec fon fils, cette reconnoiffance touchante & cruelle, cette mort fubite & fatale, tout fit defcendre dans fon ame les plus douloureufes penfées. Comment foutiendra-t-il l'abord de deux époux qui, en le voyant revenir feul, s'écrieront enfemble & d'une même voix : où eft notre pere ? Que leur répondre ? Il étoit prefque décidé à les prévenir par une lettre à laquelle il auroit joint celle de Florimonde ; & leur témoignant fon défefpoir, leur adreffer un éternel adieu ; mais outre que cette conduite eût manifefté peu de confiance, d'amitié, de zele & d'attachement, trop de combats s'éleverent contre un deffein qui devoit le priver de revoir Suzanne. Après y avoir mûrement réfléchi, il fe garda bien de leur écrire ; c'eût été leur décocher le trait le plus terrible, fans être à portée d'adoucir leur bleffure. Les devoirs de l'amitié s'étendent plus loin ; c'eſt à ſa main ſecourable d'adoucir le coup qu'elle ne peut éviter de porter ; c'eſt à ces ménagemens délicats qu'eſt remis le ſoin d'épancher un baume conſolateur ſur une plaie récente. Il vint donc l'apporter lui-même, cette nouvelle fatale & inattendue.

A peine ſon œil découvre-t-il de loin la maiſon qu'il vient couvrir de deuil, que le jeune de Chaterbaune l'ayant apperçu de-deſſus la hauteur, monte à cheval & court au-devant de lui. Jezennemours deſcend avec précipitation de la voiture, & s'élance à pied au-devant de ſon ami, qui ſe jette à bas de ſon cheval, pour le recevoir & l'embraſſer, en lui diſant : ah, méchant que vous êtes ! de quel pays venez-vous donc ? Que de fâcheux momens vous nous avez cauſés ! Vous êtes recommandé à quinze lieues à la ronde ; & l'on va vous gronder, mais à la table & bien joyeuſement. Pourquoi ſuppoſer un voyage ſi court, & le faire ſi long ? pourquoi ne nous donner aucune nouvelle ? Il alloit prononcer le nom de ſon pere, il s'avançoit par inſtinct du côté de la voiture qui marchoit lentement, lorſque Jezennemours l'arrête, le ſerre

plus

plus étroitement dans ſes bras, & laiſſe couler dans ſon ſein des larmes qu'il ne peut plus retenir. Ami, s'écria-t-il d'une voix étouffée, épargne-moi dans ce moment, épargne-moi; ſois aſſez généreux pour ne me rien demander, ſois aſſez maître de toi-même pour te laiſſer conduire juſques dans cette maiſon, où tu ſauras tout..... Comme le malheur ſe précipite à la ſuite de quelques inſtans heureux! Souffre que je differe un aveu, prépare ton cœur à m'entendre; mais n'oublie pas que le Maître de nos deſtinées a ſu répandre dans ce que nous appellons malheur, des reſſources ineſpérées. Mais hélas! tu ne t'en ſouviendras qu'après avoir pleuré; pleurons, pleurons enſemble. Il le ſerra de nouveau entre ſes bras, laiſſant à ſon ſilence le ſoin de l'aveu qu'il reculoit. Le jeune homme ſe livra tout entier à ſes embraſſemens; mais ſaiſi, ne pouvant pleurer, tremblant & fixant ſon ami: mon pere eſt mort, prononça-t-il avec effroi! Grand Dieu! aurois-je le malheur de ne plus le revoir? Un autre que moi, a-t-il fermé ſes yeux? Ami, réponds, eſt-il dans ce carroſſe, dont la marche lente ne m'annonce rien que de ſiniſtre? Parle,

Partie II. Y

il doit y être, ou mourant, ou mort. Jezennemours, en détournant la tête & ne lui répondant rien, l'entraîna du côté de la maison. Suzanne les attendoit, elle vint au-devant d'eux ; on voyoit une joie involontaire animer ses traits à la vue de son cher Jezennemours, qu'elle ne comptoit plus de revoir, & cette joie étoit innocente comme le cœur où elle étoit conçue.

Il fallut enfin leur annoncer cette mort. Il le fit en leur préfentant la lettre de Florimonde ; car la douleur lui ôtoit l'usage de la parole. Florimonde traçoit dans cette lettre une courte histoire de sa vie ; elle racontoit comment, abandonnée dès l'enfance par une mere volage, elle s'étoit vue à sa mort isolée dans l'univers. Elle disoit comment elle étoit tombée dans les pieges de la séduction, & comme ayant reconnu son pere, au moment que le saisissement, trop funeste à son âge, alloit le priver de la vie, elle avoit conçu le désespoir & les remords d'une vie passée dans le désordre. Elle ne déguisoit point ses fautes dans cet écrit ; elle les exposoit avec le sentiment d'un cœur pénétré, qui s'effrayoit lui-même des désordres où il avoit été succeffivement conduit. Cette malheureufe Florimonde étoit en effet plus digne de pitié que de mépris. L'exemple toujours si puiffant, fa jeuneffe toujours fi à craindre, l'abfence d'un pere qui fe battoit en Allemagne, l'éclat du luxe, tout avoit fervi à l'egarer. Que de cœurs honnêtes, doux, fenfibles, & nés pour la vertu, font tombés dans de femblables pieges ! Elle auroit pu rentrer plus tôt dans le chemin de l'honneur, fi elle avoit eu le bonheur d'avoir auprès d'elle une feule perfonne ferme & vertueufe ; mais comment fe dérober à ces commodités de la vie, fur-tout dans un âge où les paffions ne cherchent qu'à s'enflammer? Une fois le premier pas fait, le fecond fuit ; & loin de pouvoir rompre une chaîne ignominieufe, tous les preftiges qui féduifent l'imagination, viennent la refferrer. Il fallut les regards expirans d'une pere qui rappelloit fa fille à lui, pour lui faire jeter les yeux fur elle-même, pour la porter d'une maniere brufque & foudaine hors de ce tourbillon cher & dangereux.

CHAPITRE LXIV.

Le jeune Chaterbaune, que fon pere avoit toujours contenu dans un filence abfolu au fujet de fa mere, rouvrit les yeux à la lecture de cette lettre, & comprit enfin la caufe de fes foupirs qu'il s'efforcoit vainement d'étouffer en fa préfence ; il ne lui avoit demandé qu'une fois ce que fa mere & fa fœur étoient devenues ; & ce pere, cet époux malheureux s'étoit fenti tellement ébranlé à cette queftion, qu'en répondant qu'elle étoit morte, il y avoit ajouté la défenfe de ne plus prononcer leurs noms.

La lettre de Florimonde l'inftruifit en un moment de l'hiftoire de plufieurs années ; il la relifoit à différentes reprifes, & avec une réflexion lente & pénible. Il demeura long-tems fans pouvoir parler ; & après un filence effrayant pour ceux qui l'environnoient, il s'écria : faut-il que j'aie à pleurer fur tant de malheurs réunis ! n'étoit-ce dont pas affez de la mort d'un pere, fans que la honte d'une mere & la perte d'une fœur vinffent m'accabler à-la-fois ! Non, je ne fuis point né pour refpirer librement, & pour connoître une feule fois le bonheur. L'efpérance qui nous flatte & nous trompe, m'a conduit jufqu'ici ; mais c'en eft fait, je ne fuis plus curieux d'avancer dans la vie. Oui, quand je regarde derriere moi, je perds le courage de pourfuivre : je n'ai plus peur du trépas, je commence à l'aimer, il perd devant moi toute fa terreur ; c'eft lui qui ouvre le féjour paifible de la tombe... Oh ! fi la paix réfide en effet dans un autre univers, que fais-je ici ? Que ne vais-je rejoindre ce pere adoré ? Alors je n'aurai plus de larmes à répandre ; alors mon cœur ne fera point percé de mille traits plus acérés les uns que les autres ; alors je n'aurai plus befoin de mes femblables, ainfi que des confolations de l'amitié... Mais pardonne, ami, mon malheur m'égare ; pardonne fi je répete encore ces cris infenfés que la douleur m'arrache & que tu fauras calmer... Quel eft donc mon deftin ! en eft-il un plus affreux ! J'ai perdu le meilleur des peres, je n'ai jamais joui des careffes de ma mere, ma fœur va cacher fa honte dans l'ombre d'un cloître ! Je n'ai qu'un ami, & je me trouve fon rival, & je perds tout sur la terre, pere, sœur, amante, épouse. Non, je n'ai plus rien, je ne sais où est ma place!.. Il s'échappa des bras de son ami qui vouloit le retenir, fuyant la présence de Suzanne, ses regards, se fuyant lui-même. En vain son épouse l'appelloit. Je n'ai plus rien au monde, s'écria-t-il ; je suis seul, je suis seul! Le voile est déchiré, & l'arrêt de ma cruelle destinée s'appesantit sur moi dans toute sa fatale étendue.

On n'eut garde de l'abandonner à son désespoir ; ces deux amis étoient liés par la sympathie la plus étroite ; & ses gémissemens, quoique durs, étoient encore ceux de la tendresse. Jezennemours avoit l'avantage d'une éloquence naturelle qui portoit la persuasion. L'autre, né plus mélancolique, sentoit plus vivement encore la douleur. Tantôt il s'abandonnoit à des transports impétueux, tantôt la voix calme de l'amitié venoit à se faire entendre ; & ces cœurs de feu, vaincus par leur propre agitation, se calmoient, & un silence touchant succédoit au langage désordonné qu'avoit enfanté le trouble de leur ame. Jezennemours, évitant tout entretien particulier avec Suzanne, formoit le projet de la fuir pour jamais ; projet terrible, facrifice douloureux, mais que les loix, la vertu, & le repos de fon ami lui impofoient également.

CHAPITRE LXV.

Le jeune Chaterbaune, de fon côté, annonçoit qu'il vouloit aller voir fa fœur, & preffoit Jezennemours de ne point abandonner fon époufe, parce qu'il lui feroit trop cruel de la laiffer feule, & que d'ailleurs le ciel les ayant réunis, ne leur commandoit pas une féparation auffi cruelle. Ces héroïques débats de l'amitié durerent plufieurs jours. Jezennemours évitoit Suzanne ; mais celle-ci ayant fuivi fes pas, l'arrêta, & le força de refter pour l'écouter. Elle avoit deviné qu'il m'éditoit fon départ ; & fûre de fon cœur, elle lui dit :

Un moment, un feul moment, Jezennemours ; c'eft Suzanne qui vous le demande ; croyez qu'elle mérite de vous cet effort, qu'elle a droit de l'efpérer, de l'attendre, peut-être même de l'exiger. Ah, pouvez-vous me laiffer dans l'état cruel où je languis ! car il eft inutile de déguiſer la vraie ſituation de mon ame : comment êtes-vous réſolu à m'abandonner ? Si je ne ſuis plus rien à vos yeux, s'il vous a été poſſible d'éteindre cet amour qui fit quelques momens votre félicité, daignez donc au moins m'apprendre ce funeſte ſecret ; effacez de ma mémoire le ſouvenir du tems & des lieux où je vous vis pour la premiere fois ; changez mon cœur, comme vous avez changé le vôtre, & pour lors nous n'aurons plus rien à nous reprocher ; car à quoi ſert que votre amour ſoit éteint, ſi le mien ſubſiſte encore, s'il ne peut mourir, s'il durera toujours, malgré le deſtin & malgré vous ? Vous me déteſteriez, que l'homme qui s'eſt fait nommer mon époux, n'en deviendroit pas plus cher à mon cœur. Il lui eſt impoſſible de prendre de nouveaux ſentimens ; ce cœur a reçu une premiere impreſſion à laquelle il demeurera fidele. Croyez-moi, Jezennemours, c'eſt une empreinte ineffaçable jamais, ſeulement en idée, je n'ai pu imaginer qu'elle pût ceſſer de l'être ; je regarde, j'interprete ce ſentiment intime comme la voix du ciel même, comme le nœud le plus ſacré... Arrêtez, s'écria Jezennemours. O Suzanne, Suzanne !

vous ne favez pas de quel trait vous vous fervez contre moi. Qui fuis-je aujourd'hui ? Un infortuné que la mort a épargné hier & qu'elle va frapper demain. L'inexorable deftinée vous a impofé d'autres devoirs, & Suzanne eft faite pour triompher de tout ; elle tient dans fes mains le bonheur d'un homme qui a le titre d'époux, c'eft à lui qu'eft due toute votre tendreffe. Seroit-il malheureux & par vous & par moi ? Et quel nom donner alors à celui qui, fous le nom d'ami, lui enfonceroit chaque jour un poignard dant le fein ? C'eft à moi à fuir, à dévorer mon cœur, à refpecter un lien qui ne doit point être altéré par la préfence d'un profane étranger....

Je fais quels font mes devoirs, reprit Suzanne, je fais ce qu'ils commandent, & je leur obéirai dans tous les tems. Quoique vous foyez le feul à qui mon cœur fe foit volontairement donné, quoique vos droits foient au-deffus de ce fatal contrat que je n'ai figné que d'après la certitude de votre mort, il eft actuellement des bornes que je ne puis franchir, & je mourois plutôt que de former l'idée de les violer. J'ai promis ; & quoique le ferment m'ait été arraché, il est sacré pour moi. J'embrasse mon malheur avec fermeté ; mais plus j'agis contre moi-même, & plus mon cœur se révolte. Non, il n'est pas en mon pouvoir d'en aimer un autre. Quel est donc cet ascendant qui l'emporte sur les loix humaines ? quel est-il ? pourquoi triomphe-t-il malgré nous ?... Eh ! qui me défendra de t'aimer, quand ma bouche te l'a juré ? qui peut me faire un crime d'un sentiment qui a toute la pureté de la tendresse & tout le feu d'un penchant éternel ? Qu'on me dise de mourir, mais non de connoître l'indifférence. Tu es celui que je me suis choisi, pour qui j'ai abandonné ma patrie & mon pere. Privée de toi, je regrettai le trépas dont je fus menacée ; je me sentois mourir, & c'étoit avec une langueur qui ne laissoit pas que d'avoir sa volupté ; je descendois au tombeau en songeant à toi, en dédaignant un triste & involontaire hymen ; & quand je te retrouve, quand le ciel te ramene à mes yeux, plus cruel que ne le fut le destin lui-même, plus livré aux remords que si tu étois coupable, te créant une fausse & barbare vertu, tu viens précipiter mes derniers momens & les rendre cent fois plus amers &

plus douloureux.... Tu veux t'éloigner de moi.... Tu pleures ! Ah, ces larmes pourroient-elles m'être offertes !.... Et à quelle autre, s'écria alors Jezennemours, trop ému pour pouvoir se contenir, à quelle autre les offrirois-je ! Quelle autre que vous peut enchaîner mes pas, m'ôter la force de fuir, & de remporter une victoire nécessaire ! Voyez l'empire que vous avez sur moi ; & si ce n'est pour vous, du moins tremblez pour moi-même.... Je n'ai jamais cessé de vous aimer depuis le premier instant que je vous ai vu, j'ai traîné une vie horrible loin de vos regards... Mais à quoi sert cet épanchement de nos cœurs ? En sondant nos blessures, nous ne faisons qu'en aigrir la douleur ; notre malheur est sans remede. Allez, suivez l'époux à qui le sort vous livre, & laissez-moi tout entier à la cruelle destinée qui me joue. La mienne est plus affreuse, reprit Suzanne, & c'est pour la supporter que j'ai cherché ces momens d'entretien ; il me falloit cet aveu pour ne pas succomber au désespoir; & pourquoi nous priver de la derniere consolation qui nous reste ? La vertu ordonne la victoire, mais n'interdit point le charme de l'amitié ; foyez toujours le confident de mes plus cheres penſées, demeurez près de moi, ne vous en écartez pas, aidez-moi à ſupporter ce lien qui me peſe ; ceſſez de me fuir, & livrons-nous au penchant innocent qui emporte nos deux ames l'une vers l'autre. Si ce penchant pouvoit nous rendre coupables, je ferois la premiere à dire, fuis-moi : mais je ſuis ſûre de la pureté de mon cœur ; on n'eſt criminel que quand on veut l'être ; je n'apperçois point le crime, il eſt trop loin de moi, je l'ai trop en horreur pour ne pas le reconnoître ; j'ai pour garant de ma fidélité ta vertu & peut-être la mienne.

Suzanne, reprit Jezennemours, que votre cœur eſt neuf dans la route des paſſions ! Que vous connoiſſez peu cette foibleſſe dangereuſe dont on eſt ſouvent la victime au moment où l'on penſoit la mépriſer ! Il faut ſavoir ſe craindre, ſi l'on veut apprendre à ſe connoître ; il ne faut point approcher du péril, ſi l'on veut l'éviter. Si je n'avois point fait la funeſte expérience de la fragilité du cœur de l'homme, je ferois auſſi crédule que vous, je m'abandonnerois à cette chimere flatteuſe, qui ſéduit les cœurs vertueux, trop reposés sur la confiance qu'ils ont d'eux-mêmes. Gardons-nous de vouloir braver un ennemi d'autant plus redoutable, qu'il a pour complice la confiance que nous avons de nos propres forces. Nous nous aimons trop pour ne rien redouter. Il est une sincérité coupable ; du moins si notre amour est malheureux, qu'il ne soit pas exposé à devenir criminel : préservons-nous de l'horreur de détester un jour le moment où nous nous sommes revus, de frémir, de rougir à nos yeux. Je n'ose vous dire combien vous m'êtes chere ; c'est en frémissant que je vous fais l'aveu d'un départ projeté dans le secret de mon ame, & auquel vous devez consentir. Nous nous aimerons toujours, mais nous vivrons séparés l'un de l'autre... J'ai trop différé ; gardez-vous, dans ce terrible adieux, d'armer contre moi l'accent de votre douleur... Non, je ne me sens point la force que vous avez ; épargnez une trop forte sécousse à ce cœur où vous régnez tyranniquement ; cachez-moi vos pleurs : je trahirois l'amante, l'époux chaste, l'ami à qui je dois tout ; je suis encore digne de l'un & de l'autre. Demain je pourrois devenir parjure... Prenez garde, Suzanne, prenez garde à ce que vous allez prononcer ; n'allez pas contredire un projet que tout m'ordonne d'accomplir.

Suzanne, détournant la tête & pouffant un cri douloureux, fe fauva avec impétuofité, & ce fut là le plus grand effort de fa vie. Etouffant les fanglots qui la fuffoquoient, elle vouloit dire, pars, cher amant ; mais fa bouche refufa de prononcer ce mot décifif & terrible. Son époux parut fubitement fur la fcene ; & fans marquer aucune émotion il lui prit les deux mains ; & les baifant avec douceur & tendreffe, il la força de revenir auprès de Jezennemours, qui tout troublé fuyoit de fon côté à grands pas, non d'une furprife imprévue ; car, affuré d'après fon cœur, il ne craignoit point le regard d'un ami, ni celui d'un époux.

CHAPITRE LXVI.

Monsieur de Chaterbaune allant à notre amant infortuné, lui dit : vous êtes l'auteur de mes peines ; vous devriez me détester, & malgré cela, j'ose vouloir que nous soyons amis. Et, prenant un ton plus animé : ce seroit à toi, Jezennemours, de me haïr ; si tu ne le fais pas, c'est la noblesse & l'équité de ton cœur qui t'en empêchent ; mais c'est à moi de t'aimer & de te révéler ce que je vais te dire. J'ai conçu pour toi l'affection la plus tendre & la plus sincere ; depuis le moment que je t'ai vu, une douce simpathie a lié nos ames. Si-tôt qu'il fut reconnu que j'étois l'époux de ton amante, je frémis en t'en voyant plus digne que moi, & la jalousie vint en dépit de l'amitié me faire sentir ses tourmens secrets : ce sentiment est cruel, mais bien involontaire. Tu me fis goûter dans l'absence d'un ami, toute dure qu'elle m'étoit, je ne sais quel repos qui sembloit me satisfaire : à ton retour j'ai voulu voler vers une sœur, & j'ai senti que je ne pouvois plus abandonner Suzanne. Pardonne ; ces mouvemens qu'on ne sauroit dompter, que l'on déteste au moment qu'on est leur victime, n'ont rien diminué de l'estime que j'ai pour un ami, pour une épouse. J'ai reconnu aisément, ô mon cher Jezennemours ! tous les avantages que tu as sur moi, & je suis parvenu à guérir cette cruelle maladie ; oui, j'en suis guéri pour n'y plus retomber. Jezennemours, tu m'as donné un grand exemple, & je tâcherai d'en profiter. Loin de me plaindre de Suzanne, je ne dois qu'adorer le beau naturel de son ame ; & ce n'est pas de sa faute, si elle ne m'a point connu le premier. L'amour qu'elle t'a conservé est le garant de la fidélité qu'elle me gardera. Si tu ne me hais pas, si tu ne détestes point un ravisseur qui s'est emparé de ton trésor ; si tu reconnois encore un ami dans celui qui t'assassine, il faut faire plus que fuir, il faut rester... Je te vois reculer de surprise ! Cede à la voix qui t'en prie. Je pars, je vais trouver une sœur que j'aurois déjà dû embrasser. J'acheverai de fouler aux pieds cette indigne jalousie qui vous outrage également tous deux ; je veux me punir de l'avoir conçue un seul instant.

inftant. Jezennemours, c'eft en te confiant Suzanne, que je veux réparer le crime où j'ai pu tomber ; car quel plus grand crime que d'être injufte ! A mon retour, tu pourras nous quitter, fi le féjour de cette maifon te devenoit infupportable.

Suzanne, interdite au premier abord, n'avoit pu prononcer un feul mot. Revenue à elle, elle comprit le cœur de fon époux, elle vit combien il étoit déchiré par la main qui s'étoit donnée aux pieds des autels. Trop fincere pour diffimuler, trop vraie pour trahir les fentimens de fon ame, qui d'ailleurs perçoient malgré elle, elle lui demandoit pardon avec un ton de naïveté qui n'appartenoit qu'à l'innocence. Elle étoit défefpérée de ne pouvoir fentir pour lui ce qu'elle fentoit pour Jezennemours ; mais fon devoir n'en étoit pas moins facré ni moins cher à fes yeux : elle fit ferment de ne point laiffer partir fon époux fans l'accompagner. Il fallut combattre long-tems fa réfolution, & M. de Chaterbaune fut contraint d'ufer même d'une certaine autorité douce & ferme, pour la forcer à refter. Une époufe, un ami fincere & digne de ces noms glorieux, firent tout ce qu'ils purent pour l'arrêter ; mais comme il avoit fes defleins, il trompa leur vigilance ; & à la faveur des ténebres de la nuit, il difpofa fon départ fans bruit, & s'évada.

CHAPITRE LXVII.

RESTÉS feuls après une féparation fi longue & fi cruelle, les premiers momens qu'ils pafferent enfemble eurent leur douceur & leur amertume ; ils les comparoient à ces jours où ils voyageoient, & où l'efpérance élevant fes nuages dorés leur cachoit les dangers qui les menaçoient. Ici ils n'avoient plus l'efpérance, mais ils avoient la confolation de fe revoir. Plus Jezennemours fe livroit au plaifir délicieux d'être avec celle qu'il aimoit, plus il commandoit à fon amour. Il étoit chafte & pur, digne d'être avoué à la face des cieux, & protégé du noble regard de la vertu. Suzanne, abandonnée à un fentiment naïf, fuivoit avec plus de confiance le penchant de fon cœur ; elle fe jugeoit elle-même trop éloignée de la plus légere perfidie. Ce ne fut qu'au bout d'un certain tems que Jezennemours ayant bu à longs traits le délire de l'amour, s'apperçut qu'il avoit trop préfumé de fes forces ; que le fage pouvoit combattre, mais non toujours fe flatter de vaincre. Il vit qu'il étoit tems de revenir à fon premier projet. Il reçut une lettre de fon ami ; elle étoit datée de Nantes, & conçue en ces termes :

« Cher ami, chere Suzanne, vous que je
» confonds dans mon cœur ; j'ai tout pefé, j'ai
» tout vu, tout réfléchi, & je dois vous ac-
» corder le repos de la vie. Eft-il un autre
» moyen que de vous rendre l'un à l'autre ?
» C'eft ce que je viens de faire : je vous devois
» ce facrifice, je me fuis connu, & je me
» hâte d'être jufte. Formés pour être enfemble,
» ce ne fera point moi qui vous féparerai ;
» je vous rends à vous-mêmes, ne rejetez
» pas le facrifice que je fais : je n'en ferois pas
» plus heureux, & vous n'en redeviendriez
» que plus infortunés. Le bonheur qui peut
» me fourire encore, ne fera que dans l'image
» du vôtre. Une éternelle barriere va nous
» féparer déformais. Il le faut ; je cours habiter

» un nouveau monde que je brûlois de par-
» courir avant d'avoir vu Suzanne. C'est là que
» je me déroberai à vos regards ; je vous ver-
» rai de loin plus satisfaits & plus heureux
» qu'à ma présence, & je m'en réjouirai.
» Je serai plus calme ; & malheureux avec
» mon cœur, plus malheureux si je restois au-
» près de vous : me voilà décidé à ne jamais tou-
» cher une terre où je n'ai pu me faire aimer.
» Jouissez du plaisir de vous retrouver ; ce n'est
» pas à moi de rompre des nœuds formés par
» l'amour le plus légitime. Suzanne ne m'a
» point trompé, elle m'avoit averti que son
» cœur n'étoit plus à elle. J'ai cru pouvoir
» conquérir ce cœur, je cede à des droits plus
» anciens & plus respectables que les miens.
» Bientôt la mort que j'appelle, vous assurera
» cette pleine liberté qu'il n'est pas en mon
» pouvoir de vous donner. Souvenez-vous de
» moi pour me plaindre ; aimez-moi, moi
» qui vous aime. Je n'accuse que la destinée
» des maux que je souffre. Ne voyez dans ma
» générosité que le desir d'un cœur qui vouloit
» le bonheur de tous trois, & qui a mieux
» aimé être la seule victime que d'en faire deux.

» C'est à vous que je recommande & confie
» ma sœur. A peine me suis-je permis le tems
» de l'embrasser, à peine avons-nous osé nous
» parler. Faites-lui connoître combien ses mal-
» heurs intéressent mon ame, & combien ses
» nouveaux sentimens me la rendent plus chere.
» Je voulois l'emmener avec moi dans des
» pays où elle n'eût plus à rougir; mais elle
» est décidée à mourir dans le cloître. Voyez-la,
» & tâchez de la détourner d'une aussi triste
» vie. Je vous abandonne à tous trois les deux
» tiers de mon bien; j'ai fait secrétement un
» emprunt sur l'autre tiers, emprunt assez con-
» sidérable pour me procurer une vie aisée
» dans ce nouveau monde où je vais chercher
» le repos qui me fuit. Adieu: ne songez point
» à me retrouver; car lorsque vous recevrez
» cette lettre, je serai déjà embarqué sous un
» nom étranger, & très-éloigné de l'endroit
» d'où je vous écris. Encore une fois, & pour
» la derniere, adieu. »

Cette lettre fut un coup de foudre pour Suzanne: elle jeta un regard douloureux sur Jezennemours interdit, & lui adressa ces paroles avec une vivacité pleine de feu & de noblesse : viens-tu d'entendre la voix de ton ami ? te fait-elle la même impression que sur moi ? que te dit-elle cette voix ? Ah ! tu le sentiras comme moi, ton cœur sera touché, des pleurs coulent de mes yeux, tu me deviens moins cher en ce moment, & je soupire après mon époux. Ciel ! combien je l'ai offensé ! combien il est malheureux ! Quel caractere ! Il veut s'immoler encore pour mon bonheur. Ah, c'en est trop, c'en est trop ! la reconnoissance due à de héroïques sentimens vient de produire en moi un amour inespéré. Sacrifie-toi à ton tour, tu ne pourras jamais être aussi généreux que lui. Quoi, nous serions ici tranquilles, tandis qu'il est livré aux horreurs de l'absence & du désespoir ! nous aurions le front de jouir de son infortune ! Non, nous ne serons jamais si lâches & si insensibles ; plus de repos pour nous, s'il ne recouvre la paix. Va, vole, poursuis ses pas, ramene le ici entre nous deux ; ce n'est qu'en sa présence qu'il nous sera permis de confondre nos regards ; loin de lui, ils deviendroient un crime. Quoi, je serois l'épouse la plus indigne du plus généreux des hommes !

Tu m'entends, je n'ai pas besoin de t'en dire davantage : & malheur à toi, si ce que je sens n'avoit pas déjà pénétré ton cœur, & s'il balançoit un seul moment !

CHAPITRE LXVIII.

JEZENNEMOURS, sans proférer un seul mot, serra fortement la main de Suzanne, & sur-le-champ fit tout préparer pour son départ : il ne parla point, il agit, & tous ses mouvemens avoient quelque chose d'élevé & de grand; il ressembloit à un jeune guerrier que la voix de l'honneur appelle sur le champ de bataille, à qui les momens sont précieux & qui brûle de devancer le jour où il doit s'y rendre. Il embrassa Suzanne, en lui disant avec une fermeté noble, je vous le ramenerai. Il monta à cheval & partit. Il ne vouloit qu'arriver au port de mer d'où il avoit reçu des nouvelles, pour suivre plus sûrement ses traces. A peine s'accordoit-il quelques heures de repos ; il voloit avec l'espérance de le trouver encore non embarqué, comptant sur les délais qui surviennent toujours ; il n'appercevoit rien des pays qu'il traverfoit ; feulement par intervalle il levoit la tête vers le ciel, en s'éctiant : que je puiffe le retrouver, l'offrir à Suzanne, l'embraffer, & je ne me plaindrai point d'avoir réçu la vie ! Arrivé au port où il pouvoit recevoir des nouvelles de fon ami, il fit toutes les informations poffibles ; mais toutes devinrent inutiles. Il eut le courage de ce décider à porter fes recherches dans tous les ports de cette côte. Il en avoit déjà vainement parcouru la plus grande partie ; il commençoit à défefpérer, lorfqu'un marchand ambulant vint lui offrir un épée à vendre. Il la reconnut pour celle de fon ami ; il le queftionna fur-le-champ, & voulut favoir comment elle étoit dans fes mains. Le marchand lui répondit qu'elle lui avoit été abandonnée au port de Breft, par une perfonne à qui il avoit vendu un fabre d'abordage, & qui paffoit à la Guadeloupe avec un armateur. Sur les éclairciffemens qu'il prit, & fur-tout fur le portrait qu'on lui fit, il ne douta plus que ce ne fût fon ami ; il ne s'inquiéta plus que de trouver un vaiffeau qui fît voile ; il lui fallut attendre trois mortelles femaines, qui lui parurent trois années. Ce fut dans cet intervalle qu'il fit part à Suzanne du deſſein où il étoit de s'embarquer. Elle eut le tems de répondre à ſa lettre : elle lui marquoit qu'elle avoit confié le ſoin de ſa maiſon à un concierge, & qu'elle s'étoit retirée avec Florimonde ; que juſqu'à cette heure elle l'avoit empêchée de prendre le voile ; qu'elles reſteroient enſemble penſionnaires au même couvent, juſqu'au moment où ſon époux ſeroit de retour. Elle inſiſtoit ſur le devoir de ne point interrompre ſes courſes, qu'il ne l'eût retrouvé. Revenez avec mon époux, écrivoit-elle, ou je n'aurai plus de plaiſir à vous voir ; revenez avec lui, ou nos entretiens ſeront troublés par des remords ; car je me reprocherois alors d'être la cauſe de ſa fuite & de ſes malheurs.

Jezennemours, à cette lecture, ne put ſe défendre d'un trouble involontaire, qui répandit dans ſon cœur la plus vive amertume. Il eut peine à ſe vaincre lui-même. La victoire lui ſembloit moins pénible dans un plus grand danger ; & Suzanne, en rompant tout-à-coup de ſi chers liens, l'avoit frappé des plus terribles coups : mais faiſant un effort, à l'exemple de fon ami & de fa maîtreffe, il revint à lui, & ne s'occupa plus qu'à trouver la confolation dans fes peines même.

CHAPITRE LXIX.

EN attendant le moment du départ retardé, Jezennemours s'efforça de calmer fes chagrins par la contemplation des nouveautés qui s'offroient à fa vue. Qu'un homme qui voit pour la premiere fois cette vafte plaine de la mer eft faifi de refpect & d'étonnement, lorfque fon efprit s'ouvre comme les yeux ; lorfqu'il a le bonheur de fentir & de favoir admirer! Jezennemours étoit de ce nombre. Prefque immobile fur la pointe d'un rocher, fa vue ou plutôt fon imagination fe perdoit dans la profondeur de ce liquide immenfe, où la perfpective des flots femble s'étendre jufqu'à l'infini, où rien ne borne la vue & l'audace de la penfée. L'imagination alors s'agrandit avec le monde, & demeure émerveillée de ce magnifique fpectacle, lorfque s'élevant vers les cieux pour les glorifier, cette même imagination qui ne connoît plus de limites, fe repréfente des millions d'autres mondes, devant lefquels celui-ci où roule cette mer vafte & profonde, ne paroît plus qu'un point. Frappé de l'immenfité des êtres, l'homme voudroit devenir l'auteur de l'univers ; fa penfée s'engloutit & fe perd dans cette téméraire méditation ; la lumiere immortelle qu'il veut fixer, l'éblouit & lui fait baiffer les yeux ; il voit un Maître qui a mis des bornes à fa penfée, comme il en a mis une à ces montagnes de flots écumans qui femblent fondre les uns fur les autres pour engloutir la terre, & qui vont fe brifer fur fur un grain de fable. Ainfi l'homme, au milieu de l'élan de fa grandeur, doit connoître la foibleffe de fa conception, & voir l'image de fa propre penfée dans cet océan qui, malgré fon poids & fon immenfité, recule devant le doigt invifible qui lui traça fes limites.

Le fignal de l'embarquement fe fit entendre ; & Jezennemours, pour la premiere fois de fa vie, entra dans un de ces édifices fragiles qui fervent de pont aux deux mondes, qui lient les nations ; monument le plus hardi du génie audacieux de l'homme. Il n'a pas craint de naviguer fur des abymes toujours prêts à s'entr'ouvrir ; à la vue de la majefté du tombeau, il a femblé dédaigner la mort ; l'œil fixé fur les étoiles, c'eft dans cette attitude qu'il paroît le vrai roi de la nature, & fait pour donner des loix aux élémens.

Jezennemours confidéra avec étonnement la coupe de ces vaiffeaux, inventés d'abord fur la carcaffe des grands poiffons, & il reconnut dans cet ouvrage (le chef-d'œuvre de l'homme) qu'il étoit encore fubordonné au modele de la nature & à la main du Créateur.

Il vit fuir le rivage, & bientôt il ne fe vit plus entouré que du ciel & de la mer ; il lui fembloit alors être dans un nouveau monde, & ce vaiffeau étoit l'image des planetes voyageant dans le vuide & fillonnant les plaines de l'éther. Ces hommes marins attirerent enfuite toute fon attention ; il étoit obligé de mettre un frein à fes réflexions, en contemplant l'homme dans un état auffi différent de fa nature. Quel motif pouvoit donc engager chaque paffager à rifquer fon exiftence fur l'abyme toujours ouvert ? Pour lui, il étoit animé par l'amitié & par l'honneur ; ces puiffans motifs lui faifoient endurer les fatigues & le mal-aife qui accompagne un premier voyage fur mer.

Le calme régnoit, & tout promettoit une navigation heureufe. Les élémens refpectoient l'homme, mais l'homme fe cherchoit pour fe détruire : tout-à-coup on vit paroître dans le lointain un gros navire. Auffi-tôt tout l'équipage jeta des cris comme s'il eût apperçu quelque monftre énorme, propre à dévorer un vaiffeau. C'étoit un navire ennemi de cent pieces de canon, qui fondoit directement fur fa proie. C'eft ainfi que de forts & gros poiffons fe jettent à travers les flots fur les petits dont ils font leurs pâture. Le petit bâtiment fur l'equel étoit Jezennemours, devint tout-à-coup la capture de celui qui l'avoit déjà joint ; il y avoit une fi grande différence de force, que cette prife ne coûta pas un coup de feu. On fe rendit, & l'on fit bien. Jezennemours fe vit défarmé & traité en efclave ; mais il aimoit mieux encore souffrir que d'avoir été le témoin d'un carnage affreux. Qu'il eft trifte de voir l'homme ennemi de l'homme ! Jezennemours ne pouvoit concevoir cette horrible alégreffe qui faififloit les vainqueurs. Cette joie lui parut misérable, lorfqu'il vit qu'elle n'avoit d'autre principe que l'avidité de partager quelques dépouilles. C'étoit donc là ce qui les rendoit homicides, féroces & cruels ! Cette rage n'étoit point celle de l'animal preffé de l'aiguillon indomptable de la faim ; c'étoit une avarice raifonnée & criminelle, c'étoient des hommes qui avoient plus que le néceffaire & même le fuperflu, qui venoient fatisfaire une nouvelle & inconcevable cupidité au prix du fang de leurs femblables. Ils décoroient ce brigandage affreux des noms de gloire, d'intérêt national ; mais ce n'étoit qu'un prétexte abfurde, car aucun d'eux n'aimoit la patrie dont il déployoit l'étendard. Jezennemours fe difoit : j'ai connu les monftres de la terre dans ces huffards noirs qui m'ont arrêté dans les forêts de l'Allemagne ; voici les monftres de la mer, qui m'oppriment fur des gouffres mouvans, qui, dans une minute, peuvent ne mettre aucune différence entre le vainqueur & le vaincu. Si l'on pouvoit voyager dans les airs, qui doute que dans ces routes fpacieufes on ne rencontreroit pas encore une race meurtriere, affamée de rapines & d'homicides !

Tandis que l'ivresse maîtrisoit les vainqueurs, qu'ils se livroient à une débauche bruyante sur les flots, endormis dans un calme perfide, plusieurs vaisseaux arborés du pavillon françois viennent au-devant du ravisseur & présentent le combat. Le canon, signal & ministre de la destruction, retentit à coups redoublés, & l'écho des mers en mugit ; la flamme brille & semble allumer les flots ; la fumée s'éleve en tourbillons, les cris de la mort vont frapper les voûtes des cieux. Jezennemours voit rouler autour de lui des torrens de soufre enflammé ; il voit le sang qui ruisselle, sans appercevoir l'instrument qui frappe & tue ; la foudre gronde entre les mains de l'homme, & le flot qui roule emporte déjà au loin des cadavres. L'équipage de son petit bâtiment, enhardi par le secours inespéré qui venoit briser ses fers, se jette sur les vainqueurs assaillis. On crie aux armes ; il en saisit une, qu'il arrache à une main ennemie ; on combat sur cet étroit vaisseau, comme sur un champ de bataille. Jezennemours défend ses compatriotes, sa liberté, sa vie ; il venge ceux qu'il vient de voir massacrer ; la victoire se décide pour son parti ; on charge de fers les mains de ceux qui en avoient donné une heure auparavant. Heureux ceux qui passèrent sur les vaisseaux du vainqueur pour y être enchaînés ; car bientôt ce superbe vaisseau qui sembloit commander aux flots qui le portoient, entr'ouvert par le canon, se balance sur le goufre de l'abyme, & s'enfonce lentement au milieu des cris affreux du reste de l'équipage, comme pour laisser à ces infortunés le tems de boire les horreurs du trépas. Il disparoît en entier, ne laissant plus voir sur la surface des eaux que la banderolle flottante qui couronnoit son gros mât.

CHAPITRE LXX.

Des trois armateurs qui étoient venus secourir le vaisseau marchand sur lequel s'étoit trouvé Jezennemours, il n'en restoit que deux ; l'autre avoit coulé à fond. Que devint Jezennemours, lorsqu'il apprit que ces vaisseaux étoient partis dans le même tems que son ami s'étoit embarqué ! Un frissonnement subit fit trembler tout son corps ; il l'avoit vu s'enfoncer dès le commencement du combat, & les clameurs de tant d'infortunés efrayoient encore son imagination. O digne & tendre époux de mon amante ! sont-ce tes cris qui ont pénétré mon cœur ! Seroit-ce toi que j'aurois vu parmi cette foule qui tendoit les mains au-dessus des flots, en descendant vivans dans leur cercueil ! Que n'ai-je pu te reconnoître, pour me précipiter après toi, essayant de te sauveur ou de mourir ensemble !

Bouleversé par les craintes les plus désolantes, il s'informe, il passe d'un bord à l'autre ; mais ses recherches ne servent point à l'éclairer : il ne fait quel nom demander, & fur le portrait qu'il s'efforce de peindre, perfonne ne peut lui répondre. Tout ce qu'il apprend, c'eft que ces armateurs font partis en fociété, qu'ils fe font arrêtés un mois en chemin, & que ce font là les feuls vaiffeaux qui fe foient mis en mer au port de la Rochelle.

Il n'y eut pas une feule perfonne que Jezennemours ne parcourût de la tête aux pieds, & ne prit d'abord pour fon ami. Ne le trouvant point, il ne douta plus, d'après les difcours peu ménagés, qu'il ne fût péri dans ce funefte combat. Chacun fe félicitoit d'avoir échappé à l'ennemi, & comptoit pour rien la mort d'autrui, tandis qu'il mettoit un haut prix à fa propre délivrance.

Il étoit loin d'en concevoir des efpérances favorables à fon amour; il aimoit fon ami, & fa façon de penfer lui auroit fait regarder comme un crime l'idée feule de pouvoir profiter d'un malheur qu'il vouloit toujours pleurer.

Ils aborderent fur les côtes de.... & y débarquerent. Jezennemours avoit été pillé; & comme dans ce combat chacun n'avoit fauvé que fon corps, & que le vaiffeau qui portoit de l'or avoit péri, il se trouva n'avoir plus rien. Lorsqu'il se vit sur une terre étrangere sans ami, sans argent, & sur-tout ayant perdu le noble fruit de son voyage, il tomba dans une noire mélancolie; sa situation rigoureuse, jointe aux peines qu'il souffroit, & la perte récente de son ami, & l'idée du sort qui le poursuivoit, le jeterent dans un de ces momens où l'on envisage le tableau de la vie du côté de ses ombres; des pensées lugubres fermenterent dans son sein. Le ciel étoit couvert, & l'épaisseur des nuages amoncelés voiloit le soleil; la terre étoit humide & décolorée, Jezennemours ne voyoit que des objets propres à renforcer la teinte mélancolique qui dominoit son ame. Il se promenoit au hasard entre les rochers qui bordent la mer; & regardant cette plaine liquide, il lui redemandoit son ami. Elle étoit mugissante, & sembloit répondre en grondant à ses gémissemens plaintifs; ses bords escarpés étoient nus & déserts : il regardoit de tous côtés; tout étoit triste & morne; il n'apperçut qu'un seul homme, encore ressembloit-il au désespoir; il s'agitoit sur la pointe du rocher, les cheveux flottans au vent, les bras étendus, & donnant toutes les démonſtrations de la plus farouche douleur. Jezennemours alla à ſa rencontre ; & voyant un viſage baigné de pleurs, il oublia ſa propre infortune, pour s'intéreſſer à un homme qui ſembloit plus à plaindre que lui : il s'approcha, & lui tendant la main avec cette nobleſſe énergique que l'art n'imite point, & qu'il ne peut rendre : *Et toi auſſi, tu es malheureux ! Eh bien, tu deviens mon frere & mon ami.* Il le conſola du mieux qu'il put, il le flatta par les paroles les plus capables de gagner ſa confiance. Qu'êtes-vous, répondit-il en détournant la tête, qu'êtes-vous, pour oſer m'offrir des ſecours ? Sans doute vous êtes pauvre, puiſque vous avez le courage de me parler ; & ſi vous êtes riche, je n'ai qu'à dire un mot pour vous faire prendre la fuite.... Je ſuis un homme ruiné.... Vous reſtez encore !... Oui, je ſuis ruiné : fuyez. Il y a trois jours que je jouiſſois entiérement de ces airs affables, de ce langage flatteur, de ce ton amical & doux dont on aborde celui dont la fortune eſt encore debout ; on me careſſoit de l'œil, & l'on chatouilloit mon oreille de mille propos flatteurs ; depuis trois jours cette fumée dont on m'encenſoit, s'eſt évanouie avec l'or d'où elle s'exhaloit. Je ſuis né dans l'opulence ; un commerce fort étendu augmentoit tous les jours la maſſe de mes biens ; je paroiſſois enfin l'idole de tous ceux qui m'entouroient : on me conſéille d'employer des fonds que j'aurois dû réſerver ; je les riſque, & l'année ſuivante ils ſe trouvent doublés. Glorieux de ſi grands avantages, chacun dépoſe ſa fortune dans mes mains ; je veux pouſſer juſqu'au bout l'influence de mon heureuſe étoile ; elle s'éclipſe dans un inſtant ; tout change, trois vaiſſeaux périſſent, mon banquier manque, le feu dévore mes magaſins. J'abordois ce rivage pour y épouſer une jeune & riche Indienne ; inſtruite avant moi de la nouvelle de mon infortune ; elle ſemble n'attendre mon arrivée que pour donner à un autre, à mes yeux, la main qu'elle m'avoit promiſe ; elle met le ſceau éternel au malheur qui me pourſuit de toutes parts. En effet, quel changement n'ai-je pas vu dans ces mêmes lieux où chacun s'empreſſoit de me ſerrer entre ſes bras, en m'offrant tout ce dont je n'avois pas beſoin ! Je ne vois plus que des fronts glacés ; je lis ſur tous les viſages l'effroi de tous ces faux amis qui me rencontrent ; il semble que je vais leur demander une dette qu'ils ne veulent pas acquitter ; d'autres ont un air dédaigneux ; & les yeux fixés en terre, ils paroissent me faire signe d'aller prendre ma place dans cette poussiere où rampe l'indigent. Ah, plutôt mourir que d'essuyer certains regards ! Non, ils ne me verront point m'humilier pour obtenir d'eux un pain trop amer. Au moment où vous m'avez adressé la parole, ma rage étoit à son comble ; j'allois m'élancer dans les flots, votre aspect m'a fait reculer. Si vous êtes assez puissant pour me faire remonter sur un des degrés d'où je viens de descendre, osez m'arrêter & me forcer de vous suivre : sinon, fuyez ; tous discours sont superflus ; je veux exister commodément, ou ne point exister. Si vous êtes au contraire dans le rang de ces esclaves qui n'ont rien, parce qu'on leur a tout pris, mon exemple parle assez, il pourroit vous engager à m'imiter.

Jezennemours qui avoit trouvé la vie si triste & en avoit presque desiré la fin, loin de creuser sa mélancolie, se trouva disposé à détourner ce malheureux de son funeste dessein. Il lui dit tout ce qu'il avoit befoin de fe dire à lui-même. Si quelqu'un, dit-il, ne devroit pas fupporter la vie, ce feroit moi ; mais combien il refte encore de reffources à l'homme le plus abandonné !... A moi, des reffources ! reprit-il d'un ton farouche ; non, il n'en fauroit être ; vous m'amufez en vain. Regardez comme je réponds à vos difcours. En difant ces mots, il courut du côté de la mer, & s'y précipita au moment que Jezennemours couroit après lui pour le retenir. Il touchoit le bord de fon vêtement, mais trop tard ; il le vit tomber dans les vagues furieufes qui fe brifoient contre le rocher. Ce malheureux fembloit alors fe débattre & prétendre à fe fauver ; il jetoit des cris, il appelloit à fon fecours, mais il n'étoit plus tems ; tantôt il fembloit englouti, tantôt il reparoiffoit, luttant avec vigueur, & portant fur fon voyage tout l'effroi du trépas. Cet endroit étoit efcarpé, la mer étoit agitée, Jezennemours ne pouvoit faire que des vœux pour lui ; il le fuivoit de l'œil, il croyoit l'avoir perdu, lorfqu'il le revit reparoiffant fur l'onde, tenant une efpece de débris qui le foutenoit. Le vent le chaffoit fur les bords ;

un flux auffi rapide qu'inefpéré le jeta fur un banc de fable éloigné du roc d'où il s'étoit précipité. Voler à lui de rocher en rocher, defcendre à perte d'haleine, arriver près de ce malheureux, le foulever, lui faire vomir l'onde amere, tout cela fut pour Jezennemours l'affaire d'un inftant; fon courage & fon humanité lui infpirerent une activité prompte qui en relevoit l'éclat. Il déchira les vêtemens qui l'étouffoient par leur compreffion humide. Il l'agita en tout fens pour le faire revenir; & voyant que ces moyens ne réuffiffoient pas, & qu'il n'avoit plus qu'un foufle de vie, il le regarda comme mort, & fe mit à déplorer d'avoir été le témoin d'un auffi funefte accident.

Le flot avoit auffi apporté le débris qu'il tenoit ; c'étoit une efpece de coffre ouvert. Comme Jezennemours pleuroit fur ce corps étendu, dont le vifage immobile & pâle, tourné vers lui, formoit la plus effrayante, image, il apperçut quelques mouvemens qui manifeftoient quelque retour à la vie ; les fignes augmenterent, il fomenta ce corps de fa chaleur, il lui foufla dans la bouche à plufieurs reprifes. Bientôt il étend un bras : le mouvement de la

respiration, d'abord foible & incertain, s'annonce par quelques pulsations réitérées; son œil s'ouvre, il renaît enfin, en fortant comme d'un profond fommeil. Il regarde autour de lui d'un œil égaré. Où fuis-je, dit-il ? Je viens de faire des rêves affreux. Et tout-à-coup fixant Jezennemours & le regardant, il fe fouvint de fon état. O Ciel, s'écria-t-il, vous m'avez fauvé de cette mort que je cherchois, & contre laquelle je me fuis tant débattu dès que je m'y fuis vu en proie ! Comme Jezennemours alloit lui faire quelques remontrances....
O mon ami ! la nature en un inftant m'en a dit plus que toi, elle m'a forcé de me dédire. Luttant contre les flots, j'afpirois au bonheur de remonter fur la terre, duffé-je être le dernier des vivans. C'eft alors que j'éprouvai le châtiment d'avoir méprifé la vie. Non, je ne veux plus mourir. O Dieu, pardonne-moi ! Je frémis encore lorfque je me rappelle combien j'étois près d'un Juge courroucé. Je fuis criminel, je le crains, & je m'avançois témérairement au-devant de fon glaive !

Jezennemours pleuroit de joie; il embraffoit un homme qui renaiffoit pour devenir fon ami ; qui , inſtruit puiſſamment par cet effroi que la nature jette dans le ſein de l'homme expirant, n'alloit plus nourrir le coupable deſſein d'attenter ſur lui-même. Mais qui le croiroit ! qui ne reconnoîtra pas la force inviſible des paſſions mélancoliques, ou plutôt la ſoif ardente de l'intérêt ! A peine revenu à la vie, ce même homme s'écrie : quoi, je vivrai pauvre & mépriſé ! Quoi, le regard de ceux qui m'ont vu dans l'opulence me pourſuivra ! Je traînerai une vie miſérable dans les pays même où l'on admiroit mes richeſſes, où l'on flattoit leur poſſeſſeur ! En prononçant ces mots il conſidéroit & retournoit le coffre qui avoit aidé à le ſauver. Il paroiſſoit vuide ; mais notre homme apperçut, au travers du limon dont le fond étoit rempli, quelque choſe de brillant. Il enfonça les deux mains, & détacha une plaque de fer qui céda aiſément, le bois étant à moitié pourri. Il ſouleva de ce fond une boîte oblongue, il l'ouvrit : quel aſpect ! elle étoit remplie de bijoux d'or, & ſes bijoux avoient pour couche une quantité de diamans & de pierres précieuſes. Tous deux avides de contempler, la ſurpriſe ne leur permettoit que quelques mots interrompus ; car Jezennemours étoit homme, & ce tréfor inefpéré, ne fût-ce que par fon étonnante rencontre, avoit droit de l'émerveiller. Pour l'autre, peu s'en fallut qu'il ne perdît la tête : il embraffoit fon libérateur, remercioit le ciel & la mer, & jetoit les plus fréquentes exclamations. Voyez, difoit Jezennemours, qui ne perdit jamais l'habitude de philofopher, c'eft au moment où l'on croit tout perdu, c'eft dans le malheur même, que fe trouvent les reffources les plus éclatantes. L'autre ne répondoit rien ; mais les yeux fixés fur ces objets, il en fpéculoit la valeur & formoit déjà les projets de rétablir fa fortune. Il vous en eft dû la moitié, prononçoit-il avec inquiétude ; ah ! il m'en faudroit douze fois autant pour me retrouver dans l'état que j'ai perdu, & perfonne ne me plaint.... Quoi, ne favez-vous que defirer, reprit Jezennemours, & jamais jouir ? Vous n'aviez rien tout-à-l'heure, vous poffédez préfentement, & vous n'êtes pas fatisfait ! Laiffez là une plus grande avidité ; mais fi elle vous domine à ce point, fi vous en êtes efclave paffif, prenez les trois quarts, l'autre me fuffira pour revoir ma patrie & y vivre content.

Comme il parloit, son compagnon regardoit le sable ; & y découvrant de nouveaux débris que les vagues y avoient apportés, il doute, il imagine, & bientôt il croit que ce sont de nouveaux tréfors que le sort lui envoie ; il veut les enlever à la mer en furie ; il descend sur le sable, malgré Jezennemours qui vouloit l'arrêter. C'est en vain qu'il lui crie que le reflux s'approche & va couvrir les bords qu'il parcourt témérairement ; il est sourd, il n'entend ni la voix de la raison, ni celle de l'amitié ; il s'attache à quelque chose de pesant, il souleve le bloc, il se baisse avec effort pour rompre les obstacles, il ne voit pas les montagnes d'eau qui vont l'emporter & le rendre à cet océan dont il s'étoit sauvé par miracle.

Jezennemours est obligé de fuir, sans pouvoir donner de secours à son avide compagnon ; il n'a que le tems d'emporter le coffre dépositaire de tant de richesses ; plusieurs bijoux demeurerent même sur le sable. Il se retira entre des rochers, & ce fut de là qu'il vit cet homme infortuné perdu dans des flots d'écume, élévant vainement la voix & les mains pour regagner les bords. Jezennemours eut beaucoup de peine à reprendre ses sens, frappé de la mort de cet homme qui s'étoit replongé dans l'abyme par excès de cupidité. Ce ne fut qu'avec peine qu'il sortit d'entre les rochers, traînant le coffre après lui, pour aller regagner son habitation.

CHAPITRE LXXI.

Débarqué sur cette rive étrangere, & ayant perdu le fruit de toutes ses informations, comment se résoudre à anonncer à Suzanne qu'il n'a point rencontré son époux, & que Chaterbaune est peut-être au rang des morts? Il se souvenoit trop bien de ses derniers volontés; trois fois il vouloit écrire, trois fois la plume échappa de ses mains. Il se détermina à faire de nouvelles perquisitions, & à mourir plutôt que de lui porter un coup si sensibile.

Jezennemours conçut le dessein de parcourir les lieux où il venoit de descendre; le trésor que lui avoit envoyé la Providence, étoit le moyen sans doute dont elle s'étoit servie pour qu'il eût à accomplir ses volontés,

Jezennemours étoit trop ami de l'humanité pour ne pas être révolté d'abord de l'esclavage qui, sur ce malheureux continent, opprimoit des hommes nés libres, parce qu'ils étoient noirs & robustes. Cette foule d'infortunés asservis par un petit nombre, enlevés à l'Afrique pour travailler le sucre qui doit flatter le goût des Européens, condamnés à des travaux brutes, étoit un spectacle qui avoit toujours droit de le surprendre : il voyoit avec horreur ses compatriotes exempts de tous remords, parce qu'ils avoient acheté ceux qu'ils enchaînoient à des travaux sans relâche. Que de cruautés commises & autorisées pour composer de voluptueuses superfluités ! C'est le sang de l'Afrique, mêlé aux larmes de l'Amérique, qui va composer le dessert qu'un lâche Sybarite goûte avec froideur & d'un air dédaigneux.

Il conçut le projet de ravir à l'esclavage quelques-uns de ces malheureux ; & s'il ne pouvoit les délivrer tous, du moins il vouloit en acheter une partie pour leur rendre la liberté. Il se rendit sur un marché où les droits de l'homme étoient violés à l'abri même des loix, & il se demanda si c'étoit bien à l'homme de prononcer fur la juftice, quand il s'égaroit à ce point, aveuglé par le fordide intérêt. S'il en avoit cru fon cœur, il fe feroit ruiné pour le plaifir de faire quelques heureux; mais il fongeoit au voyage qui lui reftoit à faire ; car il rêvoit toutes les nuits qu'il retournoit en Europe, & n'y ambitionnoit plus qu'une maifon couverte de chaume & dix arpens de terre, pour effayer d'y vivre paifiblement, loin de Suzanne, s'il étoit poffible.

En marchandant ces efclaves, & s'attachant toujours à ceux qui paroiffoient le plus avancés en âge ou plus infirmes, ou moins faits pour fupporter le joug de l'efclavage, il apperçut un Européen qui alloit fur fon marché. Ses traits le frapperent au premier abord. Plus il l'examinoit, moins il pouvoit revenir de fa premiere furprife. Celui-ci ayant pris garde à l'attention que l'on portoit fur lui, parut à fon tour auffi étonné, & chacun d'eux héfitoit à faire les premiers geftes de la reconnoiffance, dans la crainte de fe tromper. Enfin, Jezennemours fe trouva dans les bras d'un homme qui l'embraffoit en tremblant & pleurant à moitié... Quoi, feroit-ce bien toi! Quoi, le fort t'auroit conduit jufqu'ici pour.... Oui, je te reconnois, je te reconnois, au travers du changement qui s'eft fait en toi. Tu vis, tu es devenu un homme, je fuis content...... Va, tu as eu raifon de me fuir ; mais ne crains plus rien, je ne fuis plus ici pour te tourmenter... Jezennemours ayant reculé trois fois, & s'étant approché quatre, n'en pouvoit croire fes yeux. Eft-il poffible ! le pere de la Hogue ! Vous, mon parrain, dans ces lieux ? fous ces habits ? Eh, vous n'êtes donc plus.... Il alloit prononcer le nom de *jéfuite*, lorfque le parrain lui mit la main fur la bouche, en lui difant, paix! fuis-moi feulement, tu fauras tout. Va, je ne fuis plus le même homme, & j'ai bien des chofes à te dire ; fuis-moi.

Le marché fut bientôt conclu pour ces efclaves choifis ; on ne s'amufa plus à les marchander davantage, & ils fuivirent leur nouveau maître jufqu'à l'habitation, où Jezennemours entra, conduit par le pere ci-devant jéfuite, dont on peut fe rappeller le caractere & la conduite.

A peine furent ils feuls dans une chambre où ils s'enfermerent, que le pere de la Hogue lui

lui dit tout ce qui fuit, avec la vivacité d'un homme impatient de fe faire connoître. Ecoute, mon ami, & ceffe de t'étonner de me voir ici. J'y fuis plus heureux que je ne l'étois en Europe. Notre focieté n'eft plus ; cette fociété, qui paroiffoit repofer fur des fondemens inébranlables, a été fappée, nous-mêmes y avons donné les mains. Notre intolérance, nos vengeances opiniâtrës, notre ambition trop peu mefurée, & un excès d'audace nous ont fait un fi grand nombre d'ennemis, que lorfque les rois ont voulu nous détruire, ils ont vu tout le monde applaudir à leur deffein. Nous fommes tombés ; mais qu'y a-t-on gagné ? Nous avons emporté nos richeffes, & nous avons confervé notre maniere de penfer. J'étois au rang de ceux qui avoient quelque droit au partage, & j'emportai le lot qui m'étoit échu.

Je vais t'ouvrir mon cœur. J'ignore actuellement ta façon de penfer. Peut-être te ferai-je un objet de fcandale ; mais je veux & je dois me montrer ce que je fuis. Autant je prenois de peine en Europe à me déguifer, à cacher mes fecrets, à me rendre impénétrable, autant cette

Partie II. B b

gêne me pefe ici, & fur-tout dans ces momens. Tu fauras bientôt pourquoi.

Reffouviens-toi de ces tems où tu fuyois avec raifon une vie fi contraire à ton caractere. Je dépendois de ma place alors, de l'*habit*; la loi la plus impérieufe que je connoiffe. L'habit modifie plus l'ame que toutes les loix phyfiques enfemble ne modifient le corps. J'étois forcé de déguifer mes vrais fentimens. J'étois tranfporté contre ceux qui paroiffoient ne pas penfer comme moi. Lorfque je décidois que tu ferois damné, c'étoit un rôle que je jouois, & aucune de ces menaces formidables n'a forti du fond de mon cœur. Que ne l'as-tu pu connoître ce cœur ! On voulut t'initier de bonne heure dans le fecret, & c'eft ma tendreffe qui précipitoit cet inftant. Tu t'es révolté, & l'événement a juftifié ta folie. Je n'ai jamais été enthoufiafte, il me fuffifoit de le paroître. De grandes efpérances étoient attachées à ma place ; j'étois une efpece de roi dans mon canton, & je n'obéiffois à quelques-uns que pour commander à plufieurs. Cette vie rigide en apparence, étoit bien compenfée par le plaifir de la domination ; plaifir le plus vif de tous,

& dor. on ne fe laffe jamais. Tu peux te rappeller que je régnois en effet comme le plus abfolu monarque. Je te deftinois ma place ; & tu aurois été détrôné comme moi , fi ton extravagance , par le plus inconcevable coup du hafard, ne t'eût fervi de prudence & de fageffe. Je ne craindrai point d'en trop dire devant toi. Tu dois t'attacher à ma perfonne ; & puifque le Ciel t'a rendu à moi, tu ne fais pas encore combien j'ai de droit à t'intéreffer.

Après ces mots il garda le filence ; & comme Jezennemours le regardoit avec des yeux également étonnés & attendris, qu'il contemploit le changement que le tems & le malheur avoient fait fur fon vifage, l'ex-jéfuite éléva la voix, & dit fans préparation préliminaire... Dis-moi, n'as-tu jamais fongé à celui qui a pris foin de ton éducation ? N'as-tu jamais foupiré après un pere ? N'as-tu jamais accufé le Ciel de t'avoir fait naître un orphelin abandonné ?

Monfieur, reprit tout-à-coup Jezennemours, ah ! que fert d'éveiller un fentiment que j'ai tant de fois tâché d'étouffer ? Ne vous fouvenez-vous plus de mes demandes réitérées ? Mais pourquoi me mettre fur ce chapitre, fi vous n'avez d'autre réponfe à me faire, que celle que vous m'avez faite ?... Je tremble, je voudrois, & j'héfite à parler, reprit le pere de la Hogue ; oui, je t'en ferai l'aveu : mais fouffre, avant que je te nomme ton pere, que je t'en faffe l'hiftoire... Ah, parlez, interrompit vivement Jezennemours. Vivroit-il ?... Tu vas le favoir, dit l'ex-jéfuite... Peut-être rougiras-tu de ta naiffance : & qui fait fi je ne vais pas me repentir d'avoir parlé ! Jezennemours, n'aimerois-tu pas mieux n'avoir jamais vu le jour, que de le devoir à un amour illégitime ? Réponds-moi ?... Je ne connois d'amour illégitime que dans ceux qui trahiffent la foi qu'ils ont donnée. Je vous entends... Que cela ne vous arrête point : non, je ne rougirai jamais de ma naiffance ; j'honorerai toujours le pere de qui je l'ai reçue... En m'avouant pour ton pere, reprit l'ancien préfet, je ne te deviendrai donc point odieux ?... Vous, mon pere ! & je ne l'apprends qu'aujourd'hui, s'écria Jezennemours... Tu es mon fils, reprit l'autre, tu l'es ! & ce cœur a brûlé d'amour dans le fein des difputes théologiques : je parlois des victoires que l'homme peut remporter fur lui-même, & j'ai cédé à la beauté, tout en compulfant le fatras de ces livres poudreux. Que d'alarmes me coûta ta naiſſance ! Comme je tremblois que mon fecret ne parvint à l'oreille de mes farouches fupérieurs ! La crainte d'être découvert me faifoit prendre les plus grandes précautions. Je ne pouvois abandonner une femme prête à fe délivrer du fruit d'un amour qui m'étoit fi cher. Nous prîmes plus de foin à voiler ta naiſſance, qu'un aſſaſſin n'en prend à cacher le cadavre de celui qu'il vient de tuer. Tu naquis dans l'ombre, & tu fus tranfporté fous le manteau jufqu'au village où tu fus nourri, & où je te recommandai à ce curé qui étoit mon humble ferviteur. Tu paſſas pour un orphelin, dont je m'étois charitablement chargé. Ta mere infortunée fembloit fe rétablir ; elle étoit languiſſante depuis long-tems : le poifon de la crainte avoit aigri fon fang. J'avois paſſé quelques jours fans la voir ; j'arrive un jour à la faveur des ténebres, je la trouve expirante. Que fes traits étoient changés ! Ce n'étoient plus ces charmes colorés où refpiroient la fanté & la jeuneſſe ; ce n'étoient plus ces yeux où brilloit une flamme amoureuſe. Frappée de la pâleur de la mort, tout annonçoit le terme fatal où la beauté devient horrible ; tout annonçoit enfin la terreur des derniers momens. Je m'approche en tremblant ; à peine ai-je le courage de la fixer. Ses regards s'éteignent ſur moi. Que me voulez-vous encore, dit-elle ? Je meurs, j'expie ma faute. Souvenez vous d'un fils, & ne l'abandonnez pas, voilà tout ce que je demande : j'ai déjà fait le ſacrifice de ma vie à ce Dieu qui me jugera peut-être ſévérement du crime dont vous êtes l'auteur.

O mon fils ! laiſſe-moi mêler mes larmes aux tiennes, pourſuivoit l'ex-jéſuite. Cette terrible ſcene eſt encore devant mes yeux, je l'ai toujours conſervé dans ma mémoire ; & lorſque tes queſtions venoient me déchirer le cœur, que de fois je me ſuis détourné pour te cacher ce trouble que j'épanche aujourd'hui dans ton ſein. Son image m'a toujours pourſuivi, & combien de fois me ſuis-je reproché ſa mort !

Mon pere, reprit Jezennemours, oh ! quels que ſoient mes regrets de n'avoir pas connu ma mere, je remercie la Providence de vous retrouver du moins. Le Ciel a eu ſes deſſeins ſur elle, ſur vous & ſur moi. Il conduit tout; & puiſqu'après tant d'épreuves il a permis que je vous rende ce qu'un fils doit à ſon pere, je fixe ici un ſéjour, je ne vous quitterai plus. Ah! pourquoi ne m'avez-vous point rélévé ce que vous me dites aujourd'hui? Je n'aurois pas fui; je ſerois reſté auprès de vous, je vous aurois confié mon amour, & vous l'auriez approuvé.

Alors il raconta ſuccinctement à ſon pere les plus frappantes époques de ſa vie; & comme ſe croyant ſeul & délaiſſé dans l'univers, il avoit ſuivi la main de la deſtinée. Elle m'a promené, diſoit-il, de revers en revers; & tandis que vous étiez pourſuivi par la marche lente, mais ſûre, des loix ſoulevées contre votre ordre, j'étois agité par un ſentiment qui fait encore le ſupplice de ma vie. Il ne fut jamais d'amant plus malheureux que moi; je n'ai eu que les tourmens de cette paſſion chere & redoutable. Alors il peſa ſur quelques détails qu'il ne put paſſer ſous ſilence; ce qui attendrit l'ancien jéſuite & le fit pleurer, lui qui n'avoit pas pleuré depuis vingt-cinq ans. Oh! diſoit-il, quel bouleverſement dans les affaires de ce monde ! Comme tout change ! Comme les événemens les plus imprévus, les plus inouis, se réalifent ! Voilà ce qu'on n'apprend point dans les livres de théologie, & ce qui se voit sur la scene changeante de l'univers ! En feuilletant tous nos cafuiftes, en écoutant nos miffionnaires, nos efpions, nous n'avons jamais fu deviner que notre fociété, qui paroiffoit repofer sur des fondemens inébranlables, pouvoit, malgré fes nombreux adhérens & fes protecteurs, être renverfée, & ne pas faire la moindre réfiftance, après avoir déployé tant de jactance, d'audace & d'orgueil... Oh !... Et il s'arrêta.

CHAPITRE LXXII.

MON pere, pourfuivit Jezennemours, vous voyez ma fituation ; je fuis encore à la recherche de cet ami généreux ; je ne dois retourner en France qu'après l'avoir trouvé. Je mourrai plutôt ici : je ne me préfenterai aux yeux de Suzanne que pour lui rendre fon époux ; telle eft fa volonté, & telle eft la loi que m'impofent mon cœur & mon devoir. Sauriez-vous s'il n'eſt point débarqué depuis peu quelqu'étranger ? J'ai quelqu'idée qu'il auroit pu paſſer dans le vaiſſeau qui vint à notre ſecours. Le Ciel qui m'a rendu un pere, s'arrêteroit-il dans le cours de ſes bienfaits ! Non, ſans doute ; s'il vit, je le reverrai, je le ramenerai à Suzanne ; elle eſt à lui, elle lui appartient. Ce tréſor m'a échappé ; le Ciel l'a voulu.... Ainſi, je reviendrai ici couler mes jours auprès de vous, oubliant, s'il ſe peut, tout le reſte.

Mon fils, répondit-il, je ſuis devenu ici négociant, & tu ne manqueras de rien ; j'ai acquis quelque choſe que j'augmente chaque jour ; & d'ici, je ſonge à mes malheureux freres. Je te chargerai de leur faire paſſer les ſecours que je leur dois. Au lieu de ramper & de s'intriguer dans des cours devenues ſourdes à nos réclamations, promenant leur miſere & ſollicitant l'orgueilleuſe pitié, il eût mieux valu que tous les gros bonnets de notre ordre euſſent pris le parti que j'ai choiſi. Le commerce n'étoit pas étranger à pluſieurs d'entre nous ; je ſuis demeuré toujours attaché de cœur & d'eſprit à une ſociété où j'ai paſſé ma vie. J'ai abjuré le fanatiſme dont elle s'eſt ſervie quelquefois ſi imprudemment, & qui a précipité sa ruine ; mais je regrette un ordre qui étendoit ses bras dans toutes les monarchies de l'Europe, & qui avoit des fondemens propres à l'élever au plus haut degré de fortune & de puissance. Il est tombé, à mon grand étonnement ; il est tombé, parce que le despotisme a mêlé ses absurdités aux plus heureuses, aux plus sages institutions. Quel ordre a mieux connu le cœur humain ! Mais, aveugles que nous étions, nous n'avons pas vu que, le siecle étant changé, nous devions changer avec lui & céder au torrent des opinions. Nous avons cru avoir affaire encore à des janfénistes, & nous nous sommes fait des ennemis que nous aurions pu facilement gagner. Telle a été notre présomption, & telle a été la cause de notre perte ! Le pin qui fait incliner sa tête superbe & ployer pour se redresser, obéit à tous les vents, pour élever ensuite un feuillage plus pompeux : tel auroit dû être notre emblême & notre exemple. Mais l'ignorance où nous étions d'une force plus invincible que la nôtre, nous a été plus funeste que notre supériorité réelle sur les autres ordres monastiques ne nous a été utile. C'en est fait : malgré les espérances illufoires de nos enthoufiaftes, j'oublie tout ce que j'ai été ; je fuis devenu un nouvel homme, & je m'en trouve bien. Il faut favoir fe déterminer fuivant les circonftances. Je méprife fouverainement toute difpute ; & pourvu que j'aie de l'argent pour moi & pour envoyer à quelques-uns de mes freres gémiffans, je croirai avoir mieux fait que d'avoir terraffé tous les janféniftes du monde. Qu'ils profperent, j'y confens.

Jezennemours fe feroit trouvé heureux dans l'habitation de fon pere, où régnoit l'abondance, fi fon cœur eût été tranquille fur le fort d'un ami & fur le fort d'une amante. Cet efprit d'ordre que l'ancien préfet avoit eu à la tête d'une maifon nombreufe, où il étoit chargé de tout le détail, le fervoit merveilleufement en Amérique dans fon nouvel emploi. Il n'y a pas une diftance bien grande en effet entre commander à des novices, à de pauvres écoliers, ou à de pauvres negres. Il avoit l'humanité qu'on peut avoir dans un pareil exercice ; il donnoit l'exemple du travail, & ce caractere impérieux & décidé s'étoit tourné avec l'âge en gravité moitié douce, moitié ferme. Le malheur l'avoit formé ; & quand il fongeoit à la chûte de son ordre, il ne voyoit plus qu'instabilité sous le soleil & dans les choses les plus solides. Cet événement lui avoit donné la philosophie des revers ; il ne se regardoit plus que comme dépositaire des richesses qui passoient par ses mains. D'ailleurs, l'ame sensible & pure de Jezennemours parloit éloquemment à la sienne, & la disposoit à de nouvelles vertus. Il s'adoucissoit de jour en jour contre l'usage même du climat ; il voyoit avec amertume les chagrins de son fils, il tâchoit de le distraire ; en vain il l'occupoit à de longues courses dans un pays où tout est neuf, où la nature a une énergie qui plait aux ames libres : Jezennemours rencontroit au fond d'un bois, fait pour distraire tout autre que lui, l'image de Suzanne ; il la voyoit redemandant son époux. Le pere ne pouvoit plus se séparer du fils ; & le fils sensible, trembloit de quitter un moment son pere. Oh, quel heureux changement il s'étoit fait en eux !

CHAPITRE LXXIII.

Trois mois s'écoulerent, & Jezennemours avoit ofé écrire en Europe que, malgré toutes fes recherches, il n'avoit pu rencontrer celui qu'il cherchoit ; il ajoutoit qu'il ne quitteroit point le nouveau monde fans favoir où refpiroit fon ami ; il faifoit un détail circonftancié de fes perquifitions, & prouvoit qu'il n'avoit rien négligé pour obéir aux volontés de Suzanne ; il laiffoit échapper beaucoup de tendreffe, & faifoit entrevoir qu'au défaut d'un ami, il avoit trouvé un pere.

Un jour qu'ils s'étoient avancés dans une forêt, ils trouverent une cabane plantée fur fa rive, & qui paroiffoit être de conftruction neuve ; ils defcendirent à une porte qui s'ouvrit à leur voix ; ils virent deux negres occupés après un homme couché fur un lit ; il avoit le vifage caché, & fembloit dormir profondément. Jezennemours refpecta fon fommeil ; & en attendant qu'il fe réveillât, ils fe mirent à confidérer toute cette demeure : ils réfléchirent fur la vie d'un tel homme, volontairemenr féparé des fecours de la fociété ; ils s'informerent aux nègres qui il étoit. Ceux-ci leur firent entendre que c'étoit un François, établi depuis neuf mois environ, & qui gémiffoit fans ceffe, n'ayant pas eu un feul jour tranquille. On entendit faire quelque mouvement, on crut qu'il s'éveilloit ; mais on s'apperçut qu'il étoit dans l'agitation d'un rêve pénible. Jezennemours prête un oreille attentive à des accens à demi articulés ; il fouleve le voile, il voit & reconnoît fon ami, le malheureux Chaterbaune. Il fe précipite au bord de fon lit, prend fa main en filence, & la preffe fur fon cœur. M. de Chaterbaune fort de fon accablement, fixe fon regard fur lui.... Je ne me trompe point, dit-il, l'amitié te conduit donc ici du bout de l'univers : mais que viens-tu faire.... Je viens, conduit par l'ordre de Suzanne, reprit Jezennemours ; elle te redemande, elle fe reproche ta douleur. Tant d'amour l'a touchée. Elle ne peut plus vivre heureufe qu'avec toi ; j'ai fait le fupplice de ta vie, je dois le réparer. C'eft moi qui dois vivre ici ; je vais prendre ta place ; la tienne eft dans fon cœur, & tu y régneras feul déformais.... Non,

non, il eſt trop tard, dit le malheureux époux; le coup fatal m'eſt porté ; je n'ai pu vivre, je mourrai pour elle ; c'en eſt fait... J'ai forcé ſa volonté, j'en ſuis puni. Je devois reſpecter les liens de ſa tendreſſe ; j'ai cru pouvoir les rompre, & je me ſuis trompé moi-même : tout eſt fini pour moi, & dès long-tems. Va, j'ai de la douceur à mourir, cher Jezennemours : ne te reproche rien, le ſort a tout fait ; je t'aime ; & cette derniere marque de tendreſſe me rendroit à la vie, ſi la choſe étoit poſſible : mais non ; que ferois-je encore ſur la terre ?... Suzanne t'aime, s'écria Jezennemours avec l'accent que donne la vérité ; elle t'aime, j'ai vu couler ſes larmes ſur ta fuite ; elle ſe reproche tes malheurs ; elle veut te revoir, pour les effacer dans les tranſports du plus tendre amour : ſon devoir, ſon cœur, ſon repentir, tout s'unit pour la ramener à toi : l'amour eſt vaincu par un amour plus noble & plus généreux... Elle m'aime, reprit M. de Châterbaune ! qu'il m'eſt doux de l'entendre ! elle m'aime ! Eh bien, reçois le gage de mon amitié : prends cette lettre qu'on devoit lui remettre après ma mort ; elle ne ſera pas affreuſe, puiſque c'eſt en ta préſence que je vais expirer.... Dis-lui que jufqu'au dernier moment ce cœur a palpité d'amour pour elle, & de tendreffe pour toi ; que j'ai dompté la jaloufie, & que, s'il me refte quelque fentiment, je ne m'occuperai jamais que d'elle & de fon bonheur.

En vain on lui prêta tous les fecours ; en vain on éloigna de lui ces idées funebres ; il fourioit de tant de foins prodigués ; & la main du trépas qui s'appefantiffoit depuis long-tems fur fa tête, défiguroit déjà fes traits. Son œil mourant s'attachoit fur fon ami avec ce charme inexprimable que la plume ne peut rendre ; & le regard d'un ami à ces derniers momens eft d'une éloquence fi touchante & fi profonde ! Il mourut entre leurs bras, fans douleur, fans regrets, avec la férénité d'une ame jufte & tranquille ; il mourut en ferrant la main de Jezennemours, en prononçant le nom de Suzanne.

La lettre qui lui étoit adreffée, étoit conçue en ces termes, & elle n'étoit pas fermée :

« Chere époufe, c'eft du fond de mon tombeau que je t'écris, & c'eft la vérité qui va
« fe

www.ingramcontent.com/pod-product-compliance
Lightning Source LLC
Chambersburg PA
CBHW052229230426
43666CB00034B/2299